O DIÁRIO DE MARY BERG

O DIÁRIO DE MARY BERG

Memórias do gueto de Varsóvia

Editado por S.L. Shneiderman
Nova edição preparada por
Susan Lee Pentlin, Ph.D.

Tradução de Geraldo Galvão Ferraz

Amarilys

Título original em inglês: *The diary of Mary Berg — Growing up in the Warsaw Ghetto*
Publicado inicialmente nos Estados Unidos como *Warsaw Ghetto: a diary in 1945.*
Copyright © Mary Berg 1945, 2007.
Copyright de introdução, notas, referências bibliográficas e cronologia © Susan Pentlin 2007.
Copyright do prefácio © S.L. Shneiderman 1945, 2007.
Publicado mediante acordo com a Oneworld Publications, Oxford, Inglaterra.

Amarilys é um selo editorial Manole.

Preparação, revisão e editoração eletrônica Depto. editorial da Editora Manole
Capa Hélio de Almeida

Os editores agradecem ao United States Holocaust Memorial Museum por permitir a reprodução das fotografias nas páginas 19, 53, 76, 177, 197, 204, 259, 263. As ideias e opiniões expressas neste livro, assim como o contexto em que essas imagens foram usadas, não refletem necessariamente as opiniões ou a política do United States Holocaust Memorial Museum, nem implicam a sua aprovação ou apoio.
Os editores agradecem também aos arquivos S.L. Shneiderman, da Universidade de Tel Aviv, por fornecerem as fotografias e ilustrações das páginas 30, 64, 73, 91, 99, 135, 145, 150 e as fotografias da autora na capa; aos arquivos James Fox (coleção Stella Gumuchian) pela fotografia da página 255; e ao Ghetto Fighters' Museum por permitir a reprodução das fotos nas páginas 39 e 189. Os editores fizeram todo o esforço possível para identificar e contatar os proprietários dos direitos autorais das fotografias incluídas neste livro, bem como para creditar os devidos direitos. Quaisquer erros são acidentais e serão corrigidos em futuras edições após contato com o editor.

Dados Internacionais de Catalogação na Publicação (CIP)
(Câmara Brasileira do Livro, SP, Brasil)

Berg, Mary, 1924- .
    O diário de Mary Berg : memórias do Gueto de Varsóvia/Mary Berg ;
editado por S. L. Shneiderman ; nova edição preparada por Susan Lee Pentlin ;
tradução de Geraldo Galvão Ferraz. -- Barueri, SP : Manole, 2010.

    Título original: The diary of Mary Berg : growing up in the Warsaw ghetto.
    Bibliografia
    ISBN 978-85-204-2928-0

    1. Berg, Mary, 1924- Varsóvia - Polônia - Diários 2. Holocausto Judeu
(1939-1945) - Varsóvia - Polônia 3. Judeus - Varsóvia - Polônia 4. Segunda Guerra,
1939-1945 - Judeus - Narrativas pessoais 5. Sobreviventes do Holocausto
I. Shneiderman, S. L. II. Pentlin, Susan Lee. III. Título.

09-06496   CDD-920.0092924

                        Índices para catálogo sistemático:
                        1. Polônia : Gueto de Varsóvia : Sobreviventes do
                        Holocausto : Memórias autobiográficas 920.0092924

A Editora Manole é filiada à ABDR — Associação Brasileira de Direitos Reprográficos

Edição brasileira — 2010

Direitos em língua portuguesa adquiridos pela:
Editora Manole Ltda.
Av. Ceci, 672 – Tamboré
06460-120 – Barueri – SP – Brasil
Fone: (11) 4196-6000
Fax: (11) 4196-6021
www.manole.com.br
info@manole.com.br

Impresso no Brasil
Printed in Brazil

SUMÁRIO

ILUSTRAÇÕES

AGRADECIMENTOS

Interessei-me pelo diário de Mary Berg e comecei a trabalhar com ele desde meados dos anos de 1980. Nesse processo, procurei, conheci e fui ajudada por muitas pessoas nos Estados Unidos, Grã-Bretanha, Alemanha, Polônia e Israel. Muitas se tornaram amigas. Gostaria de agradecer particularmente a James A. Fox, que foi editor-chefe da Magnum Photos em Nova York e Paris por trinta anos e que atualmente é curador de fotografia e historiador aposentado, pelo tempo e esforço que usou para me ajudar a entender o campo de internação de Vittel. Ele conheceu os Shneiderman em Paris, na Magnum. O irmão de Eileen Shneiderman, o fotógrafo David Seymour, foi um dos fundadores da Magnum. Também aproveitei a oportunidade para entrevistar Gutta Eisenzweig Sternbuch e David Kranzler em fevereiro de 2006.

Quero agradecer especialmente aos filhos de Eileen e S.L. Shneiderman, Ben Shneiderman e Helen Sarid, e a

Rochelle Saidel, por seus conselhos e estímulo, aos filhos de Sylvia Glass, Walter e David Goldfrank, e a Moira Hyle, filha de Norbert Guterman. Também quero agradecer a: Alan Berger; Alice Eckhard; Anna e Tamas Adamik, de Budapeste; Batia Gilad, do Janusz Korczak Archive no Ghetto Fighters' Kibbutz; Jenny Manuel, do American Jewish Archive; Krystyna Freijat, secretária do reverendo dr. Edward Puslecki, superintendente-geral da United Methodist Church da Polônia; Mark Shenise, da Comissão Geral de Arquivos e História da United Methodist Church; Marianne Sandig, de Berlim; Megan Lewis, do Registro de Sobreviventes do USHMM (United States Holocaust Memorial Museum); Moishe Shubinsky, da Inglaterra; Monica Kulp, filha de Gaither e Halina Warfield; Robert Giliank; Roman Zakharii; Ryszard Maczewski, de Varsóvia; Shelly Shapiro, do Holocaust Friends and Survivors Education Center, de Latham, Nova York; Serge e Beate Klarsfeld, de Paris; Vanesa Chappell, do setor de empréstimos entre bibliotecas da Central Missouri State University; Central Missouri State University pela bolsa de pesquisa Faculty Research de 1993 nos Arquivos Nacionais e, como sempre, meu marido Floyd C. Pentlin.

Não posso deixar de citar minha amada mãe, Jean Riddle (1919-2001), que desejava que seus filhos aprendessem a pensar de maneira clara, e minha avó Addie Gillum Flanery (1893-1974), que foi minha professora de inglês no final do ensino fundamental e que tinha profundo apreço e compreensão da língua inglesa. Quero também citar os tradutores Norbert Guterman (1900-1984) e Sylvia Glass (1912-2006) por seus esforços para trazer este documento histórico ao público em 1945. Recordo a conversa telefônica interessante e animada que tive com

Sylvia Glass Goldfrank um pouco antes de ela ter faleci-
do em janeiro de 2006. Como editora, dedico meu trabalho à memória de S.L.
Shneiderman, que desempenhou um papel tão essencial
para assegurar que este relato importante do gueto de Varsóvia fosse trazido à atenção do público em 1944-45. Ele
apreendeu o significado deste documento para a sobrevivência dos judeus poloneses e para a história, ao trabalhar
junto a Mary Berg e preparar a tradução e a publicação do
diário em fascículos e em um único volume na Nova York
em tempos de guerra. Ele nasceu em Kazimierz, na Polônia, em 1906 e morreu em Israel, no ano de 1996. Também
gostaria de incluir nesta dedicatória sua mulher e colabo-
radora, Eileen Shneiderman, nascida Eileen Szymin, em
Varsóvia, na Polônia, em 1908 e falecida em Israel, no ano
de 2004. Samuel Shneiderman perdeu seus pais e dois irmãos com suas respectivas famílias, onze pessoas ao todo,
no gueto de Opole, e Eileen Shneiderman, seus pais no
gueto de Otwock. Juntos, formaram uma inspiradora dupla
de escritores. Vieram para os Estados Unidos em 1940 e
dedicaram suas vidas a preservar o rico mundo cultural dos
judeus poloneses e a língua iídiche, que os nazistas tentaram destruir. Lamento que não estejam vivos para ver este
diário ser republicado.

Susan Pentlin

PREFÁCIO DA EDIÇÃO DE 1945

Narrai-o a vossos filhos,
vossos filhos, a seus filhos,
e estes, à geração seguinte!

Joel 1:3.

Estabelecidos pelos nazistas na Polônia, os bairros judeus cercados por muros tiveram o objetivo de humilhar e torturar o povo judeu. Hoje, esses guetos estão em cinzas, depois que os judeus transformaram-nos em cidadelas da resistência. Em Varsóvia, Bialystok, Bendzin e Czestochowa, os judeus, homens, mulheres e crianças, munidos com armas obsoletas, levantaram-se contra os batalhões blindados nazistas. Nenhuma munição foi lançada de paraquedas contra esses combatentes isolados, nem mesmo durante a batalha do gueto de Varsóvia, que durou 42 dias. A luta heroica e o sofrimento dos judeus nos guetos da Polônia constituem um dos capítulos mais trágicos e menos conhecidos da guerra.

A palavra "gueto" em si é uma mentira nazista, pois não há comparação entre o gueto de Varsóvia, ao lado de outros criados pelos nazistas na Polônia, e os guetos medievais, cujas muralhas serviram ocasionalmente como proteção para os judeus que viviam cercados por elas.

Desde o começo, os guetos modernos serviram ao inimigo como armadilhas mortais.

Paradoxalmente, o mundo que deu crédito às mentiras nazistas recusou-se a acreditar nos crimes nazistas. Até hoje há "liberais" que se recusam a acreditar que os nazistas assassinaram quase quatro milhões de judeus na Europa. Consideram as revelações sobre câmaras de gás, crematórios e experiências bacteriológicas realizadas em centenas de milhares de judeus produtos da propaganda antialemã. Os nazistas contavam com isso. Sabiam que, quanto maiores os crimes fossem, menos verossímeis pareceriam.

Pessoas que estavam fora da Polônia tinham uma visão completamente falsa das condições dentro dos bairros judaicos isolados nesse país. No exterior, imaginava-se que os judeus eram uma massa de seres humanos esperando apaticamente o morticínio. Que essa visão era errada, sabemos pelo diário de Mary Berg, a primeira crônica completa do estabelecimento e da destruição do gueto de Varsóvia, escrita por uma testemunha sem qualquer partidarismo político.

No início da ocupação alemã, os próprios judeus não tinham ideia do que os aguardava. Faziam o possível para preservar sua maneira de viver e, com isso, as inevitáveis distinções sociais que prevaleciam antes da ocupação. Dessa forma, as condições no gueto naturalmente refletiam a vida fora dele. Com a passagem do tempo, sob as agruras da dominação nazista, cresceu a solidariedade entre todas as classes de judeus. Os nazistas deliberadamente colocaram, numa área antes ocupada por cerca de cem mil pessoas, um grupo heterogêneo de seiscentos mil judeus de todos os territórios ocupados. Esses judeus, de variadas culturas e ideologias, lançados numa cova de fome, doença e terror, conseguiram organizar uma espécie de vida comunitária.

Como seria verdadeiro em quaisquer outros grupos, aqueles que tinham reservas de dinheiro ou objetos de valor conseguiram sobreviver mais tempo que os menos afortunados. O mercado negro com os chamados "arianos" continuou, às vezes com a conivência dos próprios nazistas, que aproveitaram essas oportunidades para adquirir bens em troca de marcos alemães sem valor. Por meio de canais secretos, as organizações da luta judaica conseguiram suas poucas armas; os fundos para essas armas vieram, em parte considerável, dos judeus mais ricos, alguns dos quais pagavam com boa vontade, enquanto outros contribuíam sob pressão dos ativistas judeus clandestinos.

Quando Mary Berg foi presa no gueto de Varsóvia, ela tinha acabado de completar 15 anos. Os fatos fizeram que amadurecesse depressa. Como filha de uma cidadã norte-americana, pertencia a um minúsculo grupo privilegiado. Uma bandeira norte-americana na sua lapela e outra na porta do seu apartamento protegiam-na como um talismã contra o inimigo. Ela estava entre os que menos sofreram, embora, dia após dia, ficasse abalada pelas tragédias de suas colegas de escola, vizinhos e familiares.

Esperamos que, no futuro, sejam descobertos relatos escritos ocultos nas ruínas do gueto de Varsóvia. Outros sobreviventes podem ser achados para dar testemunhos adicionais desse heroico episódio da guerra — heroico não só em razão da morte de tantos mártires, mas também por causa da sua obstinada vontade de viver uma vida digna contra obstáculos temíveis. Por enquanto, o diário de Mary Berg é o único relato existente de uma testemunha ocular. Ela conseguiu escapar com suas anotações bem debaixo do nariz dos oficiais nazistas porque, após três anos de saque, os alemães não se preocupavam mais em revistar os poucos habitantes do gueto que, como cidadãos estrangeiros, finalmente deixavam Varsóvia. Originalmente, a jovem escreveu suas anotações em polonês, de maneira abreviada. Foi depois da sua chegada a Nova York, no navio SS Gripsholm, que ela as reescreveu. Mary Berg tinha 15 anos quando começou o diário e 20 quando decidiu publicá-lo.

Ao preparar seu original para publicação, fiz apenas aquelas mudanças necessárias para esclarecer detalhes que, de outro modo, seriam ininteligíveis para os leitores não poloneses. Quase todos os nomes citados no diário são autênticos; seus donos estão mortos ou fora de perigo. Mudamos os nomes apenas das pessoas cujo destino ainda é incerto ou cujos parentes seriam prejudicados caso fossem identificadas.

Gostaria de expressar minha gratidão a Norbert Guterman, que, em colaboração com Sylvia Glass, preparou a versão inglesa de *Warsaw Ghetto*.

S.L. Shneiderman

INTRODUÇÃO

E continuou. Dez por dia, dez mil judeus por dia. Isso não durou muito. Logo pegaram quinze mil. Varsóvia! A cidade dos judeus — a cidade cercada, murada. Definhou, expirou, derreteu como neve diante dos meus olhos.

— *A canção do povo judeu assassinado*, de Yitzak Katzenelson, escrita entre 2 e 4 de novembro de 1943

Em 19 de abril de 1944, Mary Berg começou sua luta para chamar a atenção do olhar norte-americano sobre o Holocausto. Naquele dia, uma multidão de milhares de pessoas reuniu-se na sinagoga Varsóvia, em Nova York, e marchou até a prefeitura, celebrando o primeiro aniversário do levante do gueto de Varsóvia. À frente dos manifestantes estava a família Wattenberg, Shya, Lena e suas filhas Mary (Miriam) e Ann, que haviam escapado do destino terrível de tantos judeus europeus e chegado aos Estados Unidos apenas quatro semanas antes. Os manifestantes levavam cartazes que diziam: "Rogamos à consciência dos Estados Unidos para ajudar a salvar os judeus na Polônia que ainda podem ser salvos", "Vingança pelo sangue do gueto polonês" e "Três milhões de judeus poloneses foram assassinados pelos nazistas! Ajudem-nos a resgatar os sobreviventes".[1]

Os Wattenberg chegaram aos Estados Unidos em março de 1944 como repatriados a bordo do SS Gripsholm, um

xiv

navio de intercâmbio alugado da linha sueco-americana pelo Departamento de Estado norte-americano. No cais, após a chegada do navio, S.L. Shneiderman, um jornalista iídiche que também escapara da Europa nazista, conheceu Mary Berg, que tinha então 19 anos. Soube que ela trouxera um diário das suas experiências e das de sua família no gueto de Varsóvia, escrito em polonês em doze caderninhos espirais. Shneiderman recorda no prefácio da edição polonesa do diário, de 1983, que:

> Em um estado de espanto li as letrinhas das páginas densamente escritas dos caderninhos. Temendo que algum dia eles pudessem cair nas mãos dos nazistas, Mary escreveu suas anotações numa forma pessoal de escrita abreviada, usando só as iniciais das pessoas cujos nomes eram mencionados. Ela nunca usou a palavra "nazista". Em vez disso, escrevia "eles".

Nancy Craig, em um programa de rádio da estação WJZ, de Nova York, perguntou a Mary Berg como ela tinha conseguido trazer o diário para os Estados Unidos. Ela respondeu: "Desenvolvi uma espécie de código pessoal e escrevi os fatos mais importantes. Basicamente, coloquei tudo na minha valise. Também memorizei todas as datas e todos os nomes importantes".[2] Logo depois de sua chegada, Mary começou a reescrever suas anotações em polonês.

Shneiderman trabalhou com Mary por vários meses, decifrando os caderninhos e pedindo que ela "explicasse certos fatos e situações que, de outra forma, confundiriam não só os leitores norte-americanos como também aqueles ao redor do mundo", aparentemente fazendo algumas correções ortográficas e talvez acrescentando algum material.

Quando descobriam que as pessoas mencionadas haviam morrido, ela e Shneiderman transformavam as iniciais em nomes completos. Pela mesma razão, o sobrenome da autora foi encurtado para Berg para proteger a família e os amigos que poderiam estar vivos na Polônia dos tempos de guerra. Na Pawiak, Mary havia começado inclusive a reescrever partes do diário. Por essas razões, talvez seja mais acertado chamar sua obra publicada de "memórias em forma de diário".

Shneiderman traduziu o manuscrito polonês[3] para o iídiche, publicando-o em fascículos no jornal *Der Morgenzshurnal*. Depois contratou Norbert Guterman, que tinha nascido na Polônia, e Sylvia Glass, formada na Wellesley College, para traduzir a versão polonesa para o inglês. Segundo consta, essa versão apareceu em fascículos no jornal *P.M.*, de Nova York, e em formato reduzido no *Jewish Contemporary Record*, no outono de 1944. Na mesma época, uma tradução alemã do diário foi feita por Mary Graf e saiu no jornal de exilados de Nova York, *Aufbau*, de 22 de setembro de 1944 até 19 de janeiro de 1945.[4]

Em fevereiro de 1945, Shneiderman publicou a obra completa de Mary Berg, *Warsaw Ghetto: a diary*, na L.B. Fischer, em Nova York. Mary fez a arte da sobrecapa original retratando o muro de tijolos que marcava o limite do gueto de Varsóvia. Na introdução para uma edição especial do diário, patrocinada pela Organização Nacional de Judeus Poloneses, o presidente Joseph Thon resumiu o objetivo de Berg e de Shneiderman para a publicação do diário. Explicou:

> Os líderes das Nações Unidas declararam que recorreriam ao gás tóxico e à guerra bacteriológica somente se

os alemães usassem primeiro esses métodos desumanos. Os alemães usaram esses métodos para massacrar milhões de judeus em Treblinka, Majdanek, Oswiecim* e outros campos. Mas mesmo hoje o mundo civilizado não percebeu plenamente esse fato. Portanto, é nosso dever tornar conhecida a horrível verdade, publicar documentos e relatos de testemunhas oculares que a revelem sem qualquer dúvida.

O diário de Mary Berg foi publicado antes de a guerra terminar, antes de que a população dos Estados Unidos e de outras partes, e até a própria autora, soubessem da magnitude dos crimes alemães e dos detalhes da Solução Final. Além disso, devemos lembrar que, como testemunha desses crimes contra a humanidade, Mary Berg chegou a Nova York antes do verão de 1944, quando os judeus húngaros, membros da última das comunidades europeias, foram intoxicados por gás em Auschwitz e houve a esperança de que a atenção mundial para esse fato pudesse levar à salvação.

Mary Berg não foi a única testemunha desses crimes a se expressar em inglês antes do fim da guerra. Foram publicados alguns artigos e panfletos que registravam relatos de testemunhas oculares entre 1942 e 1943, e testemunhos em primeira mão também foram incluídos em um livro sobre a comunidade judaica polonesa em 1943.[5]

Contudo, o diário de Mary Berg foi o primeiro relato publicado em inglês a descrever os fatos desde o estabelecimento do gueto até as primeiras deportações que aconteceram entre julho e setembro de 1942. Também foi um dos primeiros relatos pessoais a descrever o uso do gás para matar a população judaica em Treblinka. No prefácio da edição de 1945, Shneiderman assinalou que:

---

*N.E.: Ver na p. 301 nota 2 ao Capítulo XIV.

Esperamos que, no futuro, sejam descobertos relatos escritos ocultos nas ruínas do gueto de Varsóvia. Outros sobreviventes podem ser achados para dar testemunhos adicionais desse heroico episódio da guerra [...]. Por enquanto, o diário de Mary Berg é o único relato existente de uma testemunha ocular.[6]

A contribuição ímpar de Mary Berg foi reconhecida em resenhas durante o inverno de 1945. A *New Yorker* publicou: "Este é um livro triste, sombrio e cheio de horror, e, por causa do retrato que oferece da coragem e da humanidade do povo do gueto de Varsóvia, também é admirável e inspirador".[7] A *Kirkus Review* chamou-o de "um relato emocionante do terror",[8] e a resenha do *New York Times* recomendou-o como leitura para todos, "sem restrições".[9] A *Saturday Review* concluiu que as anotações do diário de Berg "carregam a marca da sinceridade e da autenticidade e, aparentemente, não foram 'glamourizados' por preparação editorial".[10]

Logo depois da sua publicação em fevereiro de 1945, o diário foi traduzido para várias línguas.[11] Mais recentemente, foi tema de uma peça, de um espetáculo de teatro de rua e adaptado para um documentário de 1991, *Um dia no gueto de Varsóvia, uma viagem de aniversário ao inferno*.[12] Também aparece como referência bibliográfica de muitas obras importantes sobre o Holocausto disponíveis para estudantes e pesquisadores.[13]

O diário de Mary Berg é único por sua autenticidade, detalhes e intensidade, bem como por sua publicação pioneira. Alice Eckhardt, uma famosa teóloga cristã, escreveu em 1995:

Agora com o destino final do gueto conhecido por todos, os detalhes da vida da comunidade que surgiu e algumas vezes até floresceu, apesar das terríveis condições sob as quais existiu, tornaram-se ainda mais importantes para que os conheçamos. Os fatores únicos que tornaram possível que essa jovem deixasse o gueto exatamente antes da sua extinção dão a esse livro uma vibração e ao mesmo tempo uma intensidade difíceis de igualar.[14]

Mary Berg tinha 15 anos quando os alemães atacaram a Polônia; seu diário é o relato de uma garota. Como muitos jovens que escreviam seus diários, ela estava buscando descobrir algum sentido na crueldade que vivenciava. Como Anne Frank e outros, começou seu diário como forma de se confortar e se manter ocupada. Depois, ele se tornou uma saída para si e seus amigos. Alvin Rosenfeld, no livro *A double dying*,[15] conclui que diários do Holocausto escritos por crianças ou adolescentes "parecem quase constituir um subgênero diferenciado da literatura de cárcere".

Ela esteve com sua família no gueto de Varsóvia desde seu começo, em novembro de 1940, até uns poucos dias antes da Grande Deportação começar, em 22 de julho de 1942. Em 17 de julho de 1942, foram internados como cidadãos norte-americanos na prisão Pawiak, que ficava dentro do gueto. Das janelas da prisão, testemunharam a deportação de mais de trezentos mil habitantes do gueto. Vários anos depois, Mary lembrava-se de ver muitos amigos entre "os homens idosos com barbas grisalhas, as moças na flor da idade e os rapazes altivos, levados como gado para a morte até a Umschlagplatz, na rua Stawki".[16]

Pouco depois da meia-noite de 18 de janeiro de 1943, o dia em que começou a segunda *Aktion* no gueto, que deveria levar à maior resistência armada no dia seguinte, Mary, seus pais e sua irmã Ann foram enviados com outros internos estrangeiros para um campo de internação em Vittel, na França. Pouco mais de um ano depois, foram escolhidos para uma troca por prisioneiros alemães nos Estados Unidos. Chegaram em 16 de março de 1944 aos Estados Unidos, a bordo do SS Gripsholm.

Antes, na ocupação, Mary soube que os alemães teriam fixado um preço por vida e que os que tinham riquezas e privilégio antes da ocupação teriam uma chance maior de sobrevivência. Quando foi estabelecido o gueto em Lodz, uma colega de escola de Mary chegou a Varsóvia, conforme Mary descreveu, com "histórias arrepiantes". Sua família havia conseguido escapar, ela disse a Mary, "subornando a Gestapo com bons dólares norte-americanos". Claro, Mary sabia que só "os judeus ricos" poderiam ter acesso à moeda estrangeira.

Ela percebeu que estava entre os privilegiados. Explicou em seu diário que aqueles sem privilégios "têm apenas 10% de chance, no máximo (de sobreviver)". Mais tarde, ela admitiu, com igual franqueza, que "só aqueles que têm muito dinheiro conseguem escapar dessa vida terrível". Mary cresceu em uma casa abastada em Lodz. Seu pai tinha uma galeria de arte e viajava para o exterior a fim de comprar obras de mestres europeus como Poussin e Delacroix. Ela ia à escola em Lodz, e sua família podia dar-se o luxo de passar seis semanas em um balneário, como no verão de 1939, além de ter parentes morando nos Estados Unidos.

Ela também teve a clareza de perceber que cidadãos estrangeiros tinham uma chance muito melhor de sobrevivência. Judeus com passaportes de países neutros não precisavam usar a estrela judaica nem fazer trabalhos forçados. Quando dois amigos conseguiram documentos como nativos de um país sul-americano, ela comentou: "Não é de admirar que muitos judeus tentem conseguir esses documentos, mas nem todos têm os meios de comprá-los ou a coragem de usá-los".

A mãe de Mary, Lena, nasceu em Nova York no dia 1º de maio de 1902, e era então uma cidadã norte-americana. Quando Lena tinha cerca de 12 anos, mudou-se para a Polônia com seus pais poloneses, um irmão mais velho e uma irmã, que também nasceram nos Estados Unidos. Seus irmãos mais novos, Abie e Percy, nasceram depois que a família voltou à Polônia, em 1914. Quando seus pais e irmãos mais velhos mudaram-se de volta para os Estados Unidos, nos anos de 1920, Lena, que era estilista, permaneceu em Lodz com seus irmãos mais novos. Casou-se com Shya Wattenberg, cidadão polonês, que era pintor e negociador de antiguidades.[17] Tiveram duas filhas, Mary e a mais nova Ann.

Sob o domínio dos alemães, a situação da mãe como cidadã norte-americana deu proteção e privilégios a toda a família, embora Mary e sua irmã tivessem nascido na Polônia. Quando o carteiro trouxe à mãe uma carta do consulado norte-americano em dezembro de 1939, Mary relatou que "ele não conseguiu deixar de manifestar sua inveja pelo fato de termos ligações norte-americanas". Em 5 de abril de 1940, ela escreveu, de maneira realista, que "cidadãos poloneses de origem judaica não têm ninguém para protegê-los, além deles próprios". Mais tarde, ela explicou que o cartão de visitas da mãe em Varsóvia, indicando que era norte-americana, foi um "talismã maravilhoso contra

O DIÁRIO DE MARY BERG

os bandidos alemães que entravam livremente em todos os apartamentos de judeus". Isso acontecia tanto que os vizinhos iam para seu apartamento, assim que viam uniformes alemães.

Embora os Wattenberg fossem refugiados, conseguiram manter algum dinheiro e objetos de valor. Também recebiam cartas e pacotes de parentes nos Estados Unidos, e a sra. Wattenberg, como cidadã norte-americana, tinha permissão, inicialmente, de sair do gueto. Quando, em novembro de 1940, os alemães fecharam oficialmente o bairro judeu de Varsóvia como um gueto, os Wattenberg tiveram a sorte de poder ficar em seu apartamento no nº 41 da rua Sienna, na esquina da rua Sosnowa, no gueto. Foi incluído na área conhecida como Pequeno Gueto, no limite sul do gueto. O pátio para onde abriam suas janelas ficava no lado "ariano" do gueto, onde podiam ver pessoas andando livremente.

O Pequeno Gueto tornou-se um bairro privilegiado. Gutman chama a atenção para isso:

> Embora o gueto adotasse o lema de que "todos são iguais", algumas pessoas eram "mais iguais" que outras, e essa desigualdade podia ser sentida também nas ruas. Algumas delas, como Sienna e Chlodna, eram consideradas partes ricas. Os apartamentos eram maiores, a lotação, menor e, acima de tudo, as pessoas eram relativamente bem alimentadas. As ruas eram os endereços dos judeus assimilados [...] e dos judeus ricos que haviam conseguido manter uma parte da sua fortuna.[18]

Mary sabia dessa desigualdade e da importância que a riqueza desempenhava na vida do gueto.

Seu conhecimento da corruptibilidade do Judenrat também é claro em um trecho posterior, depois que ela e sua família mudam-se para um apartamento no nº 10 da rua Chlodna, localizado bem no portão ocidental do gueto, junto à passarela sobre a rua Chlodna. Ela explica que:

> Os ricos, que podem se dar ao luxo de subornar os funcionários da repartição de moradias, conseguiram os melhores prédios nessa rua, com seus apartamentos grandes e modernos. A rua Chlodna é em geral considerada a rua nobre do gueto, exatamente como era a rua Sienna era no começo.

Embora Mary muitas vezes parecesse pouco à vontade com os privilégios e a proteção dispensados à sua família, ela também queria esquecer o horror que a cercava e, com a resiliência da juventude, adaptou-se à vida durante a ocupação. Há alguns anos, Wiszniewicz entrevistou um sobrevivente do gueto que morava nos Estados Unidos:

> As pessoas acham que o gueto era como nos filmes: terror constante e ininterrupto. Mas não era assim não. Estávamos sempre cercados pelo terror, mas vivíamos vidas normais junto dele. Flertava-se no gueto, havia romances, concertos e espetáculos teatrais. As pessoas iam a um restaurante, embora alguém estivesse morrendo atrás dele. O normal e o anormal entrelaçavam-se repetidamente.[19]

Essa é a vida que Mary descreve em cada página.

Muitos dos seus jovens amigos de Lodz também fugiram para Varsóvia. No verão de 1940, o diretor da escola secundária que ela frequentava em Lodz, o dr. Michael

Brandstetter,[20] com vários dos seus professores, começou a dar aulas ilegais em Varsóvia. Os estudantes encontravam-se secretamente duas vezes por semana na segurança da casa dos Wattenberg para poder concluir seus estudos. A escola só era possível para os privilegiados, pois os alunos dos grupos de estudo geralmente tinham de pagar a seus professores cerca de trinta a quarenta zlotych por mês.[21]

À medida que o número de refugiados aumentava e as condições se tornavam cada vez mais penosas, os judeus de Varsóvia começaram a estabelecer uma rede de organizações de assistência e autoajuda no bairro judeu. Ansiosos por dar uma contribuição, Mary e onze de seus amigos de Lodz fundaram um clube para levantar fundos de ajuda. Logo, a pedido de um representante da Comissão Conjunta de Distribuição, decidiram fazer uma apresentação musical. Chamaram-se de Grupo Artístico de Lodz (Lodzki Zespol Artystyczny) ou, em polonês, o LZA, cujas letras, segundo ela, formam a palavra "lágrima".

Um documento recuperado dos arquivos do *Oneg Shabbat* refere-se à mocidade "privilegiada" do gueto, sobretudo refugiados de Lodz e cidades vizinhas, a quem chamava afrontosamente de "juventude de ouro". No seu diário, Mary descreve idas aos cafés na rua Sienna para cantar e a espetáculos no Teatro Femina com Romek, passeios que estabeleciam um claro contraste com crianças e jovens famintos no gueto. Até o clube LZA, que fora criado para levantar fundos destinados aos pobres, claramente levava os jovens que o lideravam a sentir um alívio pela distância dos horrores que viam ao seu redor, enquanto Mary relatava que teriam vivido "momentos agradáveis" fazendo sua peça e obtido bastante sucesso. Contudo, ela permanecia sensível a essa desigualdade e ao crescente desespero. Apenas algumas semanas antes, ela mencionava uma visita que havia feito a uma casa de refugiados onde vira crianças seminuas e sujas deitadas sem forças. Uma criança olhou para ela e disse que estava com fome. Com franqueza característica, ela confessou no diário: "Fui dominada por uma sensação de vergonha total. Eu havia comido naquele dia, mas não tinha um pedaço de pão para dar àquela criança. Não tive coragem de encará-la".

Em outra passagem comovente, ela escreve sobre os "sonhadores de pão" nas ruas, cujos "olhos são velados por uma névoa que pertence a outro mundo". Ela explica que "geralmente se sentam diante das vitrines de lojas de comida, mas seus olhos não veem mais os pães que estão atrás do vidro, como se estivessem em algum paraíso remoto e inacessível". No mesmo trecho, ela também expressa culpa quanto aos seus privilégios, concluindo: "Realmente me tornei egoísta. Por enquanto, ainda estou aquecida e tenho comida, mas à minha volta há tanta miséria e fome que estou começando a me sentir muito infeliz".

Abraham Lewin, que também escreveu um diário no gueto mas não sobreviveu, descreveu os enormes contrastes entre os habitantes mais afortunados do gueto e os muitos milhares que sofriam de pobreza, doenças e fome:

O gueto é sobretudo terrível ao se ver suas multidões de rostos macilentos cuja cor se esvaíra. Alguns parecem cadáveres que estiveram enterrados por algumas semanas. São tão horríveis que nos fazem tremer instintivamente. Contra o cenário dessas figuras literalmente esqueléticas e contra a tristeza e o desespero dominantes que surgem de cada par de olhos da massa compacta de pedestres, um certo tipo de garota ou mulher jovem, uma em muitas,

deve-se dizer, choca com sua roupa muito elegante [...]
Andando pelas ruas, observo essa elegância doentia e me
envergonho com o que vejo.[22]

Um outro ensaísta do *Oneg Shabbat* lembrou aos his-
toriadores futuros que, embora esses jovens privilegiados
vivessem comparativamente bem, "eles também eram afe-
tados pelas condições do tempo de guerra, que alteravam
suas vidas de modo negativo".[23]

Riqueza e privilégio eram mais influentes no gueto que
moradia e educação. Mary descobriu que esses dois fatores
desempenhavam um papel na proteção dos habitantes em
relação aos campos de trabalho e ajudavam a conseguir os
empregos mais desejáveis. Ela encarou claramente um di-
lema íntimo e moral quando no outono de 1941 soube que
o Judenrat estava oferecendo cursos práticos de atividades
como metalurgia e artes gráficas aplicadas perto da sua casa,
na rua Sienna.[24] O curso durava seis meses, e o preço era de
vinte e cinco zlotych. Quando foi se inscrever, ela descobriu
muitos amigos entre os quase seiscentos candidatos, todos
ansiosos para fugir dos campos de trabalho.[25] Não é de sur-
preender que só houvesse poucas dúzias de vagas.

Mary admitiu para si, no seu diário, saber que uma
"recomendação" exerceria uma grande influência na seleção de estudantes. Primeiro, "rebelou-se" contra isso, mas,
quando percebeu que teria pouca chance de ser escolhida,
ela decidiu "recorrer aos mesmos meios". Havia um egoís-
mo adicional nessa decisão, pois ela também admitiu saber
que, na época, as meninas não corriam o risco de ir para os
campos de trabalho como os rapazes.

Ela começou a aceitar as realidades dos subornos e da recomendação alguns meses antes. Quando o Judenrat estabe-

leceu a força policial judaica, ela explicou: "apresentaram-se mais candidatos do que os necessários". Acrescentou, então: "Uma comissão especial selecionou-os, e a 'recomendação' desempenhou um papel importante nessa triagem. No final, quando pouquíssimos empregos estavam disponíveis, o dinheiro também ajudou [...] Mesmo no céu nem todos são santos". Como o tio de Mary, Abie, serviu na força policial, ela provavelmente sabia disso em primeira mão.

Por causa de seu nível social pré-guerra, educação e riqueza, muitos dos parentes e amigos de Mary conseguiram conquistar posições de "privilégio", o que lhes permitia que vivessem muito melhor do que o morador médio do gueto e que sobrevivessem pelo menos um pouco mais. A maioria conseguiu suas posições por meio do Judenrat. Embora a opinião pública variasse quanto à integridade do Judenrat, Ringelblum descreveu o conselho como "hostil às pessoas" em suas notas no *Oneg Shabbat*.[26] Outros, porém, entraram para a polícia judaica, totalmente condenada por Ringelblum e outros memorialistas, que diziam que eles "se distinguiram por sua terrível corrupção e imoralidade".[27]

Mais tarde, Mary explicou que seu tio Percy conseguiu com o Judenrat um emprego, coleta de tijolos de prédios destruídos, mas que ele não tinha "recomendação" para conseguir um emprego que pagasse melhor, como o de supervisor. Por outro lado, ela sabia que seu "amigo" no gueto, Romek Kowalski, outro "jovem de ouro" de Lodz, havia conseguido um emprego de supervisor para a construção do muro do gueto porque tinha "recomendação". Kowalski era parente do engenheiro Mieczyslaw Lichtenbaum, chefe da comissão da construção do muro formada pelo Judenrat,[28] e de Marek Lichtenbaum, que se tornou chefe do Judenrat depois da Grande Deportação.

Depois do que descreve como uma "luta", o que provavelmente quer dizer que foram necessários subornos, seu pai conseguiu a cobiçada posição de zelador do seu prédio de apartamentos. O Judenrat escolhia os zeladores. Eles tinham um salário, moradia gratuita, dispensa de pagamento de taxas comunitárias e refeições diárias extras, bem como uma licença do Judenrat que os dispensava do trabalho forçado. Nas palavras de Mary, "é fácil imaginar por que o emprego é difícil de se conseguir". Além disso, a irmã de Mary, Ann, frequentava aulas de costura de roupas infantis, que eram dirigidas pelo Instituto de Orientação e Treinamento Vocacional do Judenrat, conhecido como ORT.

Outro conhecido de Mary, Heniek Grynberg, cuja prima Rutka era a melhor amiga de Ann, era um contrabandista do gueto. Aparentemente, estava envolvido com o submundo do gueto, já que frequentava o Café Hirschfeld em companhia de agentes da Gestapo. Mary escreve: "É uma das pessoas mais bem-sucedidas nesse novo negócio. Pode-se ver isso na sua aparência próspera e nas roupas elegantes usadas por sua mulher e pela filha". Seu negócio principal era contrabandear um soro antitifo que, claro, como o tifo varria o gueto, ia para os que podiam pagar altas quantias.

O Serviço Especial de Ambulância recebia críticas particularmente severas de Ringelblum, que o considerava uma fachada para venda de cartões e autorizações que propiciavam a seus possuidores vantagens valiosas, como isenção do trabalho forçado. Era dirigido pelo infame submundo ao estilo mafioso do gueto, conhecido como "Os Treze", que era bastante temido como um suposto instrumento da Gestapo. Um dos amigos de Mary e colega do LZA, Tadek Szajer, era filho de um membro de "Os Treze" e ele próprio membro do Serviço de Ambulância. Ele a cortejou com fervor juvenil, mas ela rejeitou suas investidas, assinalando que, enquanto outros como Romek Kowalski tinham de trabalhar duro para sustentar suas famílias, Tadek estava sempre bem alimentado e elegantemente vestido, andando por toda parte com seu riquixá. Ela desconfiava que seu pai negociava com os nazistas, e sua decisão de não vê-lo mais sugere que ela compreendia o que estava acontecendo e queria tomar uma posição moral.

No início de 1942, Mary soube que cidadãos norte-americanos haviam recebido permissão para deixar o gueto e que o pai de um conhecido fora internado na Alemanha. Houve boatos no gueto de uma troca de prisioneiros. Algumas semanas depois, ela assinalou que "recomendações" e subornos poderiam ser úteis nesse caso. Ela escreveu no seu diário: "Naturalmente, deve-se ter algum pedaço de papel que afirme que pelo menos um membro da família é cidadão estrangeiro. Minha mãe tem sorte quanto a isso, pois é uma cidadã norte-americana legítima".

Depois, a mãe de Mary entrou em contato com um agente da Gestapo chamado "Z", que lhe prometeu ajuda. Ingenuamente, Mary confessou acreditar que "parece que, apesar de sua posição, continuou sendo um homem decente". Mais provavelmente, o dinheiro passou para as mãos dele antes de registrar a sra. Wattenberg na Gestapo. Um mês mais tarde, Mary Berg e sua família marcharam pelo gueto com cerca de setecentos cidadãos de países neutros, europeus e norte-americanos — sendo os últimos um grupo de vinte e uma pessoas —, até a prisão de Pawiak, onde foram internados.

Quando os Wattenberg foram para a prisão de Pawiak, Mary separou-se não só de Kowalski e de suas muitas amigas, mas também dos dois irmãos de sua mãe, mais jovens e nascidos na Polônia. Seu tio Abie acompanhou-os até o portão da prisão. Ao partir, perguntou para sua mãe: "Como podem me deixar?". Mais tarde, na segurança relativa do campo de internação em Vittel, Mary escreveu no seu diário: "Nós, que fomos resgatados do gueto, temos vergonha de nos entreolhar. Tínhamos o direito de nos salvar? [...] Aqui estou, respirando ar fresco, e lá está meu povo, sendo sufocado com gás e morrendo em meio a chamas, queimado vivo. Por quê?".

Ao chegar no campo de internação de Vittel, no começo de 1943, os Wattenberg e outros internos da Pawiak não podiam acreditar inicialmente que ainda existisse um mundo de normalidade comparável. Gutta Eisenzweig, que havia dividido um quarto com Mary na Pawiak, escreveu nas suas recentes memórias sobre sua reação inicial: "Fiquei ali em choque, pois de repente tínhamos cruzado a fronteira entre o inferno e o paraíso, [...] tínhamos chegado a uma atmosfera serena de suntuosidade no Velho Mundo. O contraste era esmagador".[29] Vittel era um lugar de excelência entre os campos de internação alemães na Europa, destinado a mostrar à Cruz Vermelha Internacional que os internos eram bem tratados, para ajudar a garantir a segurança dos internos alemães em outros lugares.

O campo de Vittel ficava em uma estância hidromineral nas montanhas dos Vosges, na França. Os internos tinham quartos nos hotéis, e alguns dos luxos desse local ainda estavam disponíveis. Havia um hospital com residentes médicos gentis como o dr. Jean Levy, filmes e diversões, algumas lojas e um belo parque em que se podia passear durante o dia. Com a ajuda das remessas que recebiam da Cruz Vermelha, ninguém passava fome. Os internos norte-americanos e britânicos em Vittel tinham tempo suficiente para estabelecer uma vida social. Havia aulas de línguas e outros cursos à disposição, concertos e diversões. Também havia contatos com a resistência francesa, várias centenas de freiras e internos como Sofka Skipwith, que buscava ajudar os recém-chegados de Varsóvia.

Madeleine Steinberg, uma interna britânica, escreveu suas memórias sobre o campo de Vittel. Ela se lembra de que Mary ofereceu-se imediatamente como voluntária para ajudar as crianças nas aulas de arte e quando estivessem brincando. Também se lembra de que Mary foi a primeira a contar aos outros internos como era a vida no gueto de Varsóvia e a explicar por que as crianças da Polônia corriam e se escondiam no porão quando viam um alemão em Vittel.[30] Os internos começaram a ter esperança novamente. Porém, algumas semanas depois da partida dos Wattenberg para a troca no SS Gripsholm, a maior parte dos internos poloneses que haviam sido transferidos para o Hotel Beau Site, que ficava além do arame farpado que cercava o parque, foi deportada em dois veículos para Drancy e, pouco tempo depois, dali para Auschwitz, onde foram para a câmara de gás assim que chegaram.

No gueto de Varsóvia, após as deportações do fim do verão de 1942, a Organização da Luta Judaica e outros jovens militantes assassinaram colaboracionistas no gueto, inclusive judeus que trabalhavam para a Gestapo e fizeram enormes fortunas em transações com os alemães, e informantes da Gestapo conhecidos.[31] Reações pós-guerra, especialmente entre sobreviventes deslocados na Europa, contra os criminosos nazistas — inclusive colaboracionistas, aqueles que eram membros dos conselhos de guetos, da polícia do gueto ou *Kapos* nos campos — tiveram, a princípio, uma resolução. Alguns dos condenados foram processados na Alemanha ocupada e declarados responsáveis por suas ações.

Mais tarde, vários casos muito divulgados contra colaboracionistas judeus foram julgados em tribunais israelenses e alemães. Entretanto, a "culpa" em um sentido legal era muitas vezes difícil de ser comprovada e julgada. Como o objetivo final dos alemães era destruir a população judaica, esses colaboracionistas eram subordinados à vontade deles, portanto os limites entre a cooperação e o colaboracionismo eram frequentemente indistintos. Os tribunais de moralidade pública também tenderam a julgar esses réus de maneira mais branda, colocando-se no lugar de pessoas que imaginavam o que poderiam ter feito para se salvar ou salvar os membros da família em circunstâncias semelhantes.[32]

Meus alunos perguntam muitas vezes quando leem *O diário de Mary Berg* como ela sabia na Pawiak o que estava acontecendo no gueto, e por que ela escreveu que as vítimas em Treblinka foram mortas com gás. Embora Mary estivesse na Pawiak durante a *Aktion* em 1942, os muros da Pawiak eram "transparentes". Ela fala de boatos que chegavam por meio dos guardas da prisão e da polícia polonesa. Ela e outros internos na Pawiak também recebiam cartas de amigos e da família. Gutta Eisenzweig tinha atualizações detalhadas de Hillel Seidman, um funcionário da comunidade. Também se comunicavam com novos internos e com habitantes do gueto pelas janelas na Pawiak. Os escritos de Mary também refletem o que as pessoas sabiam na época. Alguns dos primeiros relatos indicavam que estava sendo usado gás para matar gente em Treblinka. Só algum tempo depois que vieram os primeiros fugitivos de Treblinka é que Varsóvia entendeu completamente que os alemães estavam usando monóxido de carbono.

As imagens de sofrimento que vemos hoje nas manchetes e nas telas de televisão retratando nosso mundo são, na verdade, muito semelhantes às do mundo da juventude de Mary. Jovens de hoje muitas vezes incitam o mundo para deter a violência. Estudiosos do Holocausto tentam fazer a mesma coisa. Esperam capacitar as gerações futuras a construir um novo mundo sem ódio ao instruí-las sobre o passado. O diário de Mary fornece aos leitores uma compreensão do Holocausto a partir de uma perspectiva intensa e pessoal, e contribui para que os leitores esperem por um futuro melhor para a humanidade.

Marcel Reich-Reinicki explica em suas recentes memórias, em referência à sua mulher que fugiu da Umschlagplatz: "Qualquer um que tenha sido condenado à morte e que tenha observado de perto um trem partindo com destino às câmaras de gás fica marcado para o resto da vida".[33] Embora Mary nunca tenha passado pela Umschlagplatz, ela observou mais de trezentos mil judeus marchando pela prisão de Pawiak, em Varsóvia, a caminho da morte em Treblinka. Depois de voltar aos Estados Unidos, soube que a maioria dos seus amigos e da sua família na Europa morreu no Holocausto, inclusive duzentos judeus poloneses em Vittel, sua colega de quarto Rosl Weingort, Adam Wentland e suas irmãs, e muitos outros que ela conhecera. Estavam a um passo da liberdade, mas o mundo virou os olhos para o outro lado e eles foram deportados de volta à Polônia, onde morreram nas câmaras de gás de Auschwitz.

Mary começou uma vida nova nos Estados Unidos e fez um esforço para deixar o passado para trás. Quando

Nancy Craig perguntou-lhe, no começo de 1945, se queria visitar a Polônia outra vez, ela respondeu:

> Não, nunca voltarei lá. Os Estados Unidos são meu país agora, e vou ser uma norte-americana de verdade. Não seria agradável voltar à Polônia e só ver cemitérios [...] além disso, a família do meu pai foi morta [...] e também todos os nossos amigos. Depois do que passamos, sei o que realmente significa a liberdade [...] significa os Estados Unidos. Só de falar com você nesta manhã pelo rádio [...] isso são os Estados Unidos.

Embora os leitores possam concluir que Mary "teve sorte" ao sobreviver e entender que, uma vez nos Estados Unidos, ela voltou à felicidade dos seus primeiros anos de adolescência, a maioria precisa compreender que a vida de sobreviventes de traumas, talvez em grande parte crianças, mudou para sempre por causa da perseguição, sendo seu futuro alterado pelo horror, pelas perdas e pelas escolhas que tiveram de fazer.

Até o começo dos anos de 1950, Mary Berg era uma personalidade em Nova York, dando entrevistas e falando no rádio. Depois, ela se dissociou do diário, dizendo que queria esquecer o passado, e desapareceu das vistas do público. Não se sabe se encontrou a felicidade na sua vida adulta. Só podemos esperar que tenha tido a possibilidade de construir uma vida para si no mundo pós-guerra e descoberto alívio das lembranças do passado.

Susan Pentlin

CAPÍTULO I

VARSÓVIA
SITIADA

10 DE OUTUBRO DE 1939

Hoje fiz 15 anos.[1] Sinto-me muito velha e solitária, embora minha família tenha feito de tudo para tornar este dia um aniversário de verdade. Até fizeram um bolo de macaron em minha homenagem, o que é um grande luxo nesses dias. Meu pai deu uma saída e voltou com um buquê de violetas alpinas. Quando o vi, não contive o choro.

Faz tanto tempo que não escrevo no meu diário que fico imaginando se conseguirei relatar tudo o que aconteceu. Este é um bom momento de retomá-lo. Passo a maior parte do tempo em casa. Todo mundo tem medo de sair. Os alemães estão aqui.

Mal dá para acreditar que há apenas seis semanas minha família e eu estávamos na encantadora estância termal de Ciechocinek, passando férias alegremente com milhares de outros visitantes. Eu não tinha ideia do que nos estava reservado. Tive o primeiro indício de nosso destino futuro na noite de 29 de agosto, quando o som rouco do gigantesco alto-falante anunciou as últimas notícias, parando multidões de pedestres nas ruas. A palavra "guerra" era repetida em cada frase. Porém, a maioria das pessoas recusava-se a acreditar que o perigo era real, e a expressão de susto sumiu dos seus rostos assim que a voz do alto-falante se calou.

Meu pai pensou diferente. Decidiu que deveríamos voltar a nossa casa em Lodz. Quase imediatamente nossas malas estavam feitas e arrumadas no meio do quarto. Mal percebemos que este era apenas o começo de várias semanas de mudanças constantes de um lugar para outro.

Pegamos o último trem que levava passageiros civis para Lodz. Quando chegamos, encontramos a cidade em estado de confusão. Poucos dias depois, ela seria alvo de intensos bombardeios alemães. O telefone não parava de tocar. Meu pai corria de uma repartição de mobilização para outra, recebendo um pedaço de papel de cor diferente em cada uma. Um dia, tio Abie, o irmão mais jovem de minha mãe, entrou correndo inesperadamente em nossa casa para dizer adeus antes de partir para o front. Estava malvestido, sujo e com a barba por fazer. Não tinha uniforme, só seu boné militar e a mochila nos ombros o identificavam como soldado. Estivera buscando seu regimento de cidade em cidade.

Passamos a maior parte do tempo no porão de nossa casa. Quando veio a notícia de que os alemães haviam irrompido nas linhas de frente polonesas e estavam se aproximando de Lodz, o pânico dominou toda a população. Às onze da noite, multidões começaram a sair da cidade em diferentes direções. Menos de uma semana depois da nossa chegada de Ciechocinek, arrumamos nossas coisas e partimos novamente.

Até os portões da cidade, não tínhamos certeza da direção a tomar — para Varsóvia ou para Brzeziny? Por fim, junto à maioria dos outros judeus de Lodz, pegamos a estrada para Varsóvia. Mais tarde, soubemos que os refugiados que seguiram o exército polonês, retirando-se na direção de Brzeziny, foram quase todos massacrados por aviões alemães.

Nós quatro, minha mãe, meu pai, minha irmã e eu, tínhamos ao todo três bicicletas, que eram nossos bens mais preciosos. Outros refugiados que tentaram levar coisas que haviam sido valiosas na vida que deixaram para trás viram-se obrigados a abandoná-las. À medida que avançamos, vimos que a estrada estava cheia de toda espécie de objetos, de casacos de pele a carros abandonados por falta de gasolina. Tivemos a felicidade de comprar outra bicicleta de um camponês que passava pela quantia fantástica de duzentos zlotych* e esperávamos que ela nos permitisse ir juntos com mais velocidade. Mas as estradas estavam lotadas e aos poucos fomos completamente envolvidos pelo fluxo lento mas constante de pessoas rumo à capital.

Quilômetro após quilômetro era a mesma coisa. Os campos murchavam sob o terrível calor. A gigantesca nuvem de poeira levantada pela massa dianteira de refugiados atingia-nos, escondendo o horizonte e cobrindo nossos rostos e roupas com múltiplas camadas de poeira. A todo momento atirávamo-nos nas valas ao lado da estrada, rostos enfiados na terra, enquanto aviões roncavam nos nossos ouvidos. Durante a noite, enormes manchas vermelhas brilhavam sob a abóbada negra do céu. As labaredas de cidades e aldeias em chamas subiam à nossa volta.

---

*Um zloty, com taxas normais de câmbio (pré-guerra), valia cerca de vinte centavos de dólar. Um zloty = 100 groszy.

Quando chegamos em Lowicz, a cidade estava em plena conflagração. Pedaços queimados de madeira caíam nas cabeças dos refugiados que forçavam seu caminho pelas ruas. Postes de telefone derrubados atrapalhavam nosso caminho. As calçadas estavam cheias de mobília. Muita gente havia sido queimada nas terríveis chamas. O cheiro de carne humana queimada seguiu-nos muito tempo depois de deixarmos a cidade.

Por volta de 9 de setembro, o suprimento de comida que havíamos levado de casa acabou. Não havia nada a fazer no caminho. Fraca pela fome, minha mãe desmaiou na estrada. Abaixei-me ao seu lado, soluçando muito, mas ela não mostrava sinal de vida. De repente, meu pai adiantou-se em busca de água, enquanto minha irmã mais jovem ficou em pé, sem ação, como que paralisada. Mas havia sido apenas um ataque passageiro de fraqueza.

Em Sochaczew, conseguimos alguns picles e biscoitos de chocolate que tinham gosto de sabão. Foi tudo o que tivemos para comer no dia todo. Achar um copo de água era quase tão difícil quanto encontrar comida. Todos os poços no caminho estavam secos. Certa vez descobrimos um poço cheio de água escura, mas pessoas do lugar aconselharam-nos a não bebê-la, pois tinham certeza de que havia sido envenenada pelos agentes alemães. Corremos dali, apesar de nossos lábios ressecados e gargantas doloridas.

De repente, vimos uma pequena coluna de fumaça azul subindo de uma chaminé ao lado da estrada. Havíamos descoberto que todas as outras casas junto à estrada estavam desertas, mas nesta havia um sinal de vida. Meu pai correu e voltou com uma chaleira enorme, mas havia uma expressão estranha no seu rosto. Com voz trêmula, disse-nos o que tinha encontrado, e por um momento não nos animamos a tocar aquela água preciosa... Ele havia achado a chaleira em um fogão cujo fogo estava aceso. Perto dele, em uma cama, havia um homem deitado com o rosto virado para a parede. Parecia estar dormindo tranquilamente, então meu pai chamou-o várias vezes. Mas não houve resposta. Daí, foi até o camponês adormecido e viu que estava morto. A cama estava cheia de sangue. As venezianas das janelas estavam perfuradas por balas.

A chaleira que "herdamos" desse camponês assassinado tornou-se nossa companheira fiel na longa jornada até Varsóvia. Ao nos aproximarmos da capital, encontramos os primeiros alemães prisioneiros de guerra andando pela estrada, levados por soldados poloneses. Essa visão foi estimulante para nós, embora os alemães não parecessem abalados por sua situação. Usavam uniformes elegantes — sorriam com insolência. Sabiam que não seriam prisioneiros por muito tempo.

Tivemos nossa primeira refeição cozida em Okecie, um subúrbio de Varsóvia. Alguns soldados, em um prédio deserto, compartilharam sua sopa de batatas conosco. Após quatro dias e noites de viagem aparentemente infinita, percebemos pela primeira vez como estávamos cansados. Mas tínhamos de prosseguir. Não havia um instante a perder, pois assim que deixamos Okecie vimos homens e mulheres construindo barricadas com bondes vazios e pedras redondas arrancadas das ruas, preparando-se para o cerco da capital.

Em Varsóvia encontramos mulheres que estavam nas portas das casas, oferecendo chá e pão aos refugiados que fluíam para a capital em fileiras infinitas. Enquanto dezenas de milhares de interioranos entravam em Varsóvia na esperança de encontrar abrigo ali, milhares de antigos residentes da capital fugiam do país.

Parentes no coração do bairro judeu de Varsóvia rece-
beram-nos de modo caloroso e amável, mas ataques aéreos
constantes levaram-nos ao porão durante a maior parte de
minha estadia com eles. Por volta de 12 de setembro, os
alemães começaram a destruir o centro da cidade. Tivemos que nos mudar mais uma vez, agora para nos proteger
das bombas.

Os dias seguintes trouxeram fome, morte e pânico para
nosso povo. Não podíamos comer nem dormir. Primeiro,
numa nova casa na rua Zielna, conhecemos conforto de
verdade. Os donos haviam fugido da cidade, deixando um
apartamento limpo para nós. Havia até uma empregada
que nos servia chá quente, e pela primeira vez, desde nossa
fuga de Lodz, comemos uma refeição de verdade, servida
em uma mesa coberta com uma toalha branca. Ela incluiu
arenque, tomates, manteiga e pão branco. Para conseguir
esse pão, meu pai teve de esperar horas numa longa fila
em frente a uma padaria. Enquanto ele esperava ali, vários
aviões alemães lançaram-se de repente em direção às pessoas, atirando com metralhadoras. A fila em frente à padaria se dispersou instantaneamente, mas um homem ficou.
Sem ligar para o tiroteio, meu pai colocou-se atrás dele.
Um momento depois, o homem foi atingido na cabeça por
uma bala. Estava livre agora a entrada da padaria e meu pai
fez sua compra.

Depois desse jantar ouvimos um programa de rádio,
em que um repórter norte-americano descrevia os métodos nazistas de guerra para seus ouvintes. "Estava num
campo e, a alguma distância, vi uma mulher colhendo batatas. Ao seu lado havia uma criança. De repente um avião
alemão lançou-se em direção a eles, atirando na mulher de-
sarmada, que caiu imediatamente. A criança não foi atin-

gida. O menino inclinou-se sobre a mãe caída e chorou de uma maneira de partir o coração. Assim, mais um órfão se juntou aos muitos órfãos de guerra da Polônia. Presidente Roosevelt!", exclamou, com voz grave. "Peço-lhe que ajude essas mães que estão cavando batatas para seus filhos; ajude essas crianças cujas mães estão caindo em plantações tranquilas; ajude a Polônia em sua hora de provação!" Mas não veio ajuda nenhuma...

Nossa casa no nº 31 da rua Zielna era vizinha do prédio da empresa de telefonia, que foi um alvo para as armas alemãs durante o cerco. Embora atingida por muitos projéteis, a estrutura alta e solidamente construída só foi comprometida levemente, e as telefonistas ficaram nos seus postos. Muitas casas próximas foram destruídas e novamente precisamos passar as noites no porão. Daí, uma das bombas explodiu na sala da frente do nosso apartamento, e fomos forçados a voltar à casa lotada dos nossos parentes.

O suprimento de comida da cidade se esgotou gradativamente. De vez em quando, dependendo de que fábrica de enlatados fora atingida por bombas alemãs, vários tipos de alimento em conserva eram lançados no mercado. Certos dias, sardinhas ou picles eram tudo o que havia nas lojas.

Nossa fome por notícias era tão grande quanto a fome por comida. O único jornal que ainda era publicado era o *Worker*, órgão do Partido Socialista Polonês, que saía em edições especiais. Admirávamos o heroísmo dos editores e gráficos, que, sob as piores condições, permitiam que a população se informasse dos fatos. Contaram-nos, por exemplo, que a frota britânica havia ancorado em Gdynia. Muitas vezes, as notícias publicadas pelo *Worker* nos encorajavam, mas relatos prematuros ou falsamente otimistas só aumentavam nossas decepções depois.

Por volta de 20 de setembro, o rádio ficou mudo e o sistema de água parou de funcionar. Começamos a nos sentir como se estivéssemos em uma ilha deserta. Nunca me esquecerei do dia 23 de setembro, a data do Dia da Expiação[2] em 1939. Os alemães escolheram deliberadamente esse feriado sagrado judaico para um bombardeio intensivo do bairro judeu. Durante esse bombardeio, aconteceu um estranho fenômeno meteorológico: começou a cair neve pesada misturada com granizo em meio a um céu claro e ensolarado. O bombardeio foi interrompido por algum tempo, e os judeus interpretaram a neve como um ato especial de intervenção divina: mesmo os mais velhos entre eles não conseguiam lembrar de um acontecimento semelhante. Contudo, mais tarde nesse dia, o inimigo recuperou o tempo perdido com fúria renovada.

Apesar do perigo, meu pai e alguns outros homens que moravam em nossa casa foram até a sinagoga vizinha. Depois de poucos minutos, um deles veio correndo de volta, com seu *tallith* (xale de oração) na cabeça e um livro de preces na mão, tão abalado que não conseguiu falar por algum tempo. Uma bomba caíra na sinagoga e muitos dos fiéis haviam sido mortos. Então, para nossa grande alegria, meu pai voltou ileso. Branco como giz e carregando seu *tallith* amarrotado sob o braço, contou-nos que muitos daqueles que um minuto antes estiveram rezando ao seu lado foram mortos durante o culto.

Naquela noite, centenas de edifícios queimaram em toda a cidade. Milhares de pessoas foram sepultadas vivas nas ruínas. Mas dez horas de bombardeio criminoso não conseguiram quebrar a resistência de Varsóvia. Nosso povo lutou com obstinação crescente; mesmo depois de o governo fugir e o marechal Rydz-Smigly[3] ter abandonado suas tropas, homens e mulheres, jovens e velhos, ajudaram na defesa da capital. Aqueles que estavam desarmados cavaram trincheiras; moças organizaram esquadrões de primeiros-socorros nas portas das casas; judeus e cristãos ficaram ombro a ombro e lutaram por sua terra natal.

Na última noite do cerco, sentamo-nos amontoados em um canto do restaurante embaixo de nossa casa. Uns poucos judeus mais idosos cantaram salmos com vozes chorosas. Minha mãe havia nos envolvido em cobertores grossos para nos proteger dos pequenos estilhaços que infestavam o ar. Quando ela descobriu a cabeça por um instante, foi atingida na testa por um estilhaço de bomba. Seu rosto ficou coberto de sangue, mas a ferida era um simples arranhão. Percebemos que nosso abrigo era uma armadilha, então fomos até a rua Kozla para conseguir um lugar mais seguro com nossos parentes, tropeçando nos corpos mutilados de soldados e civis enquanto andávamos. Só descobrimos o esqueleto de uma casa elevando-se sobre um enorme porão cheio de pessoas que jaziam no chão de concreto. De um modo ou de outro, conseguiram lugar para nós. Ao meu lado, estava deitado um menininho tremendo de dor com uma ferida. Quando a mãe dele trocou sua coberta, podia-se ver que um fragmento de granada ainda estava enfiado na sua carne e que a gangrena já se manifestava. Pouco além, jazia uma mulher cujo pé fora arrancado por uma bomba. Não havia nenhum socorro médico para essas pessoas. O fedor era insuportável. Os cantos estavam cheios de crianças choramingando de dar dó. Os adultos simplesmente ficavam sentados ou deitados sem se mexer, com rostos endurecidos e olhos vazios. Passaram-se horas. Quando o dia nasceu, espantei-me com a quietude repentina. Meus ouvidos, acostumados ao ruído de incessantes explosões, começaram a zumbir. Era o silêncio terrível que precede uma grande calamidade, mas eu não podia imaginar nada pior do que aquilo que havíamos passado. De repente, alguém correu até o porão com a notícia de que Varsóvia havia se rendido. Ninguém se mexeu, mas percebi lágrimas nos olhos dos adultos. Eu senti um nó na garganta, mas meus olhos continuaram secos. Então, todos os nossos sacrifícios haviam sido em vão. Vinte e sete dias depois do começo da guerra, Varsóvia, que havia resistido mais que qualquer outra cidade da Polônia, foi forçada a se render.

Ao sairmos do porão, vimos nossa cidade em ruínas ao sol claro de setembro. Grupos de salvamento trabalhavam na remoção de vítimas no entulho. Aqueles que ainda mostravam algum sinal de vida eram colocados em macas e levados às estações de primeiros-socorros. Os mortos eram colocados em carroças e enterrados no terreno vago mais próximo — no quintal de uma casa arruinada ou em uma praça vizinha. Soldados eram enterrados em parques públicos, e pequenas cruzes de madeira eram colocadas sobre seus túmulos.

Voltamos à nossa rua. No pavimento jaziam as carcaças de cavalos dos quais as pessoas haviam arrancado pedaços de carne. Alguns dos cavalos ainda se mexiam, mas os miseráveis famintos não ligavam; estavam cortando os animais vivos. Achamos então o último lugar em que estivéramos, o apartamento na Nalewki, intacto a não ser pelas vidraças quebradas. Mas não havia nada para comer. O zelador convidou-nos a dividir um jantar de pato e arroz. Depois, soube que esse "pato" que nosso zelador havia pegado era o último cisne do lago do parque Krasinski. Apesar do fato de aquela água estar poluída por corpos humanos apodrecendo, não sentimos os efeitos prejudiciais dessa estranha refeição.

Alguns dos soldados poloneses rapidamente vestiram roupas civis. Havia boatos de que outros escaparam pelas fronteiras da Romênia e da Hungria. Sabíamos que um dos irmãos de minha mãe estava com o 56º Regimento, que fora completamente dizimado; do outro irmão, não tínhamos notícia alguma.

Naquela tarde, um primo que morava na rua Sienna convidou-nos a partilhar seu grande apartamento, em que ele havia armazenado uma grande quantidade de comida. Então nos mudamos de novo. Foi uma jornada de pesadelo. Covas coletivas estavam sendo cavadas em todas as praças. Varsóvia parecia um enorme cemitério.

LODZ, 15 DE OUTUBRO DE 1939

Estamos novamente em Lodz. Achamos nossa loja e nosso apartamento completamente saqueados; os ladrões haviam cortado os quadros maiores das suas molduras. Meu pai está triste pela perda do Poussin e do Delacroix[4] que comprou em Paris por uma quantia considerável poucas semanas antes do começo da guerra. Estamos aqui em Lodz apenas há dois dias, mas agora sabemos que foi um erro voltar para cá. Os nazistas começam a intensificar seus atos de terrorismo contra a população local, especialmente os judeus. Na semana passada, puseram fogo na grande sinagoga, orgulho da comunidade de Lodz. Proibiram os judeus de tirar os livros sagrados, e o *shamash*, ou zelador da sinagoga, que queria salvar as relíquias sagradas, foi trancado dentro do templo e morreu nas chamas. Minha mãe não se perdoa pelo fato de ter convencido meu pai a nos trazer de volta para cá.

LODZ, 1º DE NOVEMBRO DE 1939

Estamos planejando voltar para Varsóvia. Meu pai já foi para lá, antes de nós. Foi forçado a fugir porque um dos nossos vizinhos alemães[5] informou à Gestapo que ele havia escondido uns quadros patrióticos do grande pintor polonês Matejko.[6] Esse vizinho nos visitava frequentemente no passado e, mais de uma vez, havia emprestado dinheiro do meu pai. Quando a Gestapo veio ver as pinturas, seu ignóbil informante estava com eles. Felizmente, meu pai conseguiu alugar um carro particular de um ariano para o percurso de oitenta quilômetros até Varsóvia. Essa curta viagem custou-lhe uma fortuna.

LODZ, 3 DE NOVEMBRO DE 1939

Quase todos os dias nosso apartamento é visitado por soldados alemães que, sob vários pretextos, roubam nossas posses. Sinto-me como se estivesse na prisão. Porém, não posso me consolar olhando pela janela, pois, quando espio além da cortina, testemunho incidentes terríveis como o que vi ontem:

Um homem, com feições semitas marcantes, estava de pé tranquilamente na calçada, perto do meio-fio. Um alemão fardado aproximou-se dele e aparentemente lhe deu uma ordem sem sentido, pois pude ver que o pobre sujeito tentou explicar algo com uma expressão constrangida. Daí, chegaram alguns outros alemães uniformizados que começaram a bater na sua vítima com cassetetes de borracha. Chamaram um táxi e tentaram colocá-lo lá dentro, mas ele resistiu vigorosamente. Os alemães, então, amarraram suas pernas com uma corda, prenderam a ponta da corda na traseira do táxi e mandaram o motorista partir. O rosto do desafortunado homem bateu nas pedras pontiagudas do pavimento, tingindo-as de vermelho com seu sangue. O táxi, então, desapareceu rua abaixo.

LODZ, 12 DE NOVEMBRO DE 1939

Percy, o irmão mais novo de minha mãe, voltou do cativeiro nazista. Só um milagre salvou-o da morte. No campo de batalha, vendo os nazistas se aproximando e percebendo que sua unidade havia se rendido, decidiu cometer suicídio. Como estava em uma unidade médica, carregava toda espécie de remédios; engoliu trinta comprimidos de Veronal® e dormiu. Estava deitado em campo aberto quando de repente começou a cair uma chuva torrencial, que o acordou. "Não sei o que aconteceu", contou-nos, "mas de repente comecei a vomitar e a cuspir quase todo o veneno". Ele estava fraco demais para se mexer e logo os alemães o prenderam e o puseram em um campo de prisioneiros. No dia seguinte, com um amigo, conseguiu passar pela cerca de arame farpado e, depois de vagar por uma semana na chamada floresta Kampinowska, dirigiu-se para Lodz.

LODZ, 23 DE NOVEMBRO DE 1939

Hoje, tio Percy casou-se em segredo. A Gestapo proibiu oficialmente que os judeus se casem, mas, em desafio a essa ordem, está aumentando o número de casamentos judaicos. Nem é preciso dizer que todas as certidões de casamento são pré-datadas. Por causa dos perigos que nos cercam, todos os casais comprometidos querem estar juntos. Além disso, todo mundo fica pensando se os nazistas nos deixarão viver muito tempo.

Para ir a esse casamento, fomos andando às escondidas, um a um, como sombras pelos poucos quarteirões até o lugar da cerimônia. Um guarda ficou na porta para observar os nazistas, para que pudéssemos fugir por outra saída, se necessário. O rabino tremia enquanto recitava a bênção. O menor ruído na escada fazia-nos correr para a porta. O sentimento geral era de terror e apreensão. Todos choramos e, depois da cerimônia, saímos às escondidas, outra vez um a um.

Cada vez circulam mais boatos dizendo que Lodz será anexada à Alemanha e que o povo judeu será confinado em um gueto.[7] Judeus estão sendo sequestrados em massa e levados a vários campos de trabalho. Os pais da jovem mulher do meu tio foram mandados para alguma parte na região de Lublin. Certa manhã, quando iam trabalhar, foram capturados por tropas nazistas, enfiados em um caminhão e levados à estação ferroviária. Depois soubemos por alguém que havia escapado desse grupo que viajaram vários dias em vagões fechados, sem comida. Exaustos e famintos, foram desembarcados em um campo aberto e levados à pequena cidade de Zaklikow, juntando-se a vários milhares de outros judeus levados para lá de outras cidades polonesas. Poloneses também foram transportados de Lodz, especialmente os intelectuais, mas não sob condições tão terríveis quanto as dos judeus.

LODZ, 1º DE DEZEMBRO DE 1939

Meu pai está em Bialystok, na Polônia ocupada pelos russos. Suspiramos de alívio ao saber disso. Ali, pelo menos, os judeus são tratados como todo mundo e têm uma chance de sobreviver.

Ainda somos visitados constantemente por nossos "vizinhos" alemães, trabalhadores ferroviários que moram ao lado. Toda vez eles vêm pedir alguma coisa, mas seus pedidos são ordens, na verdade. Na semana passada, por exemplo, pediram travesseiros, fingindo que não tinham nada para dormir. Poucos dias atrás, tivemos a visita de alguns oficiais alemães de alta patente que vieram comprar pinturas. Minha mãe disse-lhes que tínhamos sido roubados e não tínhamos nenhuma para vender. Eles insistiram e começaram a vasculhar todo o apartamento. Encontraram um pequeno desenho e nos ofereceram um preço ridiculamente baixo por ele. Tivemos de aceitar o dinheiro para nos livrarmos deles.

Mais desagradável ainda foi uma visita de dois membros bêbados da Gestapo. Exigiam objetos que não tínhamos. Nossas explicações não os satisfaziam. Enfim, minha mãe mostrou os documentos que provavam sua cidadania norte-americana. Então, um dos bêbados sacou seu revólver e gritou: "Jure pelo bem de Hitler que você é cidadã norte-americana ou atiro já em você!". Mas os judeus foram proibidos de pronunciar o nome sagrado do Führer. Minha mãe perguntou se poderia haver uma exceção nesse caso. O nazista sorriu e pôs o revólver de volta no coldre. Depois de uma busca malsucedida das coisas que ele e seu amigo queriam, saíram, batendo os calcanhares e saudando a bandeira norte-americana que estava pendurada no corredor.

LODZ, 15 DE DEZEMBRO DE 1939

Os nazistas expulsaram os judeus da rua Piotrkowska, que era a via principal de Lodz, cortando toda a cidade e dividindo-a em duas partes iguais. Nenhum judeu pode morar nessa rua nem andar nela. O novo decreto alemão criou assim muitas dificuldades para vários judeus. Mas os alemães estão lucrando com isso; emitem permissões especiais a judeus para andar na rua Piotrkowska a cinco zlotych cada uma.

LODZ, 18 DE DEZEMBRO DE 1939

Os alemães confiscaram nossa loja e o apartamento. Agora estamos morando com parentes na rua Narutowicz, perto da minha escola secundária. A escola ainda funciona, embora pouquíssimos alunos frequentem as aulas, porque receiam sair de suas casas. A crueldade dos alemães aumenta a cada dia, e eles começaram a sequestrar meninos e meninas para usar em seus "entretenimentos" apavorantes. Reúnem cinco a dez casais numa sala, obrigam-nos a tirar as roupas e fazem-nos dançar acompanhados por um fonógrafo. Duas das minhas colegas passaram por isso em sua própria casa. Vários nazistas entraram no apartamento delas e, depois de uma revista completa em todos os cômodos, forçaram as duas jovens a ir à sala de visitas onde havia um piano. Quando seus pais tentaram acompanhá-las, os nazistas bateram na cabeça deles com os cassetetes. Depois os nazistas trancaram a porta da sala de visitas e ordenaram que as jovens tirassem a roupa. Mandaram a mais velha tocar uma valsa vienense para que a mais jovem dançasse. Os sons do piano misturaram-se com os gritos dos pais no cômodo ao lado. Quando a garota mais jovem desmaiou no meio da dança, a outra irmã começou a gritar por socorro na janela. Isso foi demais para os nazistas e eles se foram. Minhas colegas mostraram-me as manchas negras e azuladas deixadas nos seus corpos nas lutas contra seus torturadores.

VARSÓVIA, 27 DE DEZEMBRO DE 1939

Na semana passada, recebemos uma carta do consulado norte-americano convocando minha mãe a ir até Varsóvia. O carteiro que trouxe essa carta não conseguiu deixar de manifestar sua inveja pelo fato de termos ligações norte-americanas. Parti para Varsóvia antes da minha mãe, graças a um amigo gentio, o marido de uma amiga da minha mãe, que me levou com ele e fingiu que eu era sua filha, arriscando a vida. Estou passando um tempo aqui com ele; no Natal ele também trouxe minha irmã de Lodz. Passamos a maior parte do tempo em casa, saindo só depois do cair da noite, para dar curtos passeios na frente da embaixada norte-americana. De alguma forma, sentimonos mais seguras à sua sombra.[8]

VARSÓVIA, 5 DE JANEIRO DE 1940

Minha mãe só se juntou a nós depois do dia de Ano Novo. Disse-nos que tinha notícias do papai; ele estava muito bem na Rússia e tinha um emprego de curador em um museu da Ucrânia. Queria que fôssemos ficar com ele imediatamente, mas isso estava fora de questão.[9] Agora estamos em dois quartinhos no nº 41 da rua Sienna,[10] onde mora um primo nosso. Como esse prédio de apartamentos pertence a alguns funcionários de banco poloneses, os alemães disponibilizaram combustível suficiente para sua manutenção. Assim, estamos protegidos do terrível frio.

10 DE JANEIRO DE 1940

A imprensa polonesa, controlada pelos nazistas, tem publicado informações não oficiais de que planejam um gueto para os judeus de Varsóvia. Essa notícia causou grande amargura em todo o nosso povo, que já tinha recebido a ordem de usar faixas brancas no braço com a estrela de Davi. Por enquanto, aqueles cuja aparência semita não é evidente não estão usando essas faixas; mas, em geral, todos os judeus evitam andar pelas ruas por causa dos ataques frequentes de arruaceiros poloneses, que batem em todo pedestre judeu e os roubam. Alguns poloneses, não abençoados com feições nórdicas, também têm sido molestados por esses facínoras. Por muitos dias, uma mulher polonesa de meia-idade, enrolada em um xale preto comprido e com um porrete na mão, tem sido o terror da rua Marszalkowska. Ela não deixa nenhum judeu passar sem bater nele e se especializou em atacar mulheres e crianças. Os alemães assistem e riem. Até agora, nenhum polonês protestou contra isso. Pelo contrário, quando um judeu passa por uma área de gentios, os moradores apontam-no para os alemães, com as palavras: "Oh! Jude!".

Os mesmos arruaceiros poloneses também levam os alemães aos apartamentos de judeus ricos e participam dos roubos à luz do dia. Não adianta protestar: a lei não protege os judeus.

2 DE MARÇO DE 1940

Parece que em Lodz a situação está ainda pior que aqui. Minha colega de escola, Edzia Piaskowska, filha de um conhecido dono de fábrica de Lodz, que chegou ontem a Varsóvia, contou-nos histórias arrepiantes sobre as condições dali. O gueto foi estabelecido oficialmente, e sua família conseguiu ficar de fora no último instante subornando a Gestapo com bons dólares norte-americanos. A transferência dos judeus de Lodz para o gueto transformou-se em um massacre. Os alemães ordenaram-lhes que se juntassem em uma hora determinada, levando apenas vinte quilos de bagagem por cabeça. Ao mesmo tempo, os nazistas organizaram extensas buscas em casas, tirando os doentes de suas camas e os sãos de onde se escondiam, além de bater, roubar e assassinar. O bairro de Lodz que se tornou o gueto é uma das partes mais pobres e velhas da cidade;[11] compõe-se sobretudo de casinhas de madeira sem eletricidade ou encanamento, que antes eram habitadas por mendigos. Só tem espaço para algumas dezenas de milhares de pessoas; os alemães amontoaram ali trezentos mil judeus.

Os judeus ricos conseguiram fugir do gueto de Lodz por vários meios. Alguns subornaram a Gestapo, como a família da minha amiga; outros escaparam em caixões. O cemitério judeu é fora do gueto, e é possível levar mortos para lá. Algumas pessoas se esconderam em caixões que foram transportados com os rituais fúnebres habituais. Antes de chegar ao cemitério, levantavam-se dos seus caixões e fugiam para Varsóvia. Em um dos casos, a pessoa fechada no caixão não se levantou: seu coração parou de funcionar durante essa viagem curta e macabra.

Judeus, usando uma faixa no braço, caminham ao longo de uma rua movimentada no gueto de Varsóvia.

10 DE MARÇO DE 1940

Hoje presenciei um ataque contra uma judia idosa por arruaceiros poloneses que a cravaram de facadas. Incidentes como esse estão se multiplicando, e em toda parte pode-se ouvir gritos de judeus indefesos. É inconcebível que esses poloneses, esquecendo suas próprias desgraças, persigam pessoas ainda mais vulneráveis que eles.

5 DE ABRIL DE 1940

A primavera está linda, mas não ousamos sair para as ruas. Por toda parte, pessoas, incluindo mulheres e crianças, estão sendo capturadas pelos alemães e levadas para fazer trabalhos forçados. Mas o que nos amedronta não é tanto o trabalho, e sim as torturas às quais as vítimas são submetidas. Algumas judias mais bem-vestidas têm sido forçadas a esfregar o chão dos quartéis-generais nazistas. Ordenam-lhes que tirem suas roupas de baixo e as usem como trapos para limpar o chão e as janelas. Não é preciso dizer que muitas vezes os torturadores usam essas ocasiões para alguma diversão pessoal.

Um incidente curioso aconteceu com uma judia que é cidadã norte-americana. Por via de regra, os nazistas têm o cuidado de poupar estrangeiros, especialmente norte-americanos, mas dessa vez não ligaram para os protestos da mulher e a obrigaram a esfregar o chão com seu caro casaco de pele. Depois de seu martírio, a mulher queixou-se ao cônsul norte-americano, que exigiu pagamento de danos ao governador alemão, Frank. Imediatamente, essa judia, que tem a sorte de ser cidadã norte-americana, recebeu trezentos marcos.[12] Mas cidadãos poloneses de origem judaica não têm ninguém para protegê-los, além deles próprios. No instante em que os alemães começam suas perseguições, os pedestres judeus fazem sinais uns aos outros e, dentro de poucos momentos, as ruas ficam vazias.

17 DE ABRIL DE 1940

Ontem, meu pai voltou da Rússia. Mal pudemos reconhecê-lo. Estava barbado, vestido com uma roupa de camponês e parecia um cigano que acabara de sair de algum esconderijo na floresta. Havia entrado clandestinamente pela chamada "fronteira verde" e foi o único de um grupo de trinta que conseguiu escapar; os outros foram presos e sua sorte é desconhecida. Chegou a pé em Varsóvia, andando à noite e escondendo-se no mato durante o dia.

Primeiro, não entendemos por que ele havia voltado ao inferno alemão em uma época em que muitas pessoas teriam dado tudo que tinham para atravessar para o lado soviético. Na Galícia,[13] conhecidos disseram a meu pai que sua família havia ido para os Estados Unidos, mas, quando ele telegrafou para nossos parentes lá, eles negaram essa informação e deram-lhe nosso endereço em Varsóvia. Sem poder nos buscar, decidiu voltar e partilhar nosso destino amargo.

Contou-nos detalhes interessantes sobre o chamado "lado russo". Os russos tratam a população civil muito melhor do que os alemães; pelo menos, não há discriminação religiosa. Muitos judeus fugiram do território ocupado pelos alemães e entraram na Rússia. Uma boa parte deles imediatamente se juntou às fileiras do Exército Vermelho, enquanto outros foram trabalhar em fábricas de guerra. A maioria deles adotou a cidadania russa. Os que se recusaram a fazer isso, quer fossem judeus ou gentios, foram deportados para a Sibéria.[14] A situação da comida é ruim porque a refeição concedida pelo governo é insuficiente e não há mercado negro.

Anedotas sobre o exército russo têm se espalhado. Os tanques russos, dizem, têm tripulações de cem homens cada — isto é, um soldado vai dentro e os outros noventa e nove empurram a máquina. Os soldados russos são simpáticos, embora possam ser cruéis por razões patrióticas. Muitas mulheres estão no serviço ativo, especialmente na força aérea. Elas usam os mesmos uniformes que os homens e têm os mesmos privilégios. Muitos oficiais têm suas mulheres ao lado. Ninguém imaginaria que as saias largas de camponesa e os lenços de cabeça dessas mulheres são usados por pessoas muito inteligentes, a maioria delas graduadas em universidades que têm posições importantes.

Um caso curioso ocorreu em um teatro de Lwow. A esposa de um oficial russo foi a um espetáculo noturno usando uma camisola. A mulher russa, como todas as suas irmãs, não tinha ideia do estilo europeu de se vestir. Até vestidos modestos lhe parecem luxuosos. Modelos elegantes de seda são desconhecidos na Rússia. Essa mulher usou uma camisola rosa comprida como um vestido de noite e ficou muito ofendida ao ser recebida com uma onda de risos.

Talvez nossas piadas sobre os russos sejam uma expressão inconsciente de nossa decepção pelo fato de a Rússia não estar em guerra contra Hitler. A maioria dos habitantes de Varsóvia tem certeza, sem saber por que, que irromperá uma guerra entre Hitler e a Rússia, cedo ou tarde. Essa ideia ajuda-nos a suportar nosso martírio.

28 DE ABRIL DE 1940

Conseguimos um apartamento separado na mesma casa em que partilhávamos quartos. Minha mãe pregou na porta seu cartão de visitas com a inscrição "cidadã norte-americana". Essa inscrição é um talismã maravi-

lhoso contra os bandidos alemães que entravam livremente em todos os apartamentos de judeus. Assim que
uniformes alemães aparecem na porta externa de nosso prédio, nossos vizinhos vêm nos implorar para que
também possam se beneficiar do nosso sinal milagroso.
Nossos dois quartinhos estão lotados ao máximo — pois
como se pode recusar alguém? Todos os nossos vizinhos
tremem de medo e, com uma prece silenciosa em seus
lábios, olham fixamente para as duas bandeirinhas norte-americanas na parede.

Judeus que possuem passaportes de países neutros não
são obrigados a usar faixas nos braços nem a fazer trabalhos forçados. Não é de admirar que muitos judeus tentem conseguir esses documentos, mas nem todos têm os
meios de comprá-los ou a coragem de usá-los. Duas de
minhas amigas compraram documentos provando que são
nativas de uma república sul-americana.[15] Graças a eles,
podem andar livremente na cidade. Foram ousadamente
ao quartel-general da Gestapo, no Palácio Brühl, para ter
os documentos carimbados com uma suástica, e os peritos
alemães não perceberam que eram falsos. Podem até ir ao
interior para comprar comida. Com tais documentos, têm
pelo menos 90% de chance de sobreviver — os outros judeus têm apenas 10%, no máximo.

20 DE MAIO DE 1940

Acompanhamos com desespero a invasão nazista na
França. Há duas semanas minha mãe foi informada pelo
consulado norte-americano em Berlim de que seu passaporte estaria pronto em uma certa data. Todos os consula-
dos estrangeiros em Varsóvia foram fechados, e por várias
semanas minha mãe passou por toda espécie de funcioná-

rios tentando conseguir permissão para visitar a capital do
Terceiro Reich.[16]

16 DE JUNHO DE 1940

Minha mãe voltou. Sua viagem foi inútil. Por causa
da entrada da Itália na guerra, os portos italianos foram
fechados e, além disso, um novo decreto proibiu qualquer
pessoa de deixar o Governo Geral (nome dado pelos alemães à área administrativa da Polônia em que Varsóvia
está situada). Minha mãe partiu de Berlim em 14 de junho,
dia da queda de Paris. A capital nazista estava eufórica,
banhada por um mar de suásticas.

24 DE JUNHO DE 1940

Abie, o irmão mais novo de minha mãe, está aqui, após
ter escapado de um campo húngaro de internação para oficiais poloneses. Um dos motivos pelos quais arriscou-se em
todos os perigos da fuga foi seu medo de que, como judeu,
fosse transferido para um campo de concentração. Ele não
parece judeu — é alto, de ombros largos, loiro e de olhos
azuis — um verdadeiro tipo nórdico. Graças a sua aparência, não teve dificuldades de viajar da Hungria até Varsóvia.
No começo de sua estadia no campo, seus companheiros de
armas poloneses não sabiam de sua origem judaica. Quando
souberam disso, começaram a persegui-lo e a ameaçá-lo e,
finalmente, denunciaram-no às autoridades húngaras. Tal é
a solidariedade dos oficiais poloneses com aqueles que par-
ticiparam da sua luta contra o inimigo comum.

12 DE JULHO DE 1940

Não há gueto aqui em Varsóvia como em Lodz, mas,
não oficialmente, há limites que os judeus por vontade

própria evitam cruzar a fim de não serem caçados pelos alemães ou atacados pelos arruaceiros poloneses. Sentem-se mais seguros dentro desses limites não oficiais. Novas quantidades de refugiados judeus continuam a chegar de suas cidadezinhas — todos pensam que estarão mais seguros na capital e que terão uma oportunidade melhor de construir uma vida aqui do que nos seus locais de origem. Também há uma razão psicológica para o movimento — todos os judeus querem ficar juntos. Como resultado dessa afluência, há falta de moradia. Ao mesmo tempo, várias instituições sociais têm requisitado todos os apartamentos maiores para suas necessidades. Finalmente, uma regra oficial determinou que cada cômodo seja ocupado por pelo menos quatro pessoas. Sublocamos um de nossos cômodos para a família R., de Lodz. O sr. R. era um dos quatro ou cinco especialistas judeus em manufatura de tecidos, a principal indústria de Lodz, e os alemães empregavam-no com um salário de seis mil zlotych mensais. Era obrigado a morar na fábrica, fora do gueto, e só podia visitar a família uma vez por semana. Como os outros poucos judeus privilegiados, ele dava a maior parte dos seus ganhos à comissão de ajuda do bairro judeu. Pelos R. soubemos de alguns detalhes sobre a vida no gueto de Lodz. As rações são de cem gramas de pão diários, e todos os habitantes são forçados a trabalhar em oficinas militares fabricando cobertores e sapatos de solas de madeira. Cultos religiosos e casamentos são proibidos. Como resultado da superlotação e das más condições de higiene, as ruas estreitas do bairro Baluty são cenário de muitas epidemias. Só aqueles que têm muito dinheiro conseguem escapar dessa vida terrível.

Na semana passada, cozinhas comunitárias autossustentáveis começaram a funcionar em Varsóvia. Uma delas fica perto de nós, no nº 16 da rua Sienna.[17] Uma refeição nessa cozinha consiste em sopa de batata ou repolho e uma porçãozinha de verduras. Duas vezes por semana recebe-se um pedaço pequeno de carne que custa um zloty e vinte groszy.

Agora há muitas escolas ilegais, e elas se multiplicam a cada dia. As pessoas estudam em sótãos e porões, e todas as disciplinas são incluídas no currículo, até latim e grego. Duas dessas escolas foram descobertas pelos alemães em algum dia de junho. Depois, ouvimos que os professores foram executados no local, e os alunos mandados para um campo de concentração perto de Lublin.[18]

Nossa escola de Lodz também começou suas aulas. A maioria dos nossos professores está em Varsóvia, e duas vezes por semana as aulas são dadas em nossa casa, que é um lugar relativamente seguro por causa da cidadania norte-americana de minha mãe. Estudamos todas as matérias habituais e chegamos até a organizar um laboratório de química e física, usando copos e panelas da nossa cozinha em vez de tubos de ensaio e retortas. Uma atenção especial é dada ao estudo de línguas estrangeiras, sobretudo inglês e hebraico. Nossas discussões sobre literatura polonesa têm um aspecto peculiarmente apaixonado. Os professores tentam mostrar que os grandes poetas poloneses Mickiewicz, Slowacki e Wyspianski[19] profetizaram o desastre atual. Todo mundo repete a famosa citação do *Casamento*, de Wyspianski:

> Solitário selvagem, você tinha um chifre de ouro
> Agora tudo o que restou é uma corda.

Os professores davam tudo de si nos ensinamentos, e todas as pessoas estudavam com esforço exemplar. Não havia maus alunos. O aspecto ilegal do ensino e o perigo que nos ameaçava a cada minuto enchiam-nos de uma estranha dedicação. A velha distância entre professores e alunos desapareceu, e nos sentíamos como companheiros de arma responsáveis uns pelos outros.

É difícil conseguir livros didáticos, já que sua venda foi oficialmente proibida. Anotamos as aulas dos professores e as decoramos. Apesar dessas dificuldades extraordinárias, nossa escola chegou realmente a conceder diplomas de formatura. Os exames e cerimônias de graduação aconteceram no apartamento de nosso diretor, o dr. Michael Brandstetter. Foi à tarde, todas as cortinas estavam baixadas e uma guarda de estudantes colocou-se na frente da casa. Os alunos foram examinados separadamente pelos professores sentados à volta de uma mesa coberta com um pano verde. Sem exceção, todos foram aprovados com sucesso no exame. Os diplomas não foram expedidos pelo Ministério da Educação, como antigamente, mas pela congregação da escola ilegal; foram datilografados em folhas comuns de papel e apresentavam as assinaturas de todos os professores. Com lágrimas nos olhos, o diretor fez o discurso habitual aos novos formandos que, como todos os jovens da Polônia — especialmente os jovens judeus —, deixavam a escola sem qualquer perspectiva de futuro, a não ser tornar-se escravos em um campo de trabalho nazista.

16 DE AGOSTO DE 1940

A população do bairro judeu começou a organizar sua vida social. As condições são miseráveis e toda espécie de formas engenhosas para levantar dinheiro e instituir meios de assistência é considerada. Comitês residenciais foram estabelecidos, e há reuniões cada noite em um apartamento diferente para discutir problemas urgentes e estabelecer o valor de contribuição de cada casa para o órgão assistencial central da comunidade judaica. Os comitês também realizam trabalho educacional, estimulando a luta contra as epidemias. Os jovens reúnem-se uma vez por semana. A primeira parte da reunião é dedicada ao debate de questões científicas ou literárias, e a segunda parte ao entretenimento — dançar ao som de discos. A renda desses eventos é entregue às organizações assistenciais.

Os jovens judeus de Lodz fundaram um clube com o objetivo de angariar fundos para a ajuda. Harry Karczmar foi eleito presidente, e os membros titulares eram Bolek Gliksberg, Romek Kowalski, Edek Wolkowicz, Tadek Szajer, Ola Szmuszkowicz, Edzia Piaskowska, Stefan Mandeltort, Misza Bakszt, Dolek Amsterdam, Mietek Fein e eu.

Assim que nos organizamos, um representante da Comissão Conjunta de Distribuição[20] pediu-nos que fizéssemos um show a fim de angariar fundos para os refugiados de Lodz. Pusemo-nos em ação com entusiasmo para organizar um programa, e todo mundo procurou descobrir um talento pessoal. Nosso presidente, Harry Karczmar, tem uma bela voz e foi convidado para cantar um solo. Ele é o mais velho de nós; de altura mediana e cabelos castanhos, parece ter bem mais do que os seus 23 anos. Ele sofreu muito na vida. Quebrou uma perna em um acidente de carro e manca um pouco; recentemente, os médicos descobriram que ele tem sintomas de tuberculose. Embora saiba que não tem como curar isso agora, é sempre alegre e cheio de vida. Ensaia muito e assim esquece seu sofrimento.

Quem o acompanha é Romek Kowalski, um rapaz moreno de 19 anos e aparência aristocrática. Seu rosto delicado, com profundos olhos escuros, nariz clássico e lábios vermelhos, tem uma expressão infantil. Ostenta a marca da maturidade precoce da guerra, que é própria de muitos de nós. É na realidade uma maturidade mais psicológica do que biológica. Romek é um rapaz simpático, sempre disposto a ajudar os outros e maravilhosamente talentoso — começou a estudar piano só alguns meses antes da guerra e agora toca quase como um virtuose. Gosta de música suave e adora jazz.

Stefan Mandeltort, o mais jovem dos rapazes, tem só 17 anos, é baixo e ágil e parece um garoto típico dos subúrbios operários de Varsóvia. Recita encantadoramente e costuma fazer algumas imitações.

Mietek Fein é um sapateador nato, alto, magro, loiro, com um rosto fino e pálido, muito parecido com o de Fred Astaire, porém mais bonito. Tem 20 anos, é órfão e não tem nenhum parente distante vivo. Mas pensa pouco na sua situação infeliz; sua cabeça está preocupada com a dança.

Dolek Amsterdam, um moço alto, de cabelos castanhos, tem um rosto quadrado, mais para o comum, e é fleumático por natureza. Fala raramente e daí concorda com os outros. É influenciado muito facilmente, sobretudo por Harry Karczmar. Tem uma voz bem treinada. Os dois outros cantores são Edek Wolkowicz e Bolek Gliksberg.

Misza Bakszt faz um ótimo mestre de cerimônias. Nem precisa preparar seus discursos, pois consegue improvisar no calor do momento. Com 19 anos, é um crítico nato, rápido nas réplicas, e muito bem-sucedido com as garotas. Ola Szmuszkowicz, cujo pai está na Palestina, estudou piano desde a infância. Ela ainda está tendo aulas com um conhecido professor de piano, embora sua situação financeira seja péssima.

Para minha grande surpresa, meus colegas descobriram que tenho uma voz. Como "norte-americana" — é como me chamam em toda parte — convidaram-me para cantar algumas canções suaves norte-americanas. É proibido fazer uso de francês ou inglês em público, mas ignoramos essas proibições.

Edzia Piaskowska e Tadek Szajer são os únicos membros de nosso grupo sem quaisquer talentos como intérpretes, então ficaram com a tarefa de achar um lugar para a apresentação.

Nosso pequeno grupo está tendo momentos agradáveis e descobrindo que os preparativos para o show são envolventes, mas um olhar para fora da janela é o bastante para nos despertar para a realidade. A qualquer momento,

Romek Kowalski

pode-se ver uma prova tangível do terror que domina a cidade. A perseguição continua sem interrupção. Sempre temos de sair das reuniões um de cada vez. As meninas vão primeiro e veem que não há nazistas por perto. Se tudo está tranquilo, chamam os meninos.

11 DE SETEMBRO DE 1940

Nosso primeiro espetáculo aconteceu no começo do mês, no nº 5 da Przejazd, na sede da Comissão Conjunta de Distribuição. Nosso sucesso superou todas as expectativas, e a renda foi considerável. Imediatamente nos pediram que fizéssemos outros espetáculos, todos muito bem-sucedidos. Nosso grupo de Lodz está orgulhoso por ter tal êxito em Varsóvia. Alguns de nós se tornaram muito famosos junto à população judaica. A voz de Harry fascina todas as garotas, as apresentações bem-humoradas de Stefan arrancam fortes aplausos, e Ola é elogiada por sua interpretação. Quanto a mim, os mais fantásticos boatos são espalhados — são obra de Harry. As pessoas acham que é realmente verdade que sei muito pouco polonês e que me apresentei nos Estados Unidos. Em cada show, tenho de repetir minha primeira canção, *Moonlight and shadow*, várias vezes. Os outros membros do nosso grupo também são muito populares. Chamamo-nos de o "Grupo Artístico de Lodz", ou, como se abrevia em polonês, o LZA. O que é curiosamente simbólico: a palavra *lza* quer dizer "lágrima" em polonês.

Mais ou menos na mesma época em que organizamos nosso grupo, alguns cafés abriram do lado ariano, onde famosos artistas poloneses que se recusaram a atuar em teatros controlados pelos nazistas trabalham simultaneamente como artistas e garçons.

2 DE NOVEMBRO DE 1940

Circula um insistente boato de que o bairro judeu logo será fechado. Algumas pessoas dizem que será melhor para nós, pois os alemães não ousarão cometer seus crimes tão abertamente e porque estaremos protegidos dos ataques dos arruaceiros poloneses. Mas outros, sobretudo aqueles dentre nós que escaparam do gueto de Lodz, estão apavorados: eles já experimentaram a vida num bairro judeu isolado sob domínio alemão.

CAPÍTULO II

COMEÇA
O GUETO

15 DE NOVEMBRO DE 1940

Hoje foi oficialmente estabelecido o gueto judeu. É proibido aos judeus sair dos limites formados por certas ruas. Há uma comoção enorme. Nosso povo está percorrendo as ruas correndo, nervosamente, sussurrando vários boatos, cada um mais fantástico que o outro.

Já começou o trabalho nos muros, que terão 2,7 metros de altura. Pedreiros judeus, supervisionados por soldados nazistas, colocam tijolos sobre tijolos. Aqueles que não trabalham rápido o bastante são espancados pelos supervisores. Isso me faz pensar naquela descrição bíblica de nossa escravidão no Egito. Mas onde está o Moisés que nos salvará de nossa nova servidão?

Há sentinelas alemãs no fim dessas ruas em que o tráfego não parou completamente. Alemães e poloneses podem entrar no bairro isolado, mas não devem carregar nenhum pacote. O fantasma da fome está diante de nós.

20 DE NOVEMBRO DE 1940

As ruas estão vazias. Reuniões extraordinárias estão acontecendo em todas as casas. A tensão é terrível. Algumas pessoas exigem que seja organizado um protesto. Essa é a voz dos jovens; nossos mais velhos consideram isso uma ideia perigosa. Estamos isolados do mundo. Não há rádios, telefones ou jornais. Só os hospitais e as delegacias da polícia polonesa situados dentro do gueto podem ter telefones.

Os judeus que moravam do lado ariano da cidade receberam ordem de se mudar até 12 de novembro. Muitos esperaram até o último momento, pois achavam que os alemães, por causa de protestos ou subornos, pudessem ser levados a revogar o decreto que estabeleceu o gueto. Mas, como isso não aconteceu, vários membros do nosso povo foram forçados a deixar seus apartamentos belamente mobiliados de uma hora para a outra e chegaram ao gueto trazendo apenas uns poucos embrulhos nas mãos.

Empresas cristãs localizadas dentro dos limites do bairro judeu podem continuar funcionando temporariamente, se estiverem aqui há pelo menos vinte e cinco anos. Muitas fábricas polonesas e alemãs estão situadas dentro do gueto, e graças a seus empregados temos um pouco de contato com o mundo exterior.

22 DE NOVEMBRO DE 1940

O gueto foi isolado por uma semana inteira. Os muros de tijolos vermelhos no fim das ruas do gueto ficaram bem mais altos. Nosso povoado miserável zumbe como uma colmeia. Nas casas e nos pátios, em qualquer lugar que não chegue os ouvidos da Gestapo, as pessoas discutem nervosamente os verdadeiros objetivos dos nazistas ao iso-

Mapa do gueto de Varsóvia.

lar o bairro judeu. Como conseguiremos provisões? Quem manterá a ordem? Será que tudo melhorará e seremos deixados em paz?

Esta tarde, todos os membros do nosso grupo LZA se reuniram na minha casa. Sentamo-nos, em estupor, sem saber o que fazer. Agora, todos os nossos esforços são inúteis. Quem liga para o teatro nesses dias? Todo mundo só pensa em uma única coisa: o gueto.

15 DE DEZEMBRO DE 1940

A vida continua. Minha mãe, como norte-americana, ainda pode passar pelos portões do gueto. Quando faz isso, ela mostra seu passaporte e a guarda nazista a cumprimenta com grande respeito ao devolver o documento norte-americano.

Recentemente, minha mãe fez várias dessas incursões para transmitir toda espécie de recados de seus amigos. Eles ficam especialmente agradecidos quando ela pode trazer cartas de fora para eles, pois o correio no gueto recusa essas cartas. Como cidadã norte-americana, ela pode enviar cartas pelo correio alemão sem qualquer dificuldade em particular. Seu passaporte é verificado nos guichês — o nome do remetente precisa ser o mesmo do passaporte. Posso imaginar a surpresa de pessoas de fora quando veem que as cartas dos seus parentes mais próximos ostentam o nome de uma estranha como remetente.

O escritório de assistência à comunidade norte-americana em Varsóvia fica no n.º 14 da rua Mokotowska. Uma vez por mês, todos os cidadãos norte-americanos recebem um grande pacote de alimentos em troca de onze zlotych; mas esse pacote vale, na verdade, trezentos zlotych e muitas vezes contém coisas que são impossíveis de se obter em outra parte, a qualquer preço.

A obtenção de comida torna-se uma questão cada vez mais premente. Os cartões de racionamento oficiais concedem-nos de cem a duzentos e cinquenta gramas de pão por dia, um ovo por mês e um quilo de geleia vegetal (adoçada com sacarina) por mês. Meio quilo de batatas custa um zloty. Esquecemos o gosto de fruta fresca. Nada pode ser importado dos bairros arianos, embora lá haja abundância. Mas a fome e o desejo de lucrar são mais fortes que todas as penalidades que ameaçam contrabandistas, e o contrabando agora está se tornando aos poucos uma indústria importante.

A rua Sienna, que forma um dos limites do gueto, é separada por muros apenas das ruas que a cruzam; as casas cujos quintais dão para a rua Zlota (paralela à Sienna), o chamado "outro lado", estão temporariamente separadas do mundo exterior por arame farpado. A maior parte do contrabando acontece ali. Nossas janelas dão para um quintal desses. Durante toda a noite há agitação ali e, de manhã, carrinhos com verduras aparecem nas ruas e as lojas estão cheias de pão. Há até açúcar, manteiga, queijo — claro que por altos preços, pois pessoas arriscaram a vida para conseguir tais coisas.

Às vezes, um sentinela alemão é subornado e um veículo lotado de toda espécie de mercadorias consegue passar pelos portões.

Os alemães exigiram que a comissão administrativa judaica tomasse medidas para deter o contrabando. Também ordenaram que uma milícia judaica fosse formada para ajudar a polícia polonesa a manter a ordem no gueto. A comunidade está tentando recrutar dois mil homens vigorosos com idades entre 21 e 35 anos. É dada preferência a veteranos de guerra. Também é exigido um bom nível educacional: no mínimo, um diploma escolar.

22 DE DEZEMBRO DE 1940

A polícia judaica é um caso resolvido. Apresentaram-se mais candidatos do que os necessários. Uma comissão especial selecionou-os, e a "recomendação" desempenhou um papel importante nessa triagem. No final, quando pouquíssimos empregos estavam disponíveis, o dinheiro também ajudou... Mesmo no céu, nem todos são santos.[1]

O comissário-chefe da polícia do gueto é o coronel Szerynski, um judeu convertido que foi chefe de polícia em Lublin antes da guerra. Abaixo dele há três comissários-assistentes: Hendel, Leikin e Firstenberg, que formam juntos o conselho superior da polícia. Daí, vêm os comandantes regionais, os chefes distritais (as regiões são divididas em distritos) e finalmente os policiais comuns, que cumprem as tarefas rotineiras.

O uniforme desses policiais é composto por um quepe azul-marinho e um cinturão militar ao qual se prende um cassetete de borracha. Sobre a aba do quepe há uma insígnia de metal com a estrela de Davi e a inscrição *Jüdischer Ordnungsdienst* (Serviço Judaico de Ordem). Em uma fita azul em volta do quepe, o posto policial é indicado com distintivos especiais: um disco de metal redondo, do tamanho da unha do polegar, para um policial, dois para um policial sênior, três para um chefe distrital; uma estrela para um comandante regional, duas para os três comissários-assistentes e quatro para o comissário.

Como todos os outros judeus, esses policiais têm de usar no braço uma faixa branca com a estrela de Davi azul, mas, além disso, usam uma faixa amarela no braço com a inscrição *Jüdischer Ordnungsdienst*. Também levam no peito distintivos metálicos com seus números.

Entre os deveres desses novos policiais judeus estão a guarda dos portões do gueto, ao lado de gendarmes alemães e policiais poloneses, o comando do tráfego nas ruas do gueto, a segurança dos correios, das cozinhas e da admi-

nistração comunitária, além da perseguição aos contrabandistas. A tarefa mais difícil da polícia judaica é o controle
de mendigos — o que, na verdade, consiste em levá-los de
uma rua para a outra, pois não há muito mais a fazer com
eles, sobretudo porque seu número cresce a cada hora.

O quartel-general da polícia, o chamado KSP,[2] fica no
nº 15 da rua Ogrodowa; os cinco escritórios regionais estão
nas ruas Twarda, Ogrodowa e Leszno, na Gesia perto da
Nalewki e nas proximidades do cemitério judeu.

Tenho uma sensação estranha e totalmente ilógica de
satisfação quando vejo um policial judeu em um cruzamento — tais policiais eram completamente ignorados na Polônia antes da guerra. Eles orientam o tráfego com orgulho
— embora ele raramente precise ser dirigido, pois é formado apenas por raras carroças puxadas por cavalos, alguns

Um policial judeu orienta o tráfego no cruzamento
da rua Chlodna com a Zelazna, no gueto de Varsóvia.

triciclos para transportar pessoas e carros fúnebres — os
últimos são os veículos mais frequentes. De vez em quando
passam correndo carros da Gestapo, sem ligar a mínima
para as ordens dos policiais judeus, e perfeitamente indife-
rentes quanto à possibilidade de se atropelar alguém.

24 DE DEZEMBRO DE 1940

Nosso segundo Natal durante a guerra. De uma janela, que dá para o lado ariano, posso ver árvores de Natal
acesas. Pinheirinhos também eram vendidos no gueto esta
manhã, mas a preços exorbitantes. Foram contrabandeados ontem. Vi pessoas amedrontadas correndo para casa
com arvorezinhas coladas ao peito. Eram cristãos de primeira geração ou convertidos que os nazistas consideram
judeus e que foram confinados no gueto.

25 DE DEZEMBRO DE 1940

Hoje, um novo grupo de funcionários uniformizados
judeus apareceu no gueto. Pertencem à Comissão de Luta
contra Especuladores especial, cuja tarefa é regulamentar
os preços de vários artigos. Por algum tempo, essa organização funcionou em segredo, mas agora age abertamente.
Esses funcionários usam a mesma espécie de quepe dos
policiais judeus, mas com uma fita verde e, em vez da faixa
de braço amarela, usam faixas de braço cor de alfazema
com a inscrição "Luta contra Especuladores".

Embora a atitude da população judaica em relação aos
policiais judeus seja cordial, esses novos funcionários são
tratados com evidente reserva, pois suspeita-se que tenham sido mandados pela Gestapo. Sua organização foi
apelidada de "Os Treze", pois tem sede no nº 13 da rua
Leszno. O chefe é o comissário Szternfeld, e seus prin-

cipais colaboradores são Gancwajch, Roland Szpunt e o advogado Szajer de Lodz.

Há outro grupo de funcionários uniformizados judeus no gueto — os trabalhadores da unidade de ambulâncias, que usam uma faixa azul no quepe e outra no braço. Outro, ainda, é o corpo dos agentes funerários, vestidos de preto e empregados por companhias particulares, entre as quais as mais populares são a Pinkiert, que fica perto do edifício comunitário na Grzybowska, e a Wittenberg, bem do outro lado da rua. Até para se chegar ao outro mundo não é muito fácil nos dias de hoje. Os enterros são terrivelmente caros, e um pedaço de terra no cemitério judeu superlotado é precioso como ouro.

Enquanto isso, a vida se organiza no gueto. Trabalhar ajuda a esquecer tudo e não é difícil conseguir trabalho aqui. Várias oficinas e fábricas abriram, fazendo todos os tipos de artigo que antes nunca haviam sido fabricados em Varsóvia.

Nosso grupo teatral recebeu vários convites para se apresentar em cafés. Também temos nosso próprio salão e pretendemos fazer apresentações regulares duas ou três vezes por semana, à tarde. Alugamos a escola de dança Weisman na rua Panska, embora ela tivesse uma má reputação antes da guerra, pois o submundo de Varsóvia costumava se reunir lá. Os habitantes do bairro chegaram a chamar esse salão de "a velha espelunca". Mas agora temos nosso público próprio, que não ligará para a má reputação do salão e irá a nossas apresentações, não importa onde aconteçam. Além disso, não há salão melhor em todo o chamado "Pequeno Gueto", que fica entre as ruas Sienna e Leszno.

O caminho do Pequeno Gueto ao Grande Gueto começa na esquina das ruas Chlodna e Zelazna. Só o leito da rua, separado do resto da rua Chlodna por muros em cada lado, é considerado parte do gueto. No meio da rua há uma saída para a rua Zelazna. Essa saída é especialmente bem guardada por um gendarme nazista armado com metralhadora e dois policiais, um judeu e um polonês.

2 DE JANEIRO DE 1941

Nossas apresentações de Ano Novo atraíram inesperadamente um enorme público. O salão estava lotado. Como o 31 de dezembro coincidiu com o último dia de Chanukah, improvisamos uma cena retratando a luta heroica dos macabeus, que incluía muitas alusões ao nosso tempo. Acendemos oito velas no palco. O público aplaudiu com entusiasmo, e dificilmente alguém ficou de olhos secos no lugar.

Todas as nossas matinês são um grande sucesso. Metade da renda vai para a comissão pelos refugiados, pois ainda há um fluxo enorme de refugiados sem-teto.

4 DE JANEIRO DE 1941

O gueto está coberto de neve espessa. O frio é terrível e nenhum dos apartamentos tem aquecimento. Aonde quer que eu vá, vejo pessoas enroladas em cobertores ou se amontoando em colchões de penas, isto é, aquelas das quais os alemães não tiraram ainda todas essas coisas quentes para dá-las a seus soldados. O frio cortante torna as bestas nazistas que montam guarda perto das entradas do gueto ainda mais selvagens que de hábito. Apenas para se aquecer, enquanto se movem de um lado para o outro na neve espessa, atiram muitas vezes e há muitas vítimas entre os passantes. Outros guardas que ficam aborrecidos com sua tarefa nos portões conseguem entretenimentos.

Por exemplo, escolhem uma vítima entre as pessoas que estão passando por acaso, mandam-na se jogar de cara na neve e, se for um judeu que usa barba, eles a cortam fora, com a pele, até a neve estar vermelha de sangue. Quando esse nazista está de mau humor, sua vítima pode ser o policial judeu que monta guarda com ele.

Ontem vi um gendarme nazista "treinar" um policial judeu perto da passagem do Pequeno para o Grande Gueto na rua Chlodna. O jovem finalmente perdeu o fôlego, mas o nazista ainda forçou-o a cair e a se levantar até ele desmaiar numa poça de sangue. Alguém chamou uma ambulância, e o policial judeu foi colocado numa maca e levado num carro de mão. Só há três ambulâncias para todo o gueto, por isso são mais usados os carros de mão. Nós os chamamos de riquixás.[3]

10 DE JANEIRO DE 1941

Na noite passada, vivemos horas de terror mortal. Por volta de onze horas da noite, um grupo de gendarmes nazistas entrou na sala onde nosso comitê estava reunido. Os nazistas revistaram os homens, levaram todo o dinheiro que acharam e ordenaram que as mulheres se despissem, esperando achar diamantes escondidos. Nossa sublocatária, a sra. R., que por acaso estava ali, protestou corajosamente, declarando que não tiraria a roupa na presença de homens. Por isso, ela recebeu um tapa estalado na cara e foi revistada com mais brutalidade que as outras mulheres. Estas ficaram nuas por mais de duas horas, enquanto os nazistas passavam os revólveres por seus seios e partes íntimas e ameaçavam atirar nelas se não lançassem fora dólares ou diamantes. Os animais ficaram até duas horas da manhã, levando um saque escasso de alguns relógios, alguns anéis de bijuteria e uma pequena quantia de zlotych poloneses. Os habitantes do gueto esperam tais ataques todas as noites, mas isso não impede as reuniões dos comitês.

30 DE JANEIRO DE 1941

Hoje fizemos a reunião inaugural do Clube da Juventude de nosso quarteirão na rua Sienna. Clubes semelhantes têm sido formados em todas as ruas do gueto.[4] Elegemos como presidente Manfred Rubin, um jovem e inteligente refugiado judeu alemão, que veio para a Polônia pouco antes da guerra.

O engenheiro Stickgold saudou-nos em nome dos comitês da rua Sienna. Estimulou-nos a estudar o máximo possível e a dividir entre nós não só o pão como também o conhecimento. Cada membro do nosso grupo começou imediatamente a preparar-se para falar sobre algum tema.

5 DE FEVEREIRO DE 1941

Há pânico entre os habitantes da rua Sienna, porque se espalhou o boato de que a rua vai ser separada do gueto, supostamente por causa do enorme contrabando que passa por ela. Mas essa certamente não é a verdadeira razão, pois o mesmo acontece em todas as ruas dos limites e, se uma rua ficar de fora, o contrabando simplesmente mudará para a seguinte. Os próprios alemães estão espalhando boatos de que a rua Sienna será deixada para os habitantes judeus se eles pagarem uma contribuição. Essa deve ser a verdadeira razão da ameaça — os alemães querem extrair uma grande quantia dos moradores do gueto.

Enquanto isso, a neve cai devagar e a geada forma desenhos florais maravilhosos nas vidraças. Sonho com um trenó deslizando pelo gelo, com a liberdade. Serei livre outra vez?

Realmente me tornei egoísta. Por enquanto, ainda estou aquecida e tenho comida, mas à minha volta há tanta miséria e fome que estou começando a me sentir muito infeliz. Às vezes, pego meu casaco rapidamente e saio à rua. Observo os rostos dos que passam, azulados de frio. Tento guardar na memória a expressão das mulheres sem-teto, enroladas em trapos, e a das crianças com bochechas rachadas e geladas. Elas ficam juntas umas das outras, esperando achar algum calor nessa proximidade. Os vendedores de rua ficam nas portas, oferecendo doces e fumo em promoção. Carregam pequenas caixas apoiadas nos ombros. Essas caixas contêm alguns maços de cigarros e um punhado de doces feitos sem uma pitada de açúcar, adoçados com sacarina.

Através da vitrine de uma loja, posso ver o reflexo de várias pessoas. O espetáculo agora me é familiar: um homem pobre entra para comprar cem gramas de pão e logo sai. Na rua, ele arranca ansiosamente um pedaço da massa viscosa e o coloca na boca. Uma expressão de contentamento se espalha por todo o seu rosto e, em um instante, todo o pão desaparece. Então, seu rosto exprime desapontamento. Ele vasculha no bolso e tira suas últimas moedas de cobre, insuficientes para comprar qualquer coisa. Tudo o que pode fazer no momento é deitar-se na neve e esperar a morte. Talvez ele devesse ir à administração comunitária? Não adianta. Centenas como ele já estão lá. A mulher atrás da mesa que os recebe e ouve suas histórias é compassiva. Sorri polidamente e lhes diz para voltar dali a uma semana. Cada um deles precisa esperar sua vez, mas poucos deles viverão mais uma semana. A fome os destruirá, e a cada manhã outro corpo de um velho de rosto azulado e punhos cerrados será achado, deitado na neve.

Quais serão os últimos pensamentos dessas pessoas e o que os faz cerrar os punhos com tanta força? Certamente seu último olhar dirigiu-se à vitrine da loja do outro lado da rua onde se deitaram para morrer. Nessa vitrine veem pão branco, queijo e até bolos e caem no seu último sono sonhando que mordem um pão.

Todo dia há cada vez mais desses "sonhadores de pão" nas ruas do gueto. Seus olhos são velados por uma névoa que pertence a outro mundo... geralmente se sentam diante das vitrines de lojas de comida, mas seus olhos não veem mais os pães que estão atrás do vidro, como se estivessem em algum paraíso remoto e inacessível.

Depois que dou uma boa olhada nisso tudo e meu coração está cheio de tristeza, volto para meu quarto quente onde sinto os apetitosos aromas de boa comida sendo feita. Meus sonhos de liberdade somem. Estou com fome. Agora, meu único desejo é encher minha barriga.

15 DE FEVEREIRO DE 1941

Uma após outra, as ruas do gueto têm sido fechadas. Agora, só poloneses são usados para esse trabalho. Os nazistas não confiam mais nos pedreiros judeus, que deixam deliberadamente tijolos soltos em muitos lugares a fim de criar buracos pelos quais é possível contrabandear comida ou escapar para o outro lado à noite.

Atualmente, os muros estão ficando cada vez mais altos e não há tijolos soltos. A parte de cima é coberta por uma grossa camada de argila cheia de cacos de vidro, destinados a cortar as mãos dos que tentarem escapar.

Mas os judeus acham meios. Os canos de esgotos não foram tirados e, por essas aberturas, eles conseguem passar saquinhos de farinha, açúcar, cereais e outras mercadorias. Nas noites escuras, também aproveitam buracos feitos nos portões para trazer alimentos. A remoção de um tijolo é suficiente. Pacotes especiais são preparados para caber nesses buracos. Há outras maneiras, também. Muitas casas bombardeadas estão situadas no limite entre o gueto e o outro lado. Os porões dessas casas muitas vezes formam túneis compridos que se estendem por três, quatro ou cinco casas. A maior parte do contrabando é levada por esses túneis. Os alemães sabem disso, mas são incapazes de controlar esse tráfico.

Enquanto isso, os nazistas estão separando do gueto os edifícios maiores e mais modernos. Várias ruas foram divididas em duas: um lado pertence ao gueto, o outro, ao lado ariano. No meio da rua há um arame farpado ou um muro. Receamos que a mesma coisa seja feita na rua Sienna, onde moramos, pois as mais belas casas de todo o bairro estão nessa rua.

17 DE FEVEREIRO DE 1941

A administração comunitária judaica está terminando os preparativos para um curso de desenho de máquinas, arquitetura e artes gráficas. Eu me inscrevi. Recebi um prospecto datilografado, que explica que o curso está sendo aberto por permissão especial das autoridades alemãs e é parte do programa geral de treinamento de serralheiros, eletrotécnicos e outros artesãos para jovens judeus que não têm profissão. Todos nós percebemos que a intenção real dos alemães é treinar operários para suas indústrias de guerra — operários que trabalharão sem salários.

Os cursos de metalurgia e afins serão dados no edifício comunitário do nº 26 da rua Grzybowska, e os cursos

de desenho industrial acontecerão no nº 16 da rua Sienna,
perto da minha casa. Não estarei exposta ao perigo de andar muitas ruas para ir à escola. O curso durará seis meses
e a taxa de frequência é de vinte e cinco zlotych mensais.
Haverá também várias bolsas para alunos pobres mas ta-
lentosos.

Quando fui me inscrever, vi muitos rostos conhecidos, entre eles o de Mark Unger, que me acompanhava
nas apresentações, e o de Manfred Rubin, o presidente
da Comissão de Juventude de nosso quarteirão. Há quase
seiscentos candidatos, embora o número de vagas seja de
apenas algumas dúzias. Infelizmente, a "recomendação"
desempenha papel significativo na seleção dos estudantes.
Primeiro me rebelei contra isso, mas, quando percebi que
minhas chances de ser aprovada eram pequenas, decidi recorrer, enfim, aos mesmos meios.[5]

20 DE FEVEREIRO DE 1941

Hoje, fui visitar uma colega de escola de Lodz, Lola
Rubin. Admiro muito a sua coragem. Essa garota de 17
anos sustenta a si mesma e ao irmão de 10 anos. Seus pais
permaneceram no gueto de Lodz. Lola Rubin conseguiu
em alguma parte uma certidão de nascimento falsa, com
nome cristão e, com a ajuda desse mágico pedaço de papel, construiu sua vida. Vai muitas vezes ao lado ariano,
compra várias coisinhas que não se consegue no gueto e as
revende aos seus conhecidos com bom lucro. Geralmente,
ela atravessa a linha de demarcação que passa pelo edifício dos tribunais na rua Leszno, onde judeus e gentios são
julgados. Um lado do prédio dá para as ruas Ogrodowa e
Biala, que ficam junto ao lado ariano. Ali ela se mistura
com os poloneses que vêm para o edifício do tribunal.

Lola tem um quartinho e recebe muitos visitantes.
Hoje, conheci lá uma criatura interessante, Mickey Mund-
stuck, um anão. Ele tem 24 anos, vem de Leipzig e fala
alemão e inglês. Contou-nos sua estranha história de vida.
Com 8 anos, foi levado a Hollywood por seu pai. Era uma
criança-prodígio e apareceu em vários filmes. Para continuar sua carreira, Mickey precisava permanecer criança,
mas, como estava crescendo, seu pai decidiu que ele deveria ser operado para deter o crescimento. Mas não deu
certo. Outras crianças-prodígio apareceram, e a carreira
cinematográfica de Mickey acabou. Partiu de Hollywood e
voltou à Alemanha em 1933. Os nazistas haviam tomado o
poder e mandaram seu pai para o campo de concentração
de Dachau, onde morreu. Mickey ficou sozinho e poucos
meses depois foi deportado para Varsóvia. Agora se sustenta dando aulas de inglês.

25 DE FEVEREIRO DE 1941

Nos últimos três dias, fui ao curso de artes gráficas. O
clima é agradável. Todos os dias eu me senti como se visitasse um outro mundo por algumas horas, um mundo bem
afastado da vida fantasmagórica do gueto. As aulas ocorrem
das nove da manhã até duas e meia da tarde e compreen-
dem matérias teóricas e exercícios práticos. As disciplinas
teóricas são história da arte, história da arquitetura, história do figurino e vários tipos de desenho, começando com
figuras geométricas, indo até plantas, decoração e letras.

Os professores de desenho são Hilf, um artista vienense,
e Greifenberg, o famoso designer de Varsóvia. Geometria e
história da arquitetura são ensinadas pelo engenheiro Goldberg, que construiu os edifícios mais modernos do governo
em Varsóvia. Ele é muito popular entre os estudantes.

Os jovens que fazem o curso são de idades variadas; o mais jovem dentre eles tem 15 anos; o mais velho, 30. Alguns deles trabalharam antes da guerra como designers e outros são até bem conhecidos como pintores. Há também alguns engenheiros formados. A maioria é de homens, e há uma boa razão para isso. Recentemente, os homens judeus foram capturados em massa e enviados a campos de trabalho de onde ninguém volta. Os alemães agora mandam pessoas sobretudo para a região do rio Bug, onde são aproveitadas para construir fortificações perto da fronteira soviética.

Os estudantes dos cursos da comunidade não são enviados aos campos de trabalho, mas, ao se formarem, serão levados para se apresentar "voluntariamente" à repartição de trabalho alemã. Mas quem vai se preocupar com o que acontecerá daqui a oito meses? Até lá, a guerra poderá ter acabado. Não é de espantar que a maioria dos nossos alunos seja de homens. A comunidade também está a favor disso, porque, por enquanto, as jovens não são ameaçadas com campos de trabalho.

CAPÍTULO III

A VIDA
CONTINUA

28 DE FEVEREIRO DE 1941

A escassez de pão torna-se cada vez mais crítica. Consegue-se muito pouco com os cartões de racionamento oficiais e, no mercado negro, quinhentos gramas custam agora dez zlotych. Todo pão é preto e tem gosto de serragem. Pão branco custa de quinze a dezessete zlotych. Do lado ariano, os preços são bem mais baixos. Muitos dos alunos vêm para a aula sem ter comido nada, e todo dia organizamos uma coleta do pão para eles.[1] O grupo de nossos modelos vivos é ainda mais trágico. Recentemente, desenhamos muitos retratos e nosso tema favorito é "miséria". Não faltam modelos para isso. Eles ficam na fila para ganhar alguns níqueis posando para nós. Muitas vezes adormecem na espera e aí, com os olhos fechados, parecem cadáveres.

Os diretores dos nossos cursos pagam dois zlotych por duas horas de pose, e nós juntamos alguns pedacinhos de pão para cada modelo. Ontem, nosso modelo era uma menina de 11 anos com belos olhos negros. O tempo todo em

que trabalhamos, a garota tremia de febre e foi difícil dese-
nhá-la. Alguém sugeriu que lhe dessem alguma coisa para
comer. Tremendo, a menina engoliu só um pedaço do pão
que conseguimos para ela e embrulhou cuidadosamente o
resto em um pedaço de jornal. "Isto é para meu irmãozi-
nho", disse. "Ele está esperando em casa que eu lhe leve
alguma coisa."

Depois disso, ela se sentou silenciosamente durante
todo o período de desenho.

Certa vez, tivemos de carregar um velho para fora da
sala de aula; ele desmaiou de fome e não conseguiu nem
terminar o pão que lhe demos.

4 DE ABRIL DE 1941

O número de escolas profissionais e cursos no gueto está
crescendo. A organização ORT[2] abriu um curso especial para
moças sob a direção de Roma Brandes, a mulher do advogado
e líder socialista judeu que fugiu para o exterior. Esses cursos
abrangem as seguintes especialidades: costura para senhoras,
roupas para crianças, confecção de luvas e de chapéus, bolsas para senhoras e flores artificiais. A ORT conseguiu dois
salões para esses cursos no nº 13 da rua Leszno e no nº 13
da rua Nalewki. Minha irmã Anna* inscreveu-se no curso de
roupas para crianças. Há duas classes, uma de manhã e a outra à tarde, e muitas jovens comparecem para as aulas. Fazem
sapatos para orfanatos, onde quase todas as crianças andam
descalças. Como não se consegue couro, velhos chapéus de
feltro são reunidos no gueto e trazidos para a escola, onde
são limpos e transformados em sapatos de vários tipos. Para

---

*Ao longo do diário, Mary Berg se refere à irmã tanto como Anna quanto
como Ann.

as solas, as alunas usam duas ou três camadas de feltro ou de couro de velhos sapatos dados para tal objetivo por moradores abastados do gueto. As jovens trabalham diligentemente, pois sabem quantos pezinhos gelados estão esperando pelo resultado de seu trabalho, e nenhuma quer ser paga por tal atividade.

Em geral, as crianças recebem bastante atenção. Em muitas casas, há comissões especiais que ajudam a sustentar os órfãos pobres. Em nossa própria casa, um caldeirão exclusivo de sopa é feito toda sexta-feira para o Hospital Infantil Mattias Berson[3], que fica na rua Sienna. Há várias outras organizações para crianças. Bem popular é a chamada Comissão da Colher, que coleta uma colher cheia de açúcar ou duas colheres de farinha e mingau duas vezes por semana de cada morador em determinada casa. Batatas, cenouras, beterrabas, repolho e outros alimentos também são coletados.

Duas crianças desamparadas mendigam
em uma calçada do gueto.

O círculo jovem de nossa casa, no nº 41 da rua Sienna, ajuda o Lar das Crianças do dr. Janusz Korczak. Todos os dias, dois de nossos membros devem fazer coletas e todos, mesmo aqueles que precisam de ajuda, fazem doações de boa vontade aos pequenos pupilos do dr. Korczak. Os nomes dos que contribuem e suas contribuições são registrados e exibidos na porta.

Os lares de crianças agora vivem exclusivamente dessas coletas, pois as várias organizações comunitárias devem se dedicar aos milhares de refugiados sem-teto que chegam diariamente ao gueto.

9 DE ABRIL DE 1941

Nosso grupo teatral está continuando seus espetáculos. Agora é do conhecimento de todos que toda segunda-feira os jovens do Pequeno Gueto se reúnem para ver as apresentações do LZA. Agora somos uma velha e experiente companhia. No começo, havia muitos desses grupos, mas a maioria deles não durou muito.

No nº 16 da rua Sienna, na casa onde acontecem nossos cursos de artes gráficas, abriu um novo café, dirigido por Tatiana Epstein. As garçonetes são senhoras da melhor estirpe. Artistas famosos se apresentam ali, entre eles o virtuose Wladislaw Spielman. Dentro de poucos dias, esse café fará um concurso para jovens talentos. O prêmio é uma semana de contrato como intérprete no café, com um bom salário. Inscrevi meu nome entre os competidores.

14 DE ABRIL DE 1941

Nossa apresentação hoje foi uma grande experiência para mim. Sugeri que, como número de Páscoa, deveríamos escolher algo do Haggadah,[4] e, como sou a melhor aluna de hebraico em nosso grupo, tive a honra de recitar as maldições. Com um ritmo forte de acompanhamento de piano, trovejei as dez pragas que todo judeu do gueto deseja para os nazistas. O público todo repetiu as palavras depois de mim, e juntos desejamos silenciosamente que atingissem os novos egípcios o mais depressa possível... mas, enquanto isso, a ira de Deus é pesada sobre Seu povo escolhido.

20 DE ABRIL DE 1941

O concurso do café foi um enorme sucesso e, nos três dias que durou, o lugar ficou totalmente lotado. Houve prêmios para canto, dança, recitação e apresentação com instrumentos.

Stanislawa Rapel, uma aluna de Janina Pruszycka, obteve o primeiro lugar em dança. Um menino de seis anos, aluno de Wladislaw Spielman, conquistou o primeiro lugar em piano. Esse menininho é um verdadeiro gênio e um virtuose de primeira. Ganhei o primeiro prêmio por cantar canções suaves de jazz em inglês e, como de hábito, fui acompanhada por Romek Kowalski.

A distribuição de prêmios aconteceu em uma atmosfera de incríveis excitação e entusiasmo. O júri que concedeu os prêmios era formado por Wladislaw Spielman, Helena Ostrowska, a famosa cantora, o editor Stefan Pomper, a mulher do arquiteto Bela Gelbard, que é conhecida como generosa patrona das artes, e Tatiana Epstein, a dona do café.

A vida artística floresce no gueto. Na rua Nowolipie, um pequeno teatro artístico iídiche chamado Azazel funciona sob a direção da atriz Diana Blumenfeld, mulher de Jonas Turkow. Na rua Nowolipki, que é paralela à Nowolipie, o

Teatro de Câmara tem espetáculos em polonês. Nas últimas quatro semanas, foi apresentada a comédia popular *As horas de trabalho do dr. Berghof são das duas às quatro*, do dramaturgo checo Polaczek.[5] Os atores principais desse teatro são Michal Znicz, Aleksander Borowicz e Wladislaw Gliczynski.

O teatro Femina na rua Leszno faz muito sucesso. Lá se pode ver Aleksander Minowicz, Helena Ostrowska, Franciszka Man (que obteve o primeiro lugar em um concurso internacional de dança), Kinelski, Pruszycka e seu balé, Noemi Wentland e muitas outras celebridades que ninguém sabia — antes da guerra — que eram judias. O Femina tem um repertório misto de teatros de revista e operetas. Recentemente, apresentou *Barão Kimmel*[6] e um teatro de revista em que o lugar de honra foi dado a esquetes e canções sobre o Judenrat. Houve comentários satíricos mordazes dirigidos contra o "governo" do gueto e seus "ministros". Foram feitas muitas referências diretas a determinados cavalheiros burocratas da administração comunitária, mas, no geral, achei que a atitude do grupo foi exagerada e talvez até mesmo injusta, especialmente com relação ao presidente da comunidade, o engenheiro Czerniakow, cujo posto está longe de ser invejável.

É verdade que Czerniakow muitas vezes pega um carro para se encontrar com o governador Frank,[7] mas, cada vez que faz isso, ele volta um homem destruído. Ele tem o fardo pesado da responsabilidade por tudo que acontece no gueto. Por exemplo, assim que os alemães descobrem que alguém está divulgando jornais ilegais, pegam reféns entre os membros da administração comunitária, que ampliaram de propósito e que agora inclui as personalidades mais importantes. Essas pessoas mostram orgulho e coragem extraordinários e muitas vezes pagam com a vida. Tudo isso, certamente, não é um tema adequado para a sátira.

O presidente Czerniakow mora na rua Elektoralna, nº 26. Muitas vezes vou até essa casa, pois uma amiga minha mora lá, mas nunca encontrei o presidente nas escadas ou na rua. Ele quase nunca sai, pois fica inteiramente absorvido nas suas duras tarefas. Não é fácil visitá-lo; é preciso falar com várias secretárias e recepcionistas em guichês gradeados e passar por várias salas. Muitas vezes, um cidadão comum tem de esperar três semanas para conseguir encontrar-se com o presidente. Enquanto isso, a entrevista desejada perde seu significado, e o então requerente cede sua vez.

Tive a oportunidade de ver o presidente Czerniakow durante suas visitas à nossa escola. É um homem alto e robusto, com um rosto largo e imperturbável. Está sempre vestido de preto e usa óculos. Tem uma expressão severa mas compassiva. Nunca o vi sorrir, mas isso é bem natural em razão das suas pesadas responsabilidades. Ter de lidar com os alemães todos os dias e, ao mesmo tempo, suportar as queixas e censuras de uma população faminta, amarga e desconfiada certamente não é uma tarefa de se invejar. Não me surpreende ele ser sempre sombrio.

Sempre que Czerniakow visita nossa escola, é acompanhado pelo engenheiro Jaszunski, diretor da rede de escolas da comunidade. Jaszunski é quase tão alto quanto Czerniakow, usa cavanhaque e tem sobrancelhas grossas que fazem seu rosto parecer ainda mais compassivo. É um homem muito culto e mostra grande interesse pelo nosso trabalho.

Quando vêm, examinam os retratos, os desenhos, os modernos padrões tipológicos, as plantas de edifícios e os desenhos técnicos. Mal percebemos o grande progresso que tivemos em tão pouco tempo. Eu mesma que não sabia pegar um lápis quando entrei na escola, aprendi muita coisa nesses dois últimos meses.

27 DE ABRIL DE 1941

Hoje, os alemães fizeram outra visita à nossa escola. Nos últimos tempos, eles têm vindo com uma frequência cada vez maior. Assim que seu carro cinzento entra na nossa rua e vemos pelas janelas um grupo de oficiais com fardas pardas da SA, com faixas vermelhas no braço, ostentando suásticas, há um grande alvoroço em nossa classe. Os professores pegam os melhores trabalhos dos alunos nas suas pastas. Colocamos correndo nossas faixas de braço, que devem ser usadas mesmo sobre vestidos e suéteres. Tudo é rapidamente colocado em ordem. Deus nos livre que os alemães vejam até mesmo um pedacinho de papel no chão.

Eles marcham arrogantemente com passo firme. Um silêncio mortal domina a sala. O engenheiro Goldberg, nosso professor, que tem um excelente conhecimento de alemão, cumprimenta os visitantes. Responde a todas as perguntas e lhes mostra os melhores desenhos. Os alemães não se interessam pelas ilustrações, nem pelas plantas arquitetônicas; dedicam mais atenção aos desenhos técnicos, sobre os quais se reúnem por bastante tempo criticando detalhadamente. Antes de sair, examinam as faixas de braço e, se acham uma que está um pouco amarrotada, xingam e ameaçam fechar a escola. Assim que o carro cinzento parte, suspiramos de alívio e voltamos ao nosso trabalho.

20 DE MAIO DE 1941

Do outro lado do arame farpado, a primavera está à toda. Da minha janela, posso ver meninas com buquês de

lilás, andando na parte ariana da rua. Posso até sentir a
suave fragrância dos botões abertos. Mas não há sinal de
primavera no gueto. Aqui, os raios de sol são engolidos pelas calçadas cinza-escuro. No peitoril de algumas janelas,
crescem hastes finas de cebolas, mais amarelas que verdes.
Onde estão meus encantadores dias de primavera em anos
passados, os alegres passeios no parque, os narcisos, lilases
e magnólias que costumavam encher meu quarto? Hoje,
não temos flores, não temos plantas verdes.

Esta é minha segunda primavera no gueto. Nos carros
de verduras das ruas só se vê nabos sujos e cenouras do ano
passado. Perto deles, há carros cheios de peixe malcheiroso
— peixinhos minúsculos em péssimo estado. Meio quilo
deles custa um zloty. Esses peixes constituem agora o item
mais importante de comida no gueto. É a única coisa que
os alemães permitem que seja vendida livremente. Claro,
pode-se encontrar carne, galinha e até mesmo uma carpa
de verdade para o Sabá. O bazar na rua Leszno tem tudo
que deseja o coração de alguém — mas a galinha custa vinte zlotych cada meio quilo. Carne *kosher* e peixe são ainda
mais caros; só aqueles que têm uma grande reserva de dinheiro podem se dar esses luxos, e há pouquíssimas dessas
pessoas ainda no gueto.

As cozinhas comunitárias ainda estão abertas e pode-
se conseguir lá um prato de sopa, que consiste em água
quente, com uma batata nadando nela, por trinta groszy.
A administração comunitária ainda tem uma cozinha para
seus empregados onde é servida sopa com aveia, mas ela
custa um zloty.

A seção de comida da administração comunitária é che-
fiada por Abraham Gepner. Ele controla as várias fábricas
que abriram recentemente no gueto para manufaturar ali-

mentos como "mel" e geleia. Essa geleia é feita de cenouras e beterrabas e adoçada com sacarina. O "mel" é feito de melado marrom-amarelado. A única virtude desse produto é sua doçura natural. Mas um pedaço de pão com esse mel está muito além do alcance da maioria das pessoas.

Há outro aspecto do gueto — novos cafés e caros armazéns apareceram, e neles pode-se conseguir de tudo. Nas ruas Sienna e Leszno, são vistas mulheres com casacos e vestidos elegantes feitos pelos melhores estilistas. O gueto tem até sua própria moda. A maioria das mulheres usa jaquetas compridas sem colarinhos ou lapelas, chamadas de "blazers franceses", e saias compridas. Os chapéus, em sua maioria, são pequenos, redondos e bem altos. Saltos altos de cortiça também estão muito na moda. As cores mais em voga são cinza e vermelho-escuro. Quando o clima está bom, são vistos vestidos de seda francesa estampados com flores grandes.

O pessoal que segue a moda se encontra no café Sztuka (Art Café) na rua Leszno, o estabelecimento mais popular do gueto. Em mesas elegantemente postas, ao som de uma brilhante orquestra, a alta sociedade do gueto diverte-se. Como faziam antes da guerra, fofocam e debatem as últimas modas. A cantora Vera Gran, que é incrivelmente bemsucedida, é ouvida ali. Há muitos outros cafés na Leszno. Wladislaw Spielman toca no Café Pod Fontanna (Sob a Fonte).

No Pequeno Gueto, na rua Ogrodowa, foi aberto um café no jardim, chamado Bajka (Conto de Fadas). As mesas são ao ar livre e há ali um gramado pequeno e duas árvores. Esse café ocupa o lugar de uma casa completamente bombardeada. De um dos lados fica uma parede com janelas destruídas pelo fogo. Trata-se de um excelente cenário.

Perto, há uma "praia" — um espaço em que foram colocadas algumas espreguiçadeiras. Por dois zlotych, pode-se
assar ao sol o dia inteiro. São obrigatórios trajes de banho,
a fim de criar a atmosfera de uma praia de verdade.

Os lugares antes ocupados por casas bombardeadas
são usados com vários objetivos para ampliar o espaço
habitável do gueto. Para isso, a recém-formada Sociedade Toporol[8] mostra um bocado de energia. A meta dessa
sociedade é popularizar a jardinagem junto às pessoas.
Todas as áreas vazias de terra foram requisitadas pela comunidade e concedidas à Toporol. Centenas de meninos
e meninas trabalham nos terrenos em que ficavam as edi-
ficações bombardeadas, nos quintais e nas ruas.

Além disso, as autoridades alemãs permitem que um
grande grupo de lavradores voluntários deixe o gueto todo
dia para cultivar os campos fora da cidade. O trabalho dá
aos jovens do gueto a oportunidade de respirar um pouco
de ar fresco. A maioria desses grupos é de jovens sionistas
que acreditam que, por algum milagre, conseguirão chegar
à Palestina. Por esse motivo, estão contentes por ganhar
experiência como lavradores.[9]

Vejo com um sentimento de orgulho essas fileiras de
rapazes e moças que marcham pelas ruas do gueto, voltando do trabalho lá fora. Todos eles são bronzeados e parecem animados pelo ar fresco que respiraram nos campos
além da cidade. Das suas mochilas saem rabanetes vermelhos e cenouras viçosas. Cada um carrega um filão de pão
fresco recebido dos camponeses. Oficialmente é proibido
trazer pão de fora, mas, nesse caso, os alemães deixam passar porque precisam da mão de obra desses jovens.

A Toporol tenta ter o máximo possível de legumes
plantados no gueto. Os primeiros rabanetes crescidos no

solo do gueto apareceram no mercado. Esses legumes locais facilitam a venda dos que são contrabandeados. Aqui e
ali, vê-se pequenas quantidades de espinafre nos carrinhos,
e em alguns mostruários até nobres aspargos têm apareci-
do por oito zlotych cada meio quilo. E há muitas cebolas
novas a vinte groszy a réstia. São plantadas em caixas e
vasos, em telhados e peitoris de janelas, em toda espécie de
lugares estranhos.

5 DE JUNHO DE 1941

Apareceu um novo meio de transporte no gueto. Pelas
janelas da nossa escola na rua Sienna, vi esta manhã a primeira carroça tipo *trolley* puxada a cavalo. Um de nossos
professores mais velhos disse brincando que deveria estar ficando mais moço — de repente, seus dias de infância, quando Varsóvia só tinha *trolleys* puxados a cavalo, estavam de
volta. Eu não era nascida naquele tempo, e a única coisa que
pensei quando vi esses veículos foi no período de Napoleão.

Esses ônibus de 1941 são chamados de Kohn-Hellers
por causa dos dois sócios, Kohn e Heller, que fundaram
a empresa que os produzia. São carros de madeira com
janelas que parecem com qualquer carroça, mas com a
parte de cima pintada de amarelo, a de baixo de azul e a
do meio com uma estrela de Davi branca com a inscrição
TKO (abreviatura polonesa de Companhia de Transporte
de Ônibus). Esse veículo tem rodas altas e passa a impressão de uma gigantesca faixa de braço, amarela e azul. O
condutor e o cobrador usam uniformes pretos especiais.
O preço de uma passagem é vinte groszy. Muitas vezes o
condutor detém o veículo no meio de uma viagem para
"reabastecer", isto é, para dar água às duas éguas magras e
suadas, que mal conseguem puxar a carroça cheia.

Esses ônibus são um empreendimento privado que, além de Kohn e Heller, envolve vários acionistas menores, mas diz-se que os sócios principais são os cavalheiros da Gestapo que dão permissão para o negócio.

Enquanto isso, os muros do gueto ficam cada vez mais altos. Cercas de arame farpado dão lugar, gradativamente, aos muros de tijolos vermelhos.[10] Nos lugares onde o bairro judeu é separado do lado ariano só por arame farpado, há cartazes dizendo *Seuchensperrgebiet — Nur Durchfahr Gestattet.*[11] Isto é para avisar os soldados alemães que não devem entrar na zona proibida, supostamente um foco de doenças infecciosas.

A comunidade judaica é obrigada a fornecer material de construção para os muros do gueto. Para isso, foi formada uma comissão pelo Conselho Comunitário, à qual foi dado o nome de *Instandhaltung der Seuchensperrmauern* (manutenção do muro contra epidemias). O engenheiro Mieczyslaw Lichtenbaum chefia essa comissão. Agora estão sendo recrutados trabalhadores para entregar tijolos nos lugares onde os muros estão sendo terminados. A comissão pega os tijolos em casas bombardeadas em ruínas, entre as quais há muitas para escolher. Meu jovem tio, Percy, de 26 anos, trabalha na coleta desses tijolos de prédios destruídos. É um trabalho perigoso, e o salário é só de dez zlotych diários, o que mal dá para um quilo de pão preto. Os supervisores dos trabalhadores de demolição ganham muito mais, porém, para se tornar um supervisor é necessário "recomendação".

Meu amigo Romek Kowalski conseguiu ter esse trabalho. Por causa de sua desastrosa situação financeira, foi forçado a deixar os cursos de desenho e a buscar emprego. Seu pai morreu durante o cerco de Varsóvia, e ele agora

Romek Kowalski supervisiona a construção do muro do gueto.

precisa sustentar a mãe e a irmã mais nova. Enquanto tiveram coisas para vender, deram um jeito, mas agora se foram as joias e peles, e Romek precisou começar a trabalhar. Felizmente, o engenheiro Lichtenbaum é seu parente, e assim Romek não teve dificuldade de conseguir o trabalho de supervisor.

Sua tarefa é ver se o trabalho dos outros é feito depressa. Muitas vezes os tijolos são tirados de edifícios do lado ariano. Daí, Romek leva seu grupo de trabalhadores além do posto de sentinela alemão no muro do gueto e diz o número de operários para o guarda nazista. É responsável por eles, e todos os membros do grupo devem estar presentes na volta. Ele deve também ver se ninguém contrabandeia nada para o gueto. Se alguma coisa for achada com seus trabalhadores, ele, assim como o contrabandista, ficará sujeito à pena de morte. Trabalha doze horas por dia, das sete da manhã às sete da noite. Quando volta para casa, mal consegue se arrastar.

Romek sente-se mal com isso. Sua vontade é aprender alguma coisa que faça sua vida valer a pena. Ele sonha em ser arquiteto, construir casas, e não demoli-las, como faz agora. É ele quem tem de encontrar o material para murar seus irmãos e a si próprio num túmulo vivo.

Quando Romek não está cansado demais, saímos para passear à noite. Agora o toque de recolher soa às nove, em vez de às oito, como antes. Andamos pelas ruas quentes no asfalto escaldante, sentindo-nos abatidos e desesperados. O que podemos esperar? Se a guerra durar mais um ano, nossa força se acabará. Aqueles que ainda têm uma reserva de dinheiro não terão nada daqui a um ano. Alguns irão mais cedo, outros mais tarde — não há esperança para ninguém dentro dos muros do gueto.

Tento reprimir esses pensamentos, mas Romek diz repetidas vezes: "Acho que não viverei para ver o fim da guerra". Tento em vão confortá-lo. Ele sorri amargamente das minhas palavras de estímulo, aponta para as pessoas sem-teto e semimortas nas ruas e diz: "Em algumas semanas, você me verá no meio delas". Tento afastá-lo desses pensamentos sombrios, mas no fundo do meu coração sei que ele está certo.

De vez em quando, vamos ao teatro. Domingo passado, fomos a uma matinê de Marysia Eisenstadt, no Femina. Ela tem 19 anos, cabelos castanhos, altura mediana e não é especialmente bonita, mas tem uma voz extraordinária e é chamada de "o rouxinol do gueto". É filha do antigo maestro do coro da sinagoga da rua Tlomacki, que agora dirige a orquestra sinfônica do gueto. Embora tenha começado a se apresentar em público há algumas semanas, conquistou uma enorme popularidade. No seu primeiro concerto, a que Romek e eu fomos, o enorme salão do Femina ficou completamente lotado. Ela cantou uma série de velhas canções francesas de Béranger, e a *Aleluia*, de Mozart.[12] Foi um prazer vê-la de pé no meio do palco ao lado de seu pai, que regia uma orquestra de vinte homens. Aplausos entusiásticos ressoaram no salão, e ela teve de repetir vários números. Depois do concerto, ela recebeu três ou quatro buquês de flores magníficas que provavelmente foram contrabandeados do lado ariano, pois não se consegue rosas e lírios nas floriculturas da rua Leszno.

CAPÍTULO IV

CLANDESTINIDADE

10 DE JUNHO DE 1941

Hoje achei uma folha ilegal entre as páginas da *Gazeta Zydowska* (jornal judeu), o jornal oficial do gueto. Desconfio que o próprio carteiro a tenha colocado.

Foi impressa num elegante papel de carta rosa e contém notícias transmitidas pela British Broadcasting Corporation e um aviso contra se deixar enganar e trabalhar para os alemães.

As notícias de guerra dessa folha ilegal são muito diferentes das publicadas na *Gazeta Zydowska*, impressa em Cracóvia, com permissão do governador Frank. Mas os leitores do jornal ignoram, de qualquer modo, a primeira página. Esse jornal é lido pelas páginas internas, que mostram relatos valiosos dos vários bairros judeus segregados pelo Governo Geral. Assim, a *Gazeta Zydowska* é o único meio legal de contato entre os vários guetos. A partir das notas enviadas pelos Conselhos Judaicos ou Conselhos de Anciãos das várias comunidades, pode-se reunir muita informação importante sobre as condições de vida, o número de refugiados nas diversas cidades e a situação das várias organizações de ajuda, hospitais etc.

Uma das colunas mais populares do jornal do gueto é a Caixa Postal, em que perguntas de vários leitores sobre o que é permitido e o que é proibido são respondidas. Geralmente a resposta é "proibido", mas os leitores continuam perguntando do mesmo jeito.

As páginas do meio do jornal são dedicadas a obras literárias de escritores de língua iídiche traduzidos para o polonês e a obras originais de jovens escritores que ainda florescem dentro dos estreitos muros do gueto.

A última página contém ainda uma seção de anúncios, sobretudo de médicos, farmacêuticos e alfaiates de Varsóvia e Cracóvia. Na mesma página há também uma coluna de pessoas perdidas, na qual pais procuram seus filhos perdidos, e filhos, os pais desaparecidos. Esse é o único meio pelo qual famílias que foram dispersadas podem localizar seus entes queridos.

A *Gazeta Zydowska* também tem uma redação em Varsóvia, na rua Elektoralna. O jornal tem uma grande circulação, e cada exemplar é lido por centenas de pessoas, porque os alemães só permitem que um número limitado de exemplares seja impresso. Esse é o único jornal legal para os três milhões de judeus na Polônia e é passado ansiosamente de mão em mão.

As pessoas se interessam cada vez mais em divulgar as folhas ilegais, publicadas irregularmente, mas que consistem na única fonte de informações exatas sobre fatos políticos e o rumo da guerra. De vez em quando, meu pai traz esse jornal para casa. Antes de confiar em dá-lo para nós, ele tranca as portas. Ele se compromete a passá-lo no mesmo dia a outra pessoa cujo nome se recusa a revelar. Assim, essas folhas passam de casa em casa.[1]

Dentro do gueto há, supostamente, mais atividade do que em qualquer outro lugar da Polônia. Não só os partidos de trabalhadores judeus, como também o PPS (Partido Socialista Polonês), descobriram que é mais fácil imprimir aqui suas publicações ilegais, bem como camuflar os malotes para recebimento e envio. Também se diz que a maior parte dos militantes socialistas poloneses vive no gueto.

Há alguns dias, aconteceu uma busca na rua Sienna, na esquina da Sosnowa. Os nazistas vieram supostamente para confiscar a mobília de um morador judeu e, enquanto faziam isso, descobriram uma estação de rádio. Depois, os habitantes do quarteirão nos contaram que, durante todo o dia anterior, um carro nazista havia passado pela rua de um lado para o outro, incessantemente, até parar enfim na casa da esquina e desembarcar os agentes da Gestapo que fizeram a busca. Aparentemente, esse carro pertencia à divisão de rádio da Gestapo e possuía um detector especial para descobrir estações de rádio secretas.

Todos os homens moradores da casa onde o transmissor de rádio foi achado foram levados à prisão, e a maioria deles foi fuzilada imediatamente. Mas as estações de rádio secretas continuam a existir, boletins clandestinos continuam a ser publicados, e as ameaças e torturas dos nazistas não amedrontam ninguém. E mais, o movimento clandestino está fazendo os nazistas e traidores poloneses pagarem na mesma moeda, o máximo possível. O famoso astro cinematográfico polonês, Igo Sym, que colaborou com os nazistas, foi executado recentemente pelos patriotas. Os nazistas colocaram cartazes vermelhos por toda a cidade, prometendo uma recompensa de dez mil zlotych pela entrega dos "traidores". Enquanto isso, algumas centenas de poloneses importantes foram aprisionados e alguns deles executados.

12 DE JUNHO DE 1941

O gueto está ficando cada vez mais povoado por causa de um fluxo constante de novos refugiados. São judeus das províncias que tiveram todas as suas posses roubadas. Quando chegam, a cena é sempre a mesma: o guarda do portão verifica a identidade do refugiado e, quando descobre se tratar de um judeu, dá-lhe um cutucão com a traseira do rifle, como sinal de que ele pode entrar em nosso paraíso.

Essas pessoas estão em trapos e descalças, com os olhos trágicos daqueles que têm fome. A maioria deles é de mulheres e crianças. Tornam-se cargas da comunidade, que os instala nos chamados lares. Lá eles morrem, mais cedo ou mais tarde.

Visitei um desses lares de refugiados. É um prédio devastado. As antigas paredes dos cômodos separados foram derrubadas para formar grandes salas, não há banheiros e o encanamento foi destruído. Perto das paredes há catres feitos de tábuas e cobertos com trapos. Aqui e ali há um ou outro colchão de penas vermelho e sujo. No chão, vi crianças seminuas e imundas deitadas imóveis. Em um canto, uma bela menininha de 4 ou 5 anos chorava sentada. Não pude evitar de tocar seu cabelo loiro embaraçado. A criança olhou para mim com seus grandes olhos azuis e disse: "Estou com fome".

Fui tomada por uma sensação de vergonha total. Eu havia comido naquele dia, mas não tinha um pedaço de pão para dar àquela criança. Não ousei olhar nos seus olhos e fui embora.

Durante o dia, os adultos saem para buscar trabalho. As crianças, os doentes e os idosos ficam deitados nos seus catres. Há gente de Lublin, Radom, Lodz e Piotrkow — de todas as províncias. Todos eles contam histórias terríveis de estupro e execuções em massa. É impossível entender por que os alemães permitem que toda essa gente fique no gueto de Varsóvia, que já contém quatrocentos mil judeus.

A mortalidade está aumentando. Só a fome mata de quarenta a cinquenta pessoas por dia, mas sempre há centenas de novos refugiados para tomar seus lugares. A comunidade está indefesa. Todos os hotéis estão lotados, e as condições de higiene são horríveis. Não há sabão, e o que é distribuído como sabão com nossos cartões de racionamento é uma massa pegajosa que se quebra em pedaços no momento em que entra em contato com a água. Torna a pessoa suja, ao invés de limpa.

Uma das pragas do gueto são os mendigos, que continuam a se multiplicar. São refugiados que não têm amigos nem parentes aqui e para os quais não há lugar mesmo nos terríveis albergues estabelecidos pela comunidade. Durante os primeiros dias após sua chegada, eles procuram trabalho. À noite, dormem nas portas, quer dizer, na rua. Quando ficam exaustos e seus pés feridos se recusam a levá-los além, eles se sentam na beirada da calçada ou encostados numa parede. Fecham os olhos e timidamente estendem uma mão pedinte pela primeira vez. Depois de alguns dias, pedem caridade de olhos abertos. Quando a fome os fustiga ainda mais duramente, começam a chorar e assim surge o chamado "mendigo agressivo". Alguém lhe joga vinte groszy ou até meio zloty, mas ele não consegue comprar nada com tão pouco dinheiro.

Então, esses novos mendigos começam a ir de porta em porta, pedindo restos de sopa ou fatias de pão velho nas casas. O dono impaciente explica que não tem nada, que ele precisa alimentar seus próprios refugiados — uma irmã com três filhos das províncias e sua velha sogra. A casa está uma bagunça, ele tem de abrigar três sublocatários com suas famílias e, ele pensa consigo mesmo, aflito, há ainda todos para quem precisa abrir constantemente a porta. Que insolentes se tornaram os mendigos! Mas os pedintes seguem seu caminho, implorando: "Será que sobrou alguma coisa do seu jantar? Uns pedaços de pão velho? Ou será que precisa de alguém para retirar o lixo?".

Minha mãe tem seus dois refugiados permanentes, conterrâneos de Lodz, que vêm todo dia para fazer a refeição principal. Um vem ao meio-dia, o outro, à noite. Evito entrar na cozinha quando comem, para não constrangê-los. Mas todo dia vejo mendigos igualmente respeitáveis com rostos encovados e olhos vagos sentados na escada de nossa casa e comendo as sobras que lhes foram dadas por donas de casa caridosas e em melhor situação. Muitas vezes, depois de uma refeição maravilhosa com um pouco de mingau, beterrabas, *borscht* e outras coisas, dormem e são levados por doces sonhos de pratos cheios de comida e camas macias.

Hoje, quando saí para o pátio, vi um rapaz alto, aparentemente bem-vestido, de pé perto da lata de lixo. Era um daqueles que, antes da guerra na Polônia, estudavam humanidades sem ter de se preocupar com o sustento diário. De repente, ao perceber que estava sendo observado, virou-se, e eu vi que seu casaco estava completamente rasgado na frente e, pela sua camisa desabotoada, vi seu peito cavado. Ele se inclinou para pegar o saco de papel que estava à sua

frente e foi embora rapidamente. Esse rapaz estava reme-
xendo no lixo em busca de alguma comida. Surpreendi-o e
ele fugiu correndo, envergonhado.

Há algum tempo, um menino que parecia ter uns 13
anos desmaiou em nossa porta. Um dos moradores pegou-o
e lhe deu um pouco de comida: o menino havia desfalecido
de fome. Desde então, esse pequeno Szymek tem sido um
visitante frequente da casa de seu benfeitor. Ele os ajuda a
limpar a casa e em troca recebe um prato de sopa e uns poucos zlotych por semana. Toma muito cuidado com sua aparência. Alguém lhe deu um terno velho que fica nele como
um saco, mas ele se orgulha de ter um conjunto completo de
roupas, porque antes de vir até nossa casa se vestia de farrapos. Rapidamente se tornou um favorito de todos os mora-

Professor Kellerman toca seu violino, possivelmente
acompanhado de sua mulher. Desenhado por Mary Berg.

dores. Ele leva o lixo de todos e ganha alguns zlotych aqui e ali. Ele é muito mais velho do que supus primeiramente. Não aparenta seus 18 anos; é tão pequeno e magro. É órfão de pai e mãe e sem-teto. Quando falo com ele, fico surpresa com sua inteligência e com sua fé inabalável no futuro.

Nosso pátio na rua Sienna, nº 41, é o cenário de muitos acontecimentos durante o dia, talvez porque mais pessoas bem de vida moram aqui do que em qualquer outro lugar. De manhã, o professor Kellerman, do Conservatório de Leipzig, vem muitas vezes tocar violino. É um homem idoso, baixo e grisalho, com fascinantes dedos compridos. Quando começa a tocar, as janelas se abrem em todos os andares. Muitas vezes fecho meus olhos e imagino que estou em um concerto de algum grande virtuose, discretamente acompanhado por uma orquestra distante. Mas sua interpretação é muitas vezes interrompida pelo barulho dos pedaços de pão duro e de moedas jogados para ele.

Convidamos esse professor a tomar uma xícara de chá conosco. Ele subiu, colocou o violino em um canto e nos contou sua história: foi trazido para o gueto em janeiro deste ano. Com sua mulher, ele viajou dez dias em um vagão fechado. Vários membros do seu grupo morreram no caminho, e os vivos viajaram com os cadáveres. Ele conseguiu mandar seus dois filhos para a Inglaterra antes da guerra. "Não me queixo", disse. "Ganho a vida para mim e minha mulher. À tarde, até dou algumas aulas, pelas quais sou bem pago, e, no todo, as pessoas são muito simpáticas comigo. E, para ser franco", acrescentou com um tom de remorso, "nós, judeus-alemães, não merecemos muita gentileza. Pecamos muito em relação aos judeus ocidentais...".

Minha mãe pediu-lhe para dar aulas à minha irmã mais nova, que estudava violino antes da guerra. Ele concordou e agora vem duas vezes por semana. Ganha cinco zlotych por hora.

Na rua perto da nossa porta, uma moça vem cantar muitas vezes. Ela é louca. As palavras da triste canção que ela entoa chegam aos meus ouvidos de manhã cedo: "Um apito da locomotiva, adeus, meu querido, seja feliz...". A música acaba com o trem sumindo e a mulher esperando por seu amado.

Essa mulher é a filha de um comerciante rico e conhecido de Varsóvia. Durante os bombardeios, a casa dela foi queimada e seu único irmão morreu nas chamas. Ela pulou do terceiro andar numa rede e como resultado sofreu um colapso nervoso. Sua mãe salvou-se por milagre. Agora, essa garota canta na rua Sienna. Todos os moradores da rua conhecem as estranhas palavras de sua cançoneta sobre o trem que parte e a volta do seu amado.

Hoje, não há mais voltas e não há trens para os habitantes do gueto de Varsóvia, só uma calçada escaldante e bandos de crianças que ficam grudadas nos pés das pessoas e pedem por um naco de pão.

É verdade que nem todas as crianças mendigam. Muitas delas ganham a vida, muitas vezes mais facilmente do que seus parentes mais velhos. Gangues de crianças pequenas se organizam, com meninos e meninas de 5 a 10 anos. As menores e mais magras delas usam sacos de aniagem em volta dos seus corpinhos ossudos. Daí, se esgueiram para o lado ariano através das ruas que só têm cercas de arame farpado. As crianças maiores desfazem algum ponto da cerca e ajudam as menores a passar. As outras vigiam os guardas alemães ou os policiais poloneses.

Poucas horas depois, voltam carregadas de batatas e farinha. Geralmente, vão aos subúrbios onde a comida é mais barata que no centro da cidade. Muitas vezes, camponeses lhes dão batatas de graça. A terrível aparência dessas crianças desperta piedade. Além dos sacos de batatas, trazem muitas vezes filões de pão preto do campo. Com um sorriso feliz nos rostinhos infantis, esgueiram-se de volta para o gueto. Deste lado do arame farpado, seus sócios mais velhos as esperam. Muitas vezes ficam horas ali, esperando até o guarda nazista estar ocupado verificando o passaporte de algum cidadão estrangeiro ou gentio polonês em visita ao gueto. Isso lhes dá oportunidade de passar os alimentos. Às vezes, a sentinela alemã não os percebe, às vezes vê, mas finge que não vê. Este último caso é mais raro, mas há desses alemães, especialmente entre os mais velhos, que devem ter crianças pequenas em casa e que, por essa razão, mostram uma centelha de piedade por esses

Um jovem garoto que contrabandeava
é pego por um guarda alemão.

pequenos judeus que parecem esqueletinhos ambulantes cobertos de pele de um amarelo aveludado. Mas a maioria dos guardas alemães dispara a sangue frio nas crianças que correm, e os policiais judeus precisam recolher as vítimas que sangram, caídas como pássaros feridos, e jogá-las nos riquixás que passam. Porém, quando as crianças voltam ilesas com seus troféus para os pais famintos, há uma alegria enorme na casa. As batatas manchadas e o pão preto têm um sabor maravilhoso. Na manhã seguinte, os pequenos exploradores tentam cruzar mais uma vez o limite do gueto na esquina das ruas Sienna e Zelazna. Talvez o mesmo guarda gentil, que os deixou passar antes, esteja lá.

17 DE JUNHO DE 1941

Hoje fui a uma reunião de pessoas de Bielsk, à qual fui convidada por Vera Neuman. Nós nos conhecemos há pouco tempo, mas somos grandes amigas. Ela é uma loira alta, um verdadeiro tipo alemão, e uma refutação viva da teoria racial nazista. Vera está sozinha aqui. Sua mãe morreu há vários anos, e o pai, um milionário dono de vários moinhos, está em Lwow, que está sob domínio soviético. A intervalos irregulares, Vera recebe cartas dele por meio de um contrabandista bem pago, pois não há comunicação oficial entre o Governo Geral e a região ocupada pelos soviéticos. Em tais ocasiões, a garota fica louca de alegria. Vem me ver, ri e chora. Ela sofre muito com sua solidão e, por isso, vai às reuniões dos refugiados de Bielsk, nas quais encontra amigos de seu antigo lar e se lembra da vida despreocupada e luxuosa que tinha antes.

Há muitos desses grupos de várias cidades polonesas — entre elas, Lodz e Lublin — que são muito ativos. Os grupos maiores têm sedes próprias, que ficam abertas o dia inteiro; alguns têm até cozinhas para servir refeições aos sem-teto. Ali, os refugiados da mesma cidade se encontram e organizam ajuda para os recém-chegados. De vez em quando, eles organizam concertos; todo o dinheiro que levantam vai para os necessitados. Esses grupos muitas vezes são convocados pela comunidade para tomar conta de seus conterrâneos, que se instalam nas casas de refugiados que chegaram antes. Todos os apartamentos do gueto estão superlotados e, em média, um quarto é ocupado por seis a dez pessoas. Como resultado, há grave perigo de epidemias, sobretudo tifo. A principal forma de contágio dessa terrível doença é pelo contato com os piolhos da roupa, e é difícil evitar o encontro com esse inseto repulsivo. Basta andar na rua e encostar em alguém na multidão para ficar infestado. Notícias alarmantes de vítimas do tifo vêm de toda parte.

CAPÍTULO V

BOMBAS RUSSAS

26 DE JUNHO DE 1941

Escrevo isto no abrigo antibombas de nossa casa. Estou no turno da noite, como membro da defesa aérea da casa. Os russos estão bombardeando cada vez com maior frequência. Estamos em um ponto perigoso, perto da principal estação ferroviária. Agora são onze horas. Estou sentada perto de uma pequena lâmpada de carbureto. É a primeira vez que consigo escrever desde o começo das hostilidades entre a Rússia e a Alemanha. O choque foi tremendo. Guerra entre a Alemanha e a Rússia! Quem poderia esperar que acontecesse tão cedo?

Nesse dia histórico, 22 de junho, às quatro da tarde, nosso grupo de teatro apresentava seu tradicional espetáculo dominical no salão Weisman. Misha recitou seu número e daí fui para o palco e, não sei por que, senti medo de me apresentar em público pela primeira vez. Romek, que estava ao piano, percebeu meu desconforto e, com seu jeito carinhoso característico, cochichou: "Não tenha medo, basta lembrar o tom!'". Sua expressão me estimulou e, depois de cinco compassos, desapareceu meu medo de palco.

Cantei minha primeira música e comecei a segunda quando, de repente, ouviu-se uma explosão terrível e todo o palco tremeu. Não percebi o que havia acontecido. Pela janela, vi o edifício em ruínas do outro lado da rua (que tinha sido atingido durante o cerco de Varsóvia) arrebentar em pedaços. "O que teria sido?", pensei imediatamente. Estamos sendo bombardeados de novo? Por quem?

Os espectadores ficaram inquietos, mas Romek não parou de tocar e cochichou para mim: "Continue cantando, não foi nada". Minhas pernas estavam bambas e todo tipo de ideias passou pela minha cabeça, mas continuei cantando. As explosões continuaram, mas pareciam mais distantes. Quando terminei meu número, o pânico irrompeu pelo salão, e o público começou a correr para a saída. Harry tentou detê-los, mas em vão. Em alguns instantes, o salão ficou vazio. Alguém trouxe a notícia de que os russos bombardearam a estação e que muitas casas do lado direito da rua Sienna onde morávamos foram atingidas. Corri para a saída, mas Romek me parou. Só depois que as explosões acabaram, saímos juntos. Na esquina das ruas Sienna e Sosnowa, vi que nossa casa estava intacta e suspirei de alívio. Nas ruas, pessoas arrancavam das mãos umas das outras a edição extra do *Nowy Kurier Warszawski*[1] com enormes manchetes coloridas: "Guerra contra a Praga Vermelha" e "Os alemães estão defendendo o mundo contra a avalanche bolchevique". Essas manchetes provocaram sorrisos nos lábios de todos.

Declarou-se imediatamente que Varsóvia estava em estado de sítio. O toque de recolher no gueto começa agora às sete em vez de às nove, e, para quem viola o blecaute, há a pena de morte. Mas nada disso tudo é novo. As sirenes agora uivam com bastante frequência. Os ofuscantes foguetes luminosos lançados pelos aviadores russos sobre Varsóvia são incrivelmente impressionantes. Eles ajudam a Força Aérea Vermelha a bombardear com precisão os depósitos militares e os campos de aviação ao redor de Varsóvia. Hoje, um comunicado oficial alemão no *Nowy Kurier Warszawski* disse que "o bombardeio soviético de Varsóvia na noite passada não causou nenhum dano militar, mas a população civil sofreu bastante. Os aviadores bolcheviques concentraram-se na parte residencial da cidade e também bombardearam um hospital". Em seu editorial, esse jornal apela à população polonesa para que "tome parte ativa na guerra santa contra os bárbaros vermelhos" e sugere a criação de uma legião polonesa especial para a luta contra os bolcheviques.

À tarde, recebi um boletim ilegal que relatava exatamente o contrário. Os bombardeios russos causaram grandes danos na principal estação ferroviária e destruíram um longo trecho de trilhos. O campo de aviação de Okecie também foi destruído e, em algumas fábricas de munição, um grande número de operários poloneses foram mortos.

A imprensa clandestina agora aparece com mais frequência e desempenha uma função importante. As pequenas folhas trazem-nos um sopro de esperança e fortalecem nosso moral.

Acho que neste momento soa um alarme — sim, um longo toque da sirene. Preciso correr para acordar o comandante.

1º DE JULHO DE 1941

Os zeladores gentios que ainda ficaram no gueto receberam ordem de se mudar imediatamente, e muitos judeus

anseiam por ocupar seus lugares. Meu pai tentou garantir
o emprego de zelador[2] em nossa casa para tio Percy, que
não tem nada para viver a não ser o que lhe damos. Mas
nossas reservas não durarão muito se continuarmos a sustentar tantos parentes. Não é fácil conseguir esse emprego.
É preciso ter o consentimento unânime dos inquilinos e,
mesmo depois de o candidato conseguir isso, a indicação
precisa ser aprovada pela administração comunitária.

As chances de tio Percy ser indicado são pequenas, até
porque ele não é inquilino na nossa casa. Por essa razão,
meu pai decidiu enfim propor sua própria candidatura e
ter Percy como seu assistente. Esse plano pode dar certo. Há quatrocentos inquilinos em nossa casa, e o zelador
pode ganhar uma bela quantia.

4 DE JULHO DE 1941

Aproximam-se os exames da escola de artes gráficas.
O ano letivo durou só sete meses; os alemães recusaram-se
a estendê-lo. Os professores estão satisfeitos com o progresso feito pela maioria dos estudantes. Contudo, há uma
grande escassez de materiais; só duas lojas do gueto ainda
vendem pequenas quantidades de papel e tintas a preços
exorbitantes. Uma folha de papel que custava vinte groszy
antes da guerra custa agora quatro zlotych. Não se encontra tinta nanquim, pincéis e canetas. Porém, de algum
modo conseguimos prosseguir com nossos estudos. Uma
parte dos estudantes se viu forçada a abandonar o curso,
pois tiveram de arranjar empregos para sobreviver.

O aluno mais popular é Zdzislaw Szenberg, de 23 anos,
um rapaz magro, que usa botas militares e um elegante
casaco feito sob medida. Tem um rosto fino e grandes e
ardentes olhos negros com cílios estranhamente compri-

dos, esquisitos em um homem. Suas mãos são abençoadas com um talento maravilhoso para desenhar e pintar. Tem predileção pelo design e zomba dos pintores que, segundo ele, perdem tempo e material em coisas inúteis. Mas isso é só pose. Ele também pinta as figuras de "miséria" do gueto e paisagens que consistem em um castanheiro raquítico contra um pano de fundo de casas bombardeadas.

Joziek Fogelnest e Kazik Kestenberg também são tipos interessantes. São fechados para os outros e sempre se sentam juntos numa carteira. São o desespero dos professores e, cada vez que um deles diz uma palavra, toda a classe cai na gargalhada. Kazik tem um rosto comicamente comprido que lembra um pônei, e Joziek é um camarada de esplêndida constituição física, com olhos infantis inocentes. Seus óculos teimam em escorregar para a ponta do nariz. Ambos têm a mesma idade — 19 — e estão fazendo o curso só para evitar os trabalhos forçados dos alemães. Não têm a menor noção de desenho e passaram nos exames de admissão apenas pela "recomendação". Mas conseguem resolver os problemas que os professores nos dão, fingindo que são neoimpressionistas e desenhando composições complicadas, incompreensíveis e muitas vezes bem absurdas. Quando os professores afirmam que o trabalho deles não resolve o problema submetido, acusam os professores de conservadorismo e adesão a ideias obsoletas, e começam a explicar o simbolismo profundo das suas composições. O resto da classe quase explode de tanto rir, e os professores, muitas vezes, desistem e se juntam à diversão.

Bolek Szpilberg é outra personalidade curiosa. Vem à escola com um terno diferente a cada dia. É filho de pais ricos e bastante talentoso. Parece mais velho do que seus 18 anos, de altura mediana e com jeito bem distinto. Bolek nasceu na Palestina, embora na verdade seja súdito inglês e, como tal, obrigado a comparecer periodicamente à Gestapo. Mas ele conseguiu uma certidão de nascimento italiana por uma boa soma de dinheiro e a registrou na Gestapo, sob seu próprio nome, como cidadão italiano. Ele, inclusive, passeia pela escola sem uma faixa no braço.[3] Porém, certo dia, quando os alemães vieram inspecionar nossa escola, ele rapidamente colocou uma faixa no braço. Seu rosto estava corado e ele tremia muito. Percebi, então, que covarde ele é.

Entre os alunos há também dois refugiados alemães, os irmãos Liebermann. O mais novo deles, com 16 anos, é baixinho e sem atrativos, mas um hábil desenhista. O irmão mais velho, com 23 anos, mostra um talento peculiar no campo das artes decorativas e desenho de cartazes. São sobrinhos do famoso pintor judeu-alemão, o professor Max Liebermann.

Entre as moças, Inka Garfinkel é notavelmente talentosa em decoração de interiores e desenho de moda. Ela tem ideias originais, e toda a sua personalidade se destaca. Alta, esbelta, com cabelo ruivo, olhos negros e pele pálida, muitas vezes parece modelo de uma revista de moda. Recentemente, fiz seu retrato a pastel, nosso professor o apreciou bastante. Inka é muito decidida. Logo, ela se casará com o estudante Jozef Swieca, um funcionário que serve na polícia do gueto. O casal se conheceu há um ano e está tão apaixonado que é totalmente alheio ao mundo que o cerca. Até agora, a situação econômica prejudicou seus planos, mas neste momento Inka está ganhando um pouco de dinheiro e seu noivo tem um bom salário, de modo que estão se preparando para seu casamento.

Nina Wygodzka e Janette Natanson formam uma dupla inseparável, são bonitas e têm uma expressão inteli-

gente, mas terrivelmente afetada. Elas fazem muito sucesso com os rapazes. Uma de suas extravagâncias é sempre
falar francês. Sempre lhes respondo em inglês. Elas não
parecem judias e assim, muitas vezes, conseguem passar
para o outro lado, onde fazem importantes serviços pelos
quais são bem recompensadas. Embora sejam bem jovens,
têm um bocado de experiência. Ambas são filhas únicas e
vivem com as mães. Os pais morreram há vários anos. Nina
tem 19 anos, estatura média, é um tanto cheinha e arruma
o cabelo em tranças ao lado da cabeça. Janette também é
de estatura média, tem cachos compridos e um rosto pálido coberto de pequenas sardas. Seus felinos olhos verdes
são cheios de fogo. As duas viram as cabeças dos rapazes
na escola e são consideradas "vampes" perigosas.

De modo geral, os estudantes se dão bem e ajudam uns
aos outros da maneira que podem.

10 DE JULHO DE 1941

Os aviadores russos visitam muitas vezes os arredores
de Varsóvia, e o som das bombas faz tremer o ar. Ouço
frequentemente o ronco dos aviões russos, que poupam
o gueto. Por essa razão, não vamos mais tanto ao porão
quando ouvimos o alarme. Agora faz muito calor, e muitas vezes me sento na sacada de nosso apartamento no segundo andar. Os tomates, ervilhas, cenouras e rabanetes
nas jardineiras das janelas estão viçosos. Acima, o céu azul
ensolarado é a única lembrança de liberdade. Venho aqui
com muita frequência com minha amiga Lutka Leder, que
mora no sexto andar, e conversamos sobre planos para o
futuro. Lutka está aqui com sua madrasta e uma irmã mais
nova. O pai está na Polônia ocupada pelos russos e, desde
que a Rússia foi invadida pelos alemães, ela não tem notí-

cias dele. Lutka é uma morena gordinha, de altura média, com 18 anos. Vera Neuman e Mickie Rubin também vêm muitas vezes aqui.

Respiramos o ar fresco e, por um instante, esquecemos o mundo triste à nossa volta. Mas um olhar para o pátio, dividido por um muro, basta para dissipar nossos doces sonhos. Nossa sacada dá para o lado ariano da rua Zlota. De uma janela no quinto andar vêm os sons de um piano, geralmente a mesma música, *Träumerei*, de Schumann.[4] Muitas vezes penso que alguma nobre alma cristã está tentando, com a ajuda dessa terna melodia, confortar os habitantes infelizes do gueto, trancados atrás de portões, e que talvez ela expresse inclusive uma espécie de pesar com o fato de que pedras são atiradas do lado ariano contra o gueto. Essa melodia de Schumann leva cada um de nós a um mundo diferente.

Lutka sonha com seu amado Kazik Briliant, que mora a uma casa de distância. Ela nunca para de pensar ou de falar nele, mas, infelizmente, ele é indiferente a ela por completo. Os pensamentos de Mickie Rubin são sempre voltados para sua Leipzig natal, onde ela passou os melhores anos da sua juventude. Ela é muito sentimental e se lembra dos incidentes mais insignificantes da sua vida na cidade alemã, de onde foi deportada para o gueto. Apesar da amarga injustiça que sofreu lá e dos ferimentos que os alemães lhe infligiram, ela não consegue esquecer o país onde ela e seus pais nasceram.

Estou cheia de terríveis pressentimentos. Durante as últimas noites, tive pesadelos medonhos. Vi Varsóvia afogada em sangue; com minhas irmãs e meus pais, andei sobre cadáveres prostrados. Queria fugir, mas não podia e acordei suando frio, aterrorizada e exausta. O sol dourado e o céu azul só perturbam meus nervos abalados.

27 DE JULHO DE 1941

Depois de uma longa luta, meu pai finalmente conseguiu o trabalho de zelador, com todos os privilégios que o cargo propicia. Agora faz duas semanas que ele está "no posto" e, além da faixa de braço judaica comum, usa agora uma faixa de braço amarela com a inscrição "Mestre da Casa". Também recebeu um passaporte da comunidade, que afirma que ele está isento de trabalhos forçados compulsórios. Assim, ele pode circular livremente nas ruas, sem temer as perseguições. Os zeladores não precisam pagar várias taxas da comunidade, recebem rações extra de comida, salário mensal de duzentos zlotych e moradia gratuita. Mas sua renda principal vem de abrir a porta à noite. Segundo os regulamentos do toque de recolher, a porta é fechada cedo e, para abri-la, os inquilinos pagam vinte groszy ou mais. Em algumas noites, essas tarifas chegam a vinte zlotych. Em resumo, a renda de um zelador sob as condições atuais é especialmente boa, então é fácil imaginar por que o emprego é difícil de se conseguir.

Como meu pai não é forte o bastante para realizar as pesadas tarefas de um zelador, como manter o edifício limpo, esfregar as escadas e tirar o lixo, ele seguiu seu plano original e colocou meu tio Percy como seu assistente. Ele lhe dá todos os recebimentos diretos em dinheiro.

Primeiro, nossos vizinhos não depositaram confiança no novo zelador que, até ontem, era um inquilino como eles. Não conseguiam imaginar que um comerciante de arte e especialista em pintura clássica pudesse realizar as tarefas de um zelador comum. Mas logo se acostumaram com a ideia de que até um cidadão respeitável pode se tornar um zelador e continuar sendo um cidadão respeitável. Agora, mostram o maior respeito por meu pai e por meu

tio. Afinal, não são as únicas pessoas no gueto que caíram
tão baixo na escala social. O zelador do prédio vizinho ao
nosso é o engenheiro Plonskier, amigo íntimo da nossa família, e vários advogados estão felizes por trabalhar como
zeladores.

CAPÍTULO VI

TIFO

29 DE JULHO DE 1941

A epidemia de tifo está devastadora. Ontem, o número de mortes pela doença ficou em mais de duzentos. Os médicos simplesmente levantam as mãos para os céus, desesperados. Não há remédios, e todos os hospitais estão superlotados. Novos leitos são constantemente colocados em enfermarias e corredores, mas isso não acaba com o problema, e o número de vítimas cresce diariamente.

O hospital na esquina das ruas Leszno e Rymarska colocou um cartaz na janela de sua sede, dizendo: "Não há vagas". O Hospital Infantil Mattias Berson, na rua Sienna, está lotado de crianças de várias idades, todas com tifo. O hospital na esquina das ruas Leszno e Zelazna fechou suas portas; não tem espaço para mais nenhum paciente.

Alguns dias atrás, na rua Leszno, vi um pai carregando um menino bem crescido no colo. Pai e filho estavam vestidos com trapos. O rosto do jovem paciente estava vermelho de febre, e ele estava delirante, desvairado. Ao chegar à esquina das ruas Leszno e Zelazna, o homem parou, hesitante, na frente do portão do hospital. Ficou ali por um momento, aparentemente pensando no que fazer. Por fim, o pobre homem deixou o filho doente nos degraus que levam à administração do hospital e se afastou vários passos. O menino exausto agitou-se em convulsões e gemia fortemente. De repente, uma enfermeira de avental branco apareceu e começou a censurar o pai abalado de culpa, que ficou com a cabeça baixa, chorando amargamente. Depois de algum tempo, percebi que o menino doente não se sacudia mais, como se tivesse adormecido. Os olhos estavam fechados e uma expressão de sereno contentamento espalhou-se por seu rosto.

Alguns instantes depois, o pai choroso deu uma olhada no menino. Inclinou-se para o filho e, soluçando de cortar o coração, encarou-o por bastante tempo, como se estivesse tentando descobrir nele um sinal de vida. Mas tudo estava acabado. Logo, apareceu um carrinho preto, de um serviço gratuito para a comunidade, e o corpo ainda quente do menino foi acrescentado a vários outros, recolhidos nas ruas próximas. O pai olhou para o carrinho por algum tempo, até ele se afastar. Depois, desapareceu.

Depositar pessoas doentes na frente de hospitais tornou-se um evento cotidiano. Mães, incapazes de suportar a visão de seus filhos sofrendo, sem ajuda médica, esperam que, com esse método, consigam que o paciente entre em um hospital.

A epidemia assumiu uma forma especialmente aguda nas regiões das ruas Gesia, Nalewki, Nowolipki e Nowolipie. No Pequeno Gueto, a situação é um pouco melhor, pois ele é habitado por pessoas relativamente bem de vida, que podem se dar ao luxo de cuidados médicos particulares.

Recentemente, foi importada vacina antitifo de Lwow, que se rendeu aos alemães há um mês. Os soviéticos, quando evacuaram Lwow, deixaram uma grande quantidade de vacina antitifo em tubos. Agora, esse remédio precioso está sendo contrabandeado para Varsóvia. Mas só pessoas ricas podem comprá-lo — o preço chega a vários milhares de zlotych por tubo.

Alguns habitantes do gueto recebem da Suíça, por correio, pacotes com vários remédios, inclusive vacina antitifo. A vacina suíça é superior à russa. Organizou-se um ativo comércio de remédios no gueto. Heniek Grynberg, um dos meus conhecidos, envolveu-se nesse negócio e me contou alguns detalhes a respeito.

Heniek é um loiro alto, um verdadeiro tipo nórdico, que não tem um traço judeu. Por meio de um canal clan-

Mary e sua irmã Anna no gueto de Varsóvia.

destino, ele muitas vezes vai para o outro lado, onde passa facilmente por polonês com a ajuda de uma identidade forjada. De algum modo, consegue permissão para ir a Lwow e ali compra um determinado número de tubos de vacina antitifo pelos quais recebeu pagamentos adiantados de judeus ricos do gueto. Essa viagem não é fácil de fazer, apesar da aparência ariana de Heniek e do documento falso. Nos trens há buscas constantes, e os alemães não só confiscam artigos contrabandeados, como também impõem penas pesadas — que serão particularmente severas se for descoberta a identidade judaica de Heniek. Mas ele é um contrabandista experiente. Durante os três anos da guerra, atravessou várias fronteiras, envolveu-se em diversos comércios, escondeu-se da polícia de muitos países e conseguiu escapar de toda espécie de perigos. É uma das pessoas mais bem-sucedidas nesse novo negócio. Pode-se ver isso na sua aparência próspera e nas roupas elegantes usadas por sua mulher e pela filha. Sua irmã, Eva Grynberg, é membro do nosso comitê, e Rutka, sua sobrinha, é amiga da minha irmã mais nova, Anna. Rutka passa dias inteiros em nosso apartamento e meus pais a tratam quase como uma terceira filha.

31 DE JULHO DE 1941

Ontem, foi realizada a última das nossas avaliações. Passei em tudo e me inscrevi imediatamente para o chamado curso avançado, que durará mais sete meses.

Agora, estou sentada à janela do novo apartamento que nos foi concedido por sermos a família do zelador e estou olhando para a rua. A janela dá para a parte da rua Sienna que é perto da Sosnowa e que sempre é cenário de grande movimento. Na esquina da rua há uma banca de jornais. Não é preciso dizer que os jornais à venda ali são contrabandeados, pois oficialmente só a *Gazeta Zydowska* pode ser vendida no gueto. Mas pode-se conseguir o *Nowy Kurier Warszawski*, *Das Reich*, o *Krakauer Zeitung* e até mesmo o *Völkische Beobachter*.[1] Às vezes, os jornais oficiais nazistas contêm notícias interessantes relativas aos vários guetos da Polônia.

Perto da banca de jornais, há um vendedor de doces e cigarros. É um homem idoso com aparência de intelectual. Encosta-se na parede, meio cochilando. O doce que vende é feito de melado e sacarina em pequenas fábricas do gueto. Agora, meio quilo de açúcar custa trinta zlotych. Alguns dos doces são embrulhados em papéis que mostram a estrela de Davi e a inscrição "bairro judeu". Custam de vinte a trinta groszy a unidade. Também há doces que custam um zloty cada um.

Próximo dali, uma mulher mais velha, numa mesinha, vende faixas de braço de várias qualidades, de cinquenta groszy a dois zlotych cada uma. As mais baratas são de papel com uma estrela de Davi impressa; as mais caras são de linho com uma estrela de Davi bordada à mão e tiras de borracha. Essas faixas de braço são muito procuradas no gueto, pois os alemães são muito sensíveis quanto a isso e, quando percebem um judeu usando uma faixa de braço amassada ou suja, surram-no imediatamente.

A rua Sienna tem vários tipos populares. Um dos favoritos é a sra. Bela Gelbard, uma mulher alta, gorda, elegante, com cabelo preto e liso, ligeiramente riscado de cinza. Anda devagar, tentando adaptar seu passo às pequenas patas de seu cachorro preto. Todos os dias, à mesma hora, ela passeia com seu animal, às vezes cercada pelos alunos da nossa escola, nos quais está especialmente interessada como patrocinadora das artes. Ela trava animadas discussões com eles e se sente jovem entre pessoas jovens, embora tenha quase 50 anos.

A casa em frente à nossa, a de nº 42, foi queimada durante o cerco. Esta manhã, uma mulher de meia-idade sentou-se diante das ruínas. Seus pés descalços, que ela esticou à sua frente, estavam cobertos de feridas supuradas, o rosto inchado pelo escorbuto e as narinas dilatadas de maneira pouco natural, como se estivesse sendo sufocada. Tentou levantar seu corpo pesado, mas não conseguiu. As pessoas passavam por ela, apressadas, sem lhe prestar atenção. De qualquer modo, não poderiam ajudá-la. De uma trouxa atrás dela, tirou um pedaço de pão e tentou mordê-lo, mas os dentes falharam e sua cabeça caiu pesadamente no chão. Pouco depois, ela se levantou, mordeu o pão e começou a mastigá-lo. Mas o estômago recusou-se a digeri-lo, e ela vomitou.

Daí, ela tentou se erguer outra vez com a ajuda de sua bengala e finalmente conseguiu. Deu uns passos, começou a cambalear, apoiou-se teimosamente na bengala e de repente começou a bater a cabeça na parede, gritando: "Gente, tenham piedade de mim, matem-me!".

Então, caiu pesadamente, com os braços esticados, e eu pensei, por um instante, que seus sofrimentos haviam acabado. Mas, um momento depois, ela começou a se mexer e, com uma voz rouca, gritou palavras incompreensíveis. Corri para a estação das ambulâncias e fiz um alvoroço tão grande que, enfim, alguém foi mandado para levar a pobre criatura.

É relativamente raro ocorrer tais cenas na rua Sienna, mas perto da Grzybowska as ruas estão cheias de gente faminta, que vem até a comunidade em busca de ajuda.

Há um grande número de crianças seminuas, cujos pais morreram e que ficam em farrapos sentadas nas ruas. Seus corpos estão terrivelmente magros, e pode-se ver seus ossos através da pele amarelada que parece um pergaminho. Esse é o primeiro estágio do escorbuto; no último estágio dessa terrível doença, os mesmos corpinhos incham e ficam cobertos de feridas purulentas. Algumas dessas crianças tremem e grunhem, como se tivessem perdido os dedos. Não têm mais uma aparência humana e se assemelham mais a macacos do que a crianças. Não imploram mais por pão, e sim pela morte.

Onde estão vocês, correspondentes estrangeiros? Por que não vêm aqui e descrevem as cenas sensacionais do gueto? Sem dúvida, não querem estragar seu apetite. Ou estão satisfeitos com o que os nazistas lhes contam — que trancaram os judeus no gueto a fim de proteger a população ariana da epidemia e da sujeira?

Há algum tempo, li no *Nowy Kurier Warszawski*, jornal controlado pelos nazistas, relatos sobre o gueto escritos por correspondentes espanhóis e romenos. E, para minha surpresa, vi que também um correspondente norte-americano — que representava uma grande revista — havia se deixado iludir pela propaganda nazista com relação à necessidade higiênica de um gueto em Varsóvia! Será que todo o mundo está envenenado?[2] Não há justiça em parte alguma? Ninguém ouvirá nossos gritos de desespero?

A rua Komitetowa, perto da Grzybowska, é um cemitério vivo de crianças devoradas pelo escorbuto. Os habitantes dessa rua moram em compridos porões, que nunca são alcançados por raios de sol. Pelas pequenas vidraças sujas, pode-se ver rostos magros e cabeças desgrenhadas. Estas são as pessoas mais velhas, que não têm força nem para se levantar dos seus catres. Com olhos agonizantes, fitam os milhares de sapatos que passam na rua. Às vezes, uma mão ossuda estende-se em uma daquelas janelinhas, pedindo um pedaço de pão.

As cenas do gueto na rua Grzybowska não são menos tristes. Fogareiros de ferro ou de tijolos obtidos ilegalmente surgem por toda parte. Grandes panelas de água fervem neles. Por perto, em mesinhas ou bancos, há finas fatias de pão. Aqui, por quarenta groszy, pode-se conseguir um copo de água quente com sacarina e uma fatia de pão. Uma grande multidão de pessoas deixa-se levar em meio a um incrível alvoroço. Aqui, uma mulher vende geleia feita de ossos de cavalo, a dez groszy a porção; próximo dela, um vendedor de doces; mais além, uma mulher vende bolos de peixe feitos com os peixinhos chamados "fedorentos" no gueto. Esses bolos de peixe custam trinta groszy ou, com uma fatia de pão, cinquenta groszy. Há muitos compradores disso.

Grzybowska está sempre cercada por uma multidão de mendigos, pois aqui fica a maior cozinha pública mantida pela comunidade. Essa rua também é um terrível nascedouro do tifo. Há vários doentes de tifo em cada casa. Mas aqueles que ainda podem andar esperam conseguir sobreviver a todo este horror. Todo mundo tenta esquecer a morte e a ruína que espreitam em toda parte. Um lugar preferido de distração no coração do gueto é o Café Hirschfeld.

Esse estabelecimento situa-se na esquina das ruas Sienna e Sosnowa. Tudo o que se desejar é obtido ali — as bebidas mais caras, conhaque, peixe em conserva, comida enlatada, pato, galinha e ganso. Ali, o preço de um jantar com bebidas vai de cem a duzentos zlotych. Esse café é o lugar de encontro dos contrabandistas mais importantes e suas amantes; ali, as mulheres se vendem por uma boa refeição. Garotas de

16 anos vão ali com seus amantes, os poucos patifes que trabalham para a Gestapo. Elas não pensam no que lhes acontecerá mais tarde — são jovens demais para isso. Vão ali para comer bem. No dia seguinte, essas jovens podem ser encontradas mortas a tiros junto a seus amantes. A juventude organizada do gueto cuida impiedosamente dos traidores.

Um frequentador habitual desse café é o agente da Gestapo que usa o nome de Milek — ninguém sabe seu nome verdadeiro. É um loiro alto e bem nutrido que usa calças de oficial e um casaco esportivo comprido. É um típico Don Juan e, quando cisma com uma moça, ela não escapa dele, pois, se resistir, é ameaçada com a Gestapo, o que geralmente quer dizer morte. Milek está sempre armado e se vangloria de ter atirado em vários ativistas clandestinos que tentaram acabar com ele.

Heniek Grynberg é outro visitante frequente do Café Hirschfeld, que é um bom lugar para acertos de negócios, para vender ou comprar um diamante de dez quilates, uma quantidade de ouro, um grama de platina ou até documentos de identidade falsos. Heniek contou-me as tragédias que às vezes acontecem nesse café. Os alemães fazem buscas ali muitas vezes. Cercam o estabelecimento, revistam os bolsos de todos os presentes e saem com um belo saque. Entretanto, o Hirschfeld está sempre abarrotado. Entre os frequentadores habituais está Pola Fuchs, ou, como foi apelidada, Polcia Mops. Ela tem 18 anos, é alta e loira, com pernas magníficas.[3] Um jovem *Volksdeutsche* da Silésia, Alfons P., apaixonou-se por ela. Pola está tirando o máximo proveito da relação e talvez até goste dele. Alfons P. é um rapaz bonito e loiro, de altura mediana, cujos pais são de origem alemã, mas que se considera polonês. É amigo de Heniek Grynberg e uma vez até o ajudou a sair de uma situação difícil.

Sempre que Alfons P. visita o gueto, fica com sua amante na casa de Grynberg. Pola sempre está vestida com elegância e usa as mais caras sedas francesas, que recebe de presente do seu amante. Vejo-a muitas vezes andando pela rua Sienna, e todos os moradores do bairro conhecem-na bem.

Recentemente, ficou mais difícil para os poloneses visitar o gueto, mas, embora não admita sua origem alemã, P. tem ligações excelentes na Gestapo. Então, quem sabe toda a verdade? Talvez ele seja um agente da Gestapo.

Os líderes do movimento clandestino também se encontram no Hirschfeld — o fato de o lugar ser conhecido como ponto de encontro dos elementos depravados do gueto faz dali um excelente esconderijo para os lutadores ilegais.

Apesar das várias proibições, muitas coisas são feitas no gueto, como no lado ariano, que são punidas com a morte. Na verdade, tudo é proibido. É proibido imprimir jornais que não passaram pela censura dos nazistas, cantar músicas nacionais, ir a cultos religiosos ou escolas, entrar nos parques públicos, viajar de trem, possuir rádios, discos, telefones — em resumo, é proibido viver! Contudo, estamos vivendo apesar dos nazistas e esperamos de algum modo sobreviver a esse regime de escravidão.

10 DE SETEMBRO DE 1941

Nosso grupo de teatro, o LZA, reúne-se muitas vezes em nossa casa. Parece-me que não poderemos continuar a existir por muito mais tempo. Por toda parte domina um clima de terrível depressão. A mãe de Edzia Piaskowska está doente com tifo. Elas vivem na rua Karmelicka, onde a epidemia está especialmente grave. Edzia foi obrigada a deixar sua casa e agora mora conosco. O pai de Misza também está muito doente. Mietek Fein foi para algum lugar no interior e não sabemos nada sobre ele. O pai de Stefan Mandeltort morreu de tifo, e agora Edek Wolkowicz pegou a doença.

Harry está muito deprimido. Os médicos descobriram recentemente que sua tuberculose progrediu rumo ao pior. Bolek Gliksberg prepara-se para fugir do gueto. Dolek Amsterdam usa uma faixa de luto por seu pai. Ola está muito abatida; sua situação material piorou consideravelmente. Há pouco ela entrou e me pediu pão, dizendo que havia esquecido de comer antes de sair de casa. Não é preciso dizer que lhe ofereci imediatamente um pequeno jantar.

Ao contrário de nós, Tadek está de bom humor, o que não é de admirar. Seu pai, um famoso advogado de Lodz, é assessor do comandante dos chamados "Os Treze", que combatem a especulação no gueto. Recebe um bom dinheiro e desconfio que, secretamente, negocia com os na-

Tadek Szajer usando o quepe de um trabalhador do Serviço de Ambulância, por volta de 1942.

zistas. Tadek está sempre bem alimentado e vestido com elegância, parece bem mesmo. Está apaixonado por mim; disse-me isso outro dia, bem francamente. Vem muitas vezes me visitar, mas faz uma cara desolada quando me vê na companhia de Romek, que, certamente, considera um rival perigoso. Tadek e Romek são bons amigos e geralmente se dão bem, mas, quando estão comigo, a harmonia se rompe e eles começam a brigar.

Romek está amargurado, pois precisa trabalhar duro para sustentar a família e, todos os dias, chega exausto em casa. Porém, visita-me quase todas as noites. Tadek não tem obrigações, apenas estuda, e, no seu tempo livre, aborrece-me com suas declarações de amor. Ele não me interessa, muito pelo contrário! Irrita-me com sua aparência arrumada, roupas elegantes e o fato de nunca andar a pé, pois usa como transporte um riquixá. Deus sabe que não o invejo, mas fico infeliz ao pensar que Romek precisa trabalhar tão duramente. No entanto, ele não se queixa da sua sina. Quando vem me ver, senta-se numa poltrona funda e fica quieto por bastante tempo, fechando os olhos, como se estivesse sonhando. Ele está sempre deprimido. Quando vai embora, beija-me e tenta dizer algumas palavras esperançosas sobre o futuro. Mas, há alguns dias, abraçou-me e disse, falando como um adulto para uma criança: "Menina, é bom que você não entenda demais. Estou feliz por você não sofrer como eu".

Explodi em lágrimas, pois entendo e compreendo tudo, mas estou impotente e não posso ajudar ninguém.

Às vezes, nosso grupo reúne-se na casa de Romek, embora o caminho da minha casa até a dele seja perigoso. Guardas alemães disparam contra os passantes sem causa ou aviso. Por isso, Harry e Bolek, que moram perto de nós, vieram ontem até minha casa e fomos juntos até a casa de Romek.

Era um dia quente. Partimos por volta das quatro da tarde. Nas ruas, pessoas corriam com uma expressão extraordinária de medo nos rostos. Podia-se sentir a tensão a cada passo. Quando chegamos à passagem na esquina das ruas Leszno e Zelazna, vimos que a vizinhança estava completamente vazia. Pedi que Harry me levasse de volta para casa, mas era tarde demais, pois, bem nesse instante, percebemos um guarda alemão na passagem apontando-nos o rifle. Tudo em mim se esmoreceu e senti que havia chegado meu último momento. Minhas pernas começaram a dobrar. Os rapazes pegaram-me pelos braços e começaram a atravessar a rua com ousadia. Senti uma sensação de agulhada nos ombros, como se uma bala me atingisse. Na rua quente, havia uma tranquilidade petrificada. De repente, soou um estalido seco e uma bala voou pelo meio da rua; felizmente, passáramos pela parte mais perigosa. Harry e Bolek estavam mortalmente pálidos. Eu estava esverdeada quando entramos na casa de Romek. Estava profundamente abalada e não podia me acalmar.

Minutos depois, Marysia, a irmã de Romek, entrou correndo na sala e, ainda ofegante, começou a nos contar sobre o disparo nas ruas. Romek ficou calado e pude ver uma resignação profunda em seus olhos. Depois, levou-me para casa. Quando nos aproximamos da passagem na esquina das ruas Leszno e Zelazna, encontramos um homem da SS, armado com um cassetete com o qual batia na cabeça de cada passante. Todos os pedestres eram obrigados a correr por esse corredor, pois, da rua Leszno, não havia outro caminho para chegar ao Pequeno Gueto.

De algum modo, conseguimos nos esconder no meio da multidão que atravessava a passagem e felizmente evitamos os golpes. Todos os homens eram obrigados a tirar o chapéu ao passar pelo portão, a fim de saudar os alemães. Embora eles fizessem isso, o homem da SS continuava a bater nas cabeças descobertas, e muitas pessoas chegavam ao outro lado com sangue correndo pelo rosto.

Quando acabará esse inferno?

20 DE SETEMBRO DE 1941

Os nazistas triunfaram. Kiev caiu. Logo Himmler estará em Moscou. Londres sofre terríveis bombardeios. Será que os alemães ganharão essa guerra? Não, mil vezes não! Por que os aliados não bombardeiam as cidades alemãs? Por que Berlim ainda está intacta? A Alemanha precisa ser varrida da face da Terra. Não se pode permitir que exista um povo assim. Não só os criminosos nazistas uniformizados, mas todos os alemães, toda a população civil, que desfruta dos resultados do saque e dos assassinatos cometidos por seus maridos e pais.

Se tivéssemos armas, se pudéssemos nos defender, vingar-nos! Mas somos indefesos, só podemos curvar a cabeça e rezar para Deus.

Amanhã à noite é Rosh Hashaná, o Ano Novo judeu. Receamos que os nazistas estejam preparando algo horrível para esse dia sagrado, pois fazem algo especialmente selvagem em cada feriado judaico. Deram um aviso especial para a comunidade de que os judeus não devem se reunir para rezar, ou serão baleados. Enquanto isso, fala-se sempre do plano de separar a rua Sienna do gueto. Os alemães exigem três quilos e meio de ouro como resgate dessa rua. Objetos valiosos são coletados entre os habitantes da rua Sienna. Todo mundo deu seu último anel ou brinco a fim de evitar tal calamidade.

CAPÍTULO VII

"VIOLÊNCIA CONTRA TEU IRMÃO"

23 DE SETEMBRO DE 1941

Meu Deus, nossa apreensão antes dos feriados era justificada. Só ontem, na véspera de Rosh Hashaná, os alemães convocaram os representantes da comunidade, com o engenheiro Czerniakow à frente, e exigiram que lhes entregassem imediatamente cinco mil homens para os campos de trabalho. A comunidade se recusou a obedecer essa ordem. Os alemães então entraram no gueto e organizaram um verdadeiro pogrom. A perseguição continuou ontem e nesta manhã; pode-se ouvir disparos em todas as partes.

Aconteceu que eu estava na rua quando a caçada começou. Consegui correr até uma porta que estava cheia de gente e esperei ali por duas horas. Às oito e quinze, considerando que se leva meia hora para andar da rua Leszno à rua Sienna, decidi ir para casa a fim de chegar antes das nove, a hora do toque de recolher, após a qual é proibido estar nas ruas.

Na esquina das ruas Leszno e Zelazna, um enorme número de pessoas se concentrava, em fileiras militares, diante da repartição do trabalho. A maioria deles eram jovens entre 18 e 25 anos. A polícia judaica era obrigada a fazer com que ninguém fugisse. Esses jovens homens ficaram em pé, com a cabeça abaixada como que à espera do abate. E na verdade suas perspectivas não eram muito melhores do que isso. Os milhares de homens que foram mandados para os campos de trabalho até agora desapareceram sem deixar vestígio.

Entre esses infelizes, vi muitos rostos familiares e fiquei contente por Romek não ter me levado para casa naquela noite. De repente, a porta de uma papelaria perto da qual eu estava — como que petrificada, fixando o grupo de homens condenados — abriu-se e senti uma mão no meu ombro. Era um policial judeu, que prontamente me puxou para dentro.

Um momento depois, no mesmo lugar onde eu estava de pé, um homem caiu, atingido por uma bala. Um lamento correu pela multidão como uma corrente elétrica, que chegou através da porta fechada da papelaria. O homem caído grunhiu por um instante, mas logo foi levado por um carrinho de mão. O zelador começou imediatamente a esfregar o sangue ainda quente no chão.

Tremendo, olhei para o meu relógio. A hora do toque de recolher, a hora da morte certa nas ruas do gueto, estava perto. Instintivamente, dirigi-me para a saída. Mas o policial não me deixou sair. Quando lhe disse o quanto eu morava longe e que não ligava se fosse baleada agora ou mais tarde, ele prometeu me levar para casa.

Deixei a loja com algumas outras pessoas que queriam ir para casa. Eram cinco para as nove. O policial me trouxe até minha porta e, quando entrei no apartamento, já havia passado meia hora do toque de recolher. Meus pais quase me deram como morta e me inundaram com uma avalanche de perguntas. Mas eu não estava em condições de respondê-las e imediatamente caí na minha cama. Mesmo agora, enquanto escrevo estas linhas, estou abalada com minha experiência e vejo diante de mim os milhares de jovens judeus de pé, como bois indo para o matadouro. Tantos filhos, irmãos e maridos foram arrancados dos seus entes queridos, pessoas que nunca mais verão, às quais não lhes foi permitido nem ao menos dizer adeus.

Em alguns meses, as mães, mulheres e irmãs desses homens receberão cartões postais oficiais com a informação de que aquele número tal e tal morreu. É inacreditável que tenhamos a força de viver passando por tudo isso. Os alemães surpreendem-se com o fato de que os judeus não cometam suicídio coletivo no gueto, como aconteceu na Áustria depois do *Anschluss*. Também nos surpreendemos por conseguir suportar todos esses tormentos. Esse é o milagre do gueto.

25 DE SETEMBRO DE 1941

Romek está com tifo, mas em uma forma leve. As manchas são pálidas, e sua temperatura não é muito alta. A condição de Rutka é muito mais perigosa — ela tem a doença em sua pior forma. Há poucos dias, começou a sofrer de complicações cerebrais. Perdeu o juízo completamente e recusou-se a deixar que os médicos se aproximassem; de qualquer modo, eles dão poucas esperanças a ela. Minha irmã Anna está desesperada, chora noite e dia e reza constantemente pela infeliz Rutka, sua amiga mais querida.

A mãe de Edzia Piaskowska sente-se muito melhor. Há poucos dias, sua irmã e seu cunhado, Roman Kantor, o famoso esgrimista, chegaram de Lwow. Sob a ocupação russa, ele era professor de esgrima na cidade e ganhava muito bem. Quando os alemães entraram em Lwow, teve de fugir.

Muitos refugiados estão chegando agora das regiões antes ocupadas pelos soviéticos. Onde quer que os alemães tenham entrado, massacraram em massa a população judaica. Em Bialystok, levaram mais de mil judeus para a grande sinagoga e a incendiaram por todos os lados.[1] Em muitas cidades menores, os rabinos e líderes da comunidade foram levados ao cemitério e mortos a tiros.

Esses refugiados nos contaram uma história muito curiosa. Pouco antes da invasão nazista na Rússia, de repente começaram a circular boatos de que os judeus do gueto de Varsóvia estariam vivendo em um verdadeiro paraíso. Quem era responsável por esses boatos ninguém sabe. De qualquer forma, como resultado deles, muitos judeus não fugiram com os exércitos soviéticos e voltaram para Varsóvia. Agora percebem que os boatos eram obra de agentes nazistas que, assim, atraíram-nos para a armadilha mortal.

As perseguições continuam. Frequentemente ouvem-se tiros e é perigoso sair na rua. O único dos meus conhecidos que ainda me visita, apesar de todo esse terror, é Tadek Szajer. Desconfio que seu pai arranjou-lhe alguma espécie de documento que o isenta de ser levado para um campo de trabalho.

Hoje, Tadek apareceu radiante de alegria: tem uma nova irmãzinha. Veio até mim diretamente do hospital onde viu o bebê recém-nascido da segunda mulher de seu pai. Ela não trata Tadek como um enteado; pelo contrário, gostam muito um do outro. Ela não é muito mais velha que ele — Tadek acabou de completar 20 anos, e ela tem menos de 30.

Ele me disse, com entusiasmo, como é bonita sua nova irmã. Seu pai decidiu chamá-la Ilana. Tadek também me contou sobre o grande número de flores que a mãe recebeu no hospital e sobre a elaborada recepção que está sendo planejada imediatamente após sua volta para casa.

Ele falou e falou sobre os cuidados com que cercaram a nova mãe no magnífico hospital particular, sobre as duas enfermeiras que cuidavam dela etc. etc. Mas, enquanto eu o ouvia ostentar o luxo dessa instituição particular, via diante de mim as crianças nuas sem-teto jazendo famintas nas ruas empoeiradas, as crianças com barrigas inchadas e perninhas tortas ossudas, e, de repente, como que acordando de um sonho ruim, gritei: "Chega! Cale-se!". Mas então logo percebi que não era culpa de Tadek seu pai ter ficado rico com negócios indecorosos. Tentei superar minha aversão pelo rapaz, mas não consegui, e lhe pedi para ir embora sob pretexto de uma dor de cabeça. Ele partiu muito triste, de cabeça baixa.

No momento, nossos grupos teatrais suspenderam as apresentações. Os membros mais ativos estão doentes ou dispersos. Harry está confinado na cama; está definhando cada vez mais. Bolek fugiu para o lado ariano e ainda não sabemos o que aconteceu com ele, nem com Mietek Fein. Stefan trabalha numa filial recém-aberta do correio judeu.

Edek Wolkowicz recuperou-se e reassumiu suas tarefas policiais. Não tira o quepe nem por um momento, não por causa de orgulho, mas por causa da sua cabeça careca e emaciada. Todo mundo que se recupera do tifo raspa a cabeça para evitar a queda do cabelo. Nas ruas do gueto, podem-se ver muitas mulheres com a cabeça raspada enrolada em lenços com forma de turbantes. As que podem pagar têm perucas, mas elas são caras e difíceis de conseguir.

A epidemia está cobrando um preço terrível. Recentemente, o número de mortos chegou a quinhentos por dia. A casa de todas as pessoas que ficam doentes com tifo é desinfetada. O apartamento ou os aposentos daqueles que morrem por causa da doença praticamente são inundados com desinfetantes. O departamento de saúde da comunidade está fazendo todo o possível para combater a epidemia, mas a escassez de remédios e espaço hospitalar continuam sendo a principal causa da enorme taxa de mortalidade, e os nazistas tornam cada vez mais difícil organizar a ajuda médica. Há uma crença generalizada de que os nazistas contaminaram deliberadamente o gueto com bacilos de tifo a fim de testar métodos de guerra bacteriológica, que pretendem aplicar contra a Inglaterra e a Rússia. Diz-se que a comunidade tem prova irrefutável dessa teoria, vinda de bacteriologistas famosos em todo o mundo, professores judeus da França, Bélgica e Holanda, que foram deportados para cá pelos nazistas. Assim, não é mais uma questão de medidas sanitárias inadequadas, ou da superpopulação do gueto. Amanhã, os nazistas poderão plantar seus bacilos na parte mais limpa do gueto, onde as condições sanitárias são exemplares.[2]

Entretanto, os bacilos não reconhecem leis raciais ou os limites do gueto. Uns poucos casos fatais de tifo foram registrados do lado ariano, e alguns guardas nazistas foram infectados. Mas mesmo esse fato tem sido explorado pelos nazistas para sua propaganda antissemita; agora dizem que os judeus espalham doenças infecciosas.

28 DE SETEMBRO DE 1941

Hoje eu estava de plantão na exposição dos trabalhos da nossa escola. Os mais populares são as naturezas mortas. Os visitantes se deleitam com as maçãs, cenouras e outros alimentos pintados de maneira tão realista. Nossos desenhos de mendigos fazem menos sucesso. Não são uma revelação para ninguém. A exposição é um tremendo sucesso, e muitas centenas de pessoas já a visitaram. O primeiro salão e o segundo contêm os desenhos gráficos. Inicialmente, há composições sobre vários temas, em papel preto sobre um fundo branco, ou em duas ou mais cores. Há embalagens para estojos de pó compacto, capas de livros, ilustrações de jornais, letras e logotipos. Depois vem a seção de tipos de letras. Vários alfabetos são mostrados com letras estilizadas de todos os períodos, terminando com letras de formas modernas. As letras góticas e hebraicas são especialmente magníficas. São apresentadas em tinta nanquim preta sobre pergaminho, com iniciais em iluminura.

A exposição de tipos de letras é seguida por cartazes para empresas com temas industriais e folclóricos para teatros, fábricas, cafés e lojas. Todos foram executados com grande precisão, mas são cheios de vida e a combinação das cores é muito artística. Olhando para essas obras, muitas vezes achei difícil acreditar que são o trabalho de nossas mãos sob estas condições terríveis.

Então, vem a parte de paisagens e retratos. Todo mundo destaca as pinturas de Zdzislaw Szenberg, que se distinguem por sua composição original e perspectiva brilhante. Os retratos não fazem menos sucesso. Fui cumprimentada pelo retrato de Inka Garfinkel.

Há muitos elogios para a obra gráfica do jovem e talentoso Manfred Rubin. Os professores preveem que um grande futuro está reservado para ele, que tem muitas ideias e talento especial para a ilustração. Recebeu algumas grandes encomendas de várias firmas do gueto.

Um canto especial é reservado para os desenhos têxteis. Graças à sua execução meticulosa e à naturalidade de suas cores, esses projetos parecem amostras reais de materiais. Contra o fundo dessas amostras foram costurados delicadamente desenhos de moda, o que produz um efeito interessante. Nessa seção, as obras de Inka Garfinkel se destacam. Ela desenhou magníficos modelos de vestidos com ousadia e facilidade e também esboçou acessórios interessantes. Tenho certeza de que, se sobreviver à guerra, será uma das melhores estilistas do mundo.

Há também muitos visitantes no salão dedicado à exibição de desenhos arquitetônicos. Tais projetos são ligeiramente complicados para o visitante comum. Há planos de modernos quarteirões residenciais e desenhos de casas do pós-guerra para uma família, cercadas de jardins e com muitas janelas. São quase como as casas de vidro sonhadas pelo grande escritor polonês Stefan Zeromski.[3] Os visitantes da mostra olham com orgulho esses projetos habitacionais para a livre população judaica da Polônia do futuro, que abolirão as casas lotadas das ruas Krochmalna e Smocza, onde estão os mais escuros porões do gueto. Mas quando isso acontecerá e quem de nós viverá para ver?

Na parte de desenho de máquinas, há mesas com projetos de várias máquinas, mas só especialistas podem entendê-los.

As pessoas parecem deixar a exposição cheias de impressões e, mesmo na rua, continuam a discutir as várias pinturas e projetos por bastante tempo. Todo mundo simplesmente se recusa a acreditar que tais trabalhos puderam ser produzidos dentro dos muros do gueto, sobretudo sob as atuais condições de constantes perseguições, fome, epidemia e terror. Porém, isso é um fato! Nossa juventude dá prova tangível de sua força espiritual, poder de resistência, coragem e fé em um mundo novo e mais justo.

Ao sair, muitos visitantes tinham o rosto radiante, brilhando de orgulho. Outros estavam sérios e absortos. Também vi algumas pessoas com lágrimas nos olhos, uma delas o grisalho professor Majer Balaban. Parecia profundamente emocionado, ao ficar de pé diante de um original cartaz em hebraico estilizado e leu para si, em voz baixa, o belo texto de Obadias.[4] Tive a impressão de que ele estava lendo o texto várias vezes, como que tentando decorar as palavras eternas do profeta:

> Por causa da violência feita ao teu irmão Jacó, estarás
> [coberto de vergonha
> E serás aniquilado para sempre.
> No dia em que lhe fizeste face,
> Quando bárbaros levavam cativo o seu exército,
> Estrangeiros entravam pelas suas portas,
> E lançavam sortes sobre Jerusalém,
> Tu também eras como um deles (...)
> Não te ponhas nas encruzilhadas
> Para matar os fugitivos,
> E não entregues os sobreviventes
> No dia da tribulação.

Hoje, durante minhas horas de plantão, percebi várias dúzias de pessoas parando para olhar o mesmo cartaz. A letra hebraica *lamed* no texto que a cita é desenhada de modo a sugerir mãos juntas em oração. Esses visitantes devem conhecer o hebraico e pude ler em seus rostos sentimentos mistos de satisfação e medo ante a audácia do jovem artista.[5]

1º DE OUTUBRO DE 1941

Os nazistas seguem rigorosamente o calendário judeu. Ontem, antes do crepúsculo, na hora das preces Kol Nidre que abrem os serviços do Dia da Expiação, grandes cartazes brancos foram colocados com o triste anúncio de que antes de 5 de outubro os habitantes do lado direito da rua Sienna, de partes das ruas Gesia e Muranowska e de várias casas perto dos limites do gueto devem deixar seus apartamentos.

Assim, o resgate pago pelos moradores dessas ruas não valeu nada — o que todos receavam que acontecesse, na verdade. Primeiro houve pânico, mas, assim que a noite chegou, o porão da nossa casa encheu-se de fiéis e foi possível ouvir os sons de lamentações abafadas. Absorvidos em suas orações, esqueceram por um tempo o que os cercava. Lá fora, um guarda foi colocado diante da porta para avisá-los se alguma besta alemã descesse a rua.

Como que para enfatizar o triste estado de espírito do nosso povo, choveu o dia inteiro, sem interrupção. Meu pai ficou no porão o dia todo e rezou para Deus, enquanto minha mãe procurava um novo apartamento. Ela não encontrou nada até agora, mas trouxe para casa uma nova série de notícias tristes. Parece que os nazistas vão acabar com o chamado Pequeno Gueto e acrescentar só a rua Chlodna e o extremo da Zelazna ao Grande Gueto.

Esse boato é confirmado pelo fato de que os inquilinos cristãos dessas duas ruas receberam ordem de mudar antes de 15 de outubro. Os moradores da rua Sienna devem receber apartamentos na Chlodna. Mas isso será feito depois e, por enquanto, precisamos achar algum teto para nos abrigar. Amanhã de manhã, todos nós, inclusive eu, iremos procurar um apartamento.

3 DE OUTUBRO DE 1941

Um grande número de inquilinos da nossa casa se mudou, mas não conseguiu achar um apartamento. Hoje, com minha tia Lucia, fiquei o dia inteiro em um riquixá, mas não encontrei nada. Os endereços que conseguimos eram nos cantos mais distantes do gueto. Primeiro, "guiamos" até a rua Stawki,[6] onde nos disseram que estavam disponíveis três cômodos, que acabaram se revelando três buracos sujos na parede e uma cozinha sem água corrente. A região por ali está completamente deserta e só há ruínas e pilhas de cinzas. O meio de comunicação mais próximo, isto é, o mais próximo "Kohn-Heller", fica a vários quarteirões de distância. E o preço pedido por esse apartamento é de duzentos zlotych por mês. Então fomos à rua Nalewki e vimos um cômodo com uma cozinha no quinto andar, semiarruinado. Na rua Smocza, mostraram-nos um cômodo onde ainda jazia o corpo de um homem que havia morrido de tifo na noite anterior. A senhoria nos disse que o lugar estaria livre assim que o cadáver fosse removido.

Corremos dali rapidamente e não procuramos mais. No momento em que escrevo estas linhas, meus pais estão fora, buscando um lugar para morarmos. Mobilizei todos os meus amigos, rapazes e moças, para nos ajudar. Felizmente, eles não precisam ir atrás de apartamentos.

6 DE OUTUBRO DE 1941

Ontem, estávamos em uma situação de desespero total. O carro com nossa mobília estava pronto e planejamos ocupar um lugar temporário no cômodo de minha colega de escola, Zosia Zakheim, na rua Panska, n⁰ 24. De repente, Ola Szmuszkiewicz, minha amiga, veio correndo nos dizer que tinha descoberto dois cômodos para nós em um grande e confortável apartamento na rua Leszno, onde havia inclusive um piano.

O cavalo magro, com o carro extremamente carregado, virou para a rua Chlodna. Todos tivemos de empurrá-lo. Vimos vários outros grupos de pessoas ajudando éguas semimortas.

Meu pai fica na rua Sienna por enquanto, pois os alemães ordenaram que todos os zeladores judeus permanecessem em seus postos até zeladores gentios substitui-los. Então, papai está sozinho na casa vazia. Hoje, trouxe-lhe um pouco de comida e passei um tempo ali. A rua Sienna tem uma aparência assustadora. Toda a vizinhança que há alguns dias fervilhava de atividade agora está deserta. Uma cerca de arame farpado foi colocada para dividir a rua ao meio. De vez em quando, aparece um guarda nazista armado ou um policial polonês ou judeu. As janelas estão fechadas em toda parte, e as aberturas estão vedadas com papel. As equipes sanitárias judaicas desinfetaram completamente todas as casas antes de as passarem para o uso da população polonesa ariana.

Em algumas varandas ainda há caixas com plantas meio murchas. Na varanda de Lutka Leder restam alguns tomateiros. As bolinhas vermelhas tremem com o vento. Aparentemente, antes de partir, Lutka esqueceu de colher os preciosos frutos que ela havia cultivado durante o verão. Ela ficou muito contrariada por partir, pois assim se separou de seu vizinho, Kazik Briliant, que se mudou agora para um lugar situado muito longe daqui, e assim todas as esperanças que ela mantinha quanto a ele foram destruídas.

Andei por bastante tempo na escada de nossa casa, e em meus ouvidos ainda ressoavam as conversas e os risos que eu costumava ouvir através das portas abertas e os sons de pianos e fonógrafos. Tantas lembranças agradáveis eram associadas com a casa na rua Sienna. Nossa comissão de juventude fez um excelente trabalho ali, e nosso comitê, também, era um modelo para todos os outros. Nossos inquilinos se davam bem. Dali também tínhamos uma vista do outro lado, e assim mantínhamos a ilusão de que estávamos às portas da liberdade.

10 DE OUTUBRO DE 1941

Hoje caiu a primeira neve. Estranhamente, todos os anos desde o começo da guerra a primeira neve tem caído no meu aniversário. Do cômodo ao lado vem o cheiro de biscoitos que acabaram de ser feitos. A srta. Sala está atarefada na cozinha, preparando uma refeição para os convidados que chamei. Suas mãozinhas movem-se depressa. Posso vê-la colocando cuidadosamente pequenos pedaços de massa em uma panela. Meu Deus, ela está terrivelmente magra! Perdeu um bocado de peso desde a última vez em que a vi.

A srta. Sala foi minha governanta por vários anos. Trouxeram-na para mim quando eu tinha 9 anos, após várias babás deixarem o emprego porque não podiam tolerar os meus caprichos. Minha mãe muitas vezes conta que criança insuportável eu era. Não deixava ninguém chegar perto e era selvagem, indomada e incontrolável. Mas a pequena srta. Sala caiu nas minhas graças, não porque eu a respeitasse, mas porque tinha dó dela. Nos primeiros dias, eu a fiz sofrer, mas aí mudei minha tática de repente. A srta. Sala era feliz conosco e começou a amar a mim e à minha irmã como se fôssemos suas filhas. Ela ficou conosco até o começo da guerra e quase se tornou minha segunda mãe. Quando fugimos de Lodz, minha mãe deixou muitos objetos de valor com ela para que pudesse vendê-los e usar o dinheiro para se sustentar. Algum tempo depois, ela também fugiu para Varsóvia com sua família e nos encontrou ali. Seu pai e seu irmão eram violinistas. Antes, eram membros de uma próspera orquestra de café; agora, precisam tocar nas ruas e dar aulas de música. Uma das suas quatro irmãs é professora de matemática em uma escola particular ilegal. Sua irmã caçula morreu de tifo há dois meses, e agora a mãe está acamada. A srta. Sala mantém-se viva com a última parcela de sua força. Ela nos visita muitas vezes, tenta ser útil e faz suas refeições conosco.

Muitas vezes vejo-a consumir várias tigelas de sopa e comer vorazmente nossas sobras, como se nela estivesse concentrada toda a fome do gueto. Não consigo entender para onde vai toda essa comida no seu corpo pequeno e magro. Depois de comer, ela corta timidamente algumas fatias de pão e as embrulha em um pedaço de papel, dizendo que comeu bastante e que acabará seu pão mais tarde. Mas sei que ela está guardando isso para sua mãe doente e faminta.

Agora ela está na cozinha, preparando biscoitos para meus amigos bem alimentados, enquanto sua família sofre terrivelmente com a fome.

É realmente frívolo comemorar aniversários quando há tanta infelicidade e miséria ao nosso redor. Tio Percy está gravemente doente, com tifo. Sua situação é quase desesperadora, e minha mãe passa dias inteiros com ele. Vários antigos moradores da rua Sienna morreram de tifo depois de mudar para seus novos lares; só da nossa casa, seis pessoas morreram, entre elas o engenheiro Sapoczynski e a mulher do advogado Zalszupin. O tifo se espalha com velocidade assustadora. Ontem, descobri um piolho em mim. Se estiver contaminado, mostrarei os primeiros sintomas da doença em duas semanas.

É sob tais circunstâncias que estou esperando pelos amigos que convidei para minha festa de aniversário, da qual eles têm me lembrado nas últimas semanas; por isso, não tenho coragem de negar-lhes esse prazer.

Meus amigos acabaram de sair. Passamos juntos algumas horas agradáveis, transportados para um mundo completamente diferente. Meus convidados foram Bronka Kleiner, Irka Bialokorska, Ola Szmuszkiewicz, Edzia, Vera Neuman, Lutka Leder, Romek, Tadek, Dolek, Edek e até Harry, que deixou sua cama para estar na festa. Conversamos bastante e debatemos sobre nossos planos para depois da guerra. Tive de ler várias passagens do meu diário, do qual todos gostaram, e vários dos meus amigos trouxeram-me caderninhos lindamente revestidos para eu continuar escrevendo-o.

Bebemos licor de cereja, que minha mãe fez no primeiro ano da guerra. Levantamos vários brindes e até cantamos a música tradicional de aniversário, *Cem anos*.[7] No fim, Romek tocou piano enquanto dançávamos. Alguns minutos antes das nove, todos os convidados foram para casa.

Tadek e Romek, que moram perto, foram os últimos a sair. Andei um pouco com eles. Quando saímos de minha sala quente para a nevasca, um vento gelado cortou nossos rostos e o frio penetrou até a medula dos meus ossos, embora eu vestisse um casaco de peles. A única luz vinha da neve e dos anúncios noturnos das lojas. Em vez das antigas luzes de neon, as vitrines das lojas têm agora cortinas de papel preto, que não deixam passar o mínimo reflexo. Mas, apesar da escuridão, é possível ler as inscrições das faixas de papel branco coladas sobre as cortinas pretas, e elas nos ajudam a diferenciar lojas de comida das papelarias.

Ao longo das paredes sentavam-se figuras humanas amontoadas como trouxas de trapos jogadas fora. Em certo ponto, tropecei num corpo humano, na escuridão. Não percebi que eu havia pisado num cadáver. Era um cadáver seminu, coberto só com alguns jornais esvoaçantes que o vento tentava afastar em vão das pedras colocadas para prendê-los. As pernas de um branco leitoso estavam rígidas e esticadas.

De volta desse passeio horrível, vi que minha mãe havia retornado da casa de tio Percy. Hoje, o médico lhe deu as últimas injeções; se não o ajudarem, ele está perdido. Rutka sente-se muito melhor, mas ainda não deixa ninguém chegar perto dela, a não ser minha irmã Anna, que não deixa sua cabeceira um minuto.

29 DE OUTUBRO DE 1941

Hoje fui com Romek à estreia de uma peça no teatro Femina. Era uma comédia musical que tratava da vida atual no gueto, chamada *O amor busca um apartamento*. Um jovem casal é mostrado na busca de um lugar para morar. Depois de uma longa procura e muita viagem nos "Kohn-Hellers", conseguem achar um pequeno cômodo na casa de uma senhoria esperta que dividiu um quarto grande em duas partes a fim de poder alugá-lo para dois casais. Ela consegue achar um segundo casal para a outra metade do quarto e aí começa a ação.

Acontece que nenhum dos casais é bem ajustado; como resultado, desenvolvem-se dois casos de amor ilícitos, primeiro secretamente, mas, em virtude das moradias superlotadas das pessoas envolvidas, logo são revelados. Os dois maridos trocam de quarto e por algum tempo todos estão felizes, mas então os maridos começam a brigar com suas ex-mulheres.

À noite, quando os dois homens chegam em casa exaustos com a procura de emprego, descobrem suas mulheres flertando com o presidente do comitê, que canta uma musiquinha divertida sobre as várias taxas que tem de coletar para a comunidade.

É triste o fim dos dois casos de amor: os quatro jovens são despejados por não pagar o aluguel. A peça acaba com uma cena coletiva em um bonde, em que os passageiros contam histórias engraçadas sobre a vida no gueto, especialmente sobre os vários comitês e comissões, cujo número não para de crescer.

O público riu com vontade e passou algumas horas agradáveis no teatro confortável, esquecendo completamente os perigos que espreitam lá fora. O autor da peça é Jurandot,[8] e os papéis principais foram interpretados por Stefania Grodzienska, Aleksander Minowicz, Rigelski, Noemi Wentland. Liebermann pintou os cenários.

No teatro, encontrei muitos conhecidos, entre eles Ola Szmuszkiewicz, uma colega de classe que estava com o policial Max Bekerman. O pai dele, que morreu de tifo há dois meses, ocupava um alto posto na polícia judaica do gueto. Durante a Primeira Guerra Mundial, foi um dos fundadores da Legião Polonesa e amigo íntimo do marechal Jozef Pilsudski.[9] Os ritos fúnebres do comandante da polícia Bekerman foram celebrados com grande solenidade. Todos os funcionários da comunidade, toda a força policial judaica e milhares de civis acompanharam-no até seu último lugar de repouso.

Também encontrei Edzia com seu amigo Zelig Silberman, que era um dos mais bem-sucedidos contrabandistas da rua Sienna, antes de ela ser separada do gueto. Ele ganhou uma fortuna com o negócio e quer se casar com Edzia, mas os pais dela foram contra o enlace, pois ela é muito mais jovem do que ele. Edzia só tem 17 anos, e Zelig tem 30. Porém, essa diferença de idade não impede que se amem.

Há muitos desses casais no gueto, de moças bem jovens e homens mais velhos. Raramente se encontra uma mulher ou um homem sozinhos. Homens e mulheres atraem-se uns pelos outros até mais do que em tempos normais, como que sedentos de proteção e carinho. Ter um amigo íntimo ajuda a superar a tristeza. Ninguém quer estar sozinho. Porém a moralidade no gueto é tão rígida quanto em tempos do pré-guerra.

Recentemente, o número de casamentos caiu, se comparado com o dos primeiros meses da guerra. O motivo principal disso é a escassez de apartamentos, o que é um problema grave no gueto. Um departamento especial da comunidade foi criado para lidar com essa situação, mas pouco pode fazer. Sua tarefa é descobrir subinquilinos adequados para proprietários de cômodos vazios e ver se os casais jovens desfrutam de algum grau de privacidade. Mas hoje os nervos de todos estão sobressaltados, e os subinquilinos não se dão bem com os locadores. Frequentemente não conseguem pagar o aluguel, e os locadores ficam sem nada para viver. Além disso, a comunidade coleta várias taxas. Poucas pessoas ganham a vida hoje fazendo um trabalho normal. Dinheiro de verdade só pode ser ganho em negócios desonestos, mas poucas pessoas se envolvem neles; a maior parte dos judeus opta por ficar faminta em vez de se tornar objeto nas mãos dos nazistas.

Mas, às vezes, as pessoas se veem obrigadas a aceitar esse papel. Se alguém é surpreendido cometendo uma violação menor das leis, como usar a faixa de braço de uma maneira levemente diferente da prescrita, é preso e torturado. Essa pessoa muitas vezes anseia por cometer suicídio, mas não há um modo fácil de fazer isso. Os alemães descobrem suas vítimas entre aqueles que são torturados e cujo espírito e corpo estão enfraquecidos e os confrontam com a opção de viver ou morrer. Tais pessoas perdem todo o poder de resistência; concordam com qualquer coisa e assim, automaticamente, tornam-se objetos da Gestapo. Sua função principal é delatar. Os nazistas querem saber quem possui joias ou dinheiro estrangeiro. Um delator nunca pode escapar das garras nazistas; tem de "realizar" algo para pagar pelo favor de ter permissão de viver e receber comida. E os nazistas ficam ameaçando-o com a retomada das mesmas torturas.

Há vários desses agentes da Gestapo no gueto, mas eles não são realmente perigosos, pois são mais ou menos conhecidos e, sempre que podem, até avisam as vítimas potenciais da Gestapo sobre revistas de casas que estão sendo tramadas. Contudo, há uns poucos personagens clandestinos que são mesmo perigosos, pois levam a sério seus serviços para a Gestapo, exatamente como costumavam cometer crimes para valer.[10]

Mesmo essas situações tristes originam muitas fofocas e piadas entre nós e servem como material para canções e esquetes que são apresentados em cafés e teatros.

Todos os dias no Art Café, na rua Leszno, podem-se ouvir canções e sátiras sobre a polícia, o serviço de ambulâncias, os riquixás e até mesmo a Gestapo, de modo disfarçado. Mesmo a epidemia de tifo é tema de piadas. É risada misturada a lágrimas, mas é risada. Essa é nossa única arma no gueto — nosso povo ri da morte e dos decretos nazistas. O humor é a única coisa que os nazistas não entendem.

Esses espetáculos fazem um enorme sucesso. Eu costumava ficar indignada com as piadas, que tinham como alvo os fatos mais trágicos da vida do gueto, mas gradativamente cheguei a perceber que não há outro remédio para nossos males. Foram feitas marionetes para representar os líderes da comunidade e os presidentes de várias instituições de assistência social. Uma das fontes mais abundantes do novo humor é a conversa ouvida nos *trolleys* "Kohn-Heller".

Falando dos donos desses veículos, todo mundo está comentando sobre o filho de madame Kohn, nascido há uma semana. O sr. Kohn informou a população desse evento por meio de cartazes gigantescos que foram colocados não só nos *trolleys*, mas também nas paredes das ruas principais. Esses cartazes anunciam que os ritos de circuncisão acontecerão em um grande salão, que uma recepção solene e um jantar serão oferecidos a convidados importantes e que a ocasião será usada para angariar fundos para ajuda.

Li esse cartaz com um sentimento de desgosto e vi muitas pessoas cuspirem ao terminar de ler essa indelicada declaração do objetivo supostamente beneficente de uma festa luxuosa organizada em meio à inanição.

Histórias fantásticas circulam sobre a vida luxuosa dos srs. Kohn e Heller. Todos os dias dão recepções, enquanto diante das suas portas pessoas morrem de fome. Esses dois cavalheiros têm outras fontes de renda além dos seus bondes. Desempenham um papel importante na chamada *Transferstelle*.[11] Essa instituição, apoiada pelos alemães, tem a ver com o intercâmbio de vários tipos de mercadorias entre o gueto e a parte ariana de Varsóvia. Tudo que entra legalmente no gueto é controlado por esse escritório, que fica com uma bela comissão em cada transação. Kohn e Heller têm grande influência na *Transferstelle* e frequentemente recebem propinas de negociantes de ambos os lados do muro. Assim, funcionam como intermediários entre os alemães e os donos dos vários carregamentos de alimentos e mercadorias industriais que passam do gueto para a parte ariana de Varsóvia, e vice-versa. Todo o povo faminto do gueto deve pagar preços mais altos pelo pão e pelas batatas, a fim de encher os bolsos do sr. Kohn e do sr. Heller.

15 DE NOVEMBRO DE 1941

Em nossa escola, abriram duas novas classes para estudantes mais jovens. Nossas instalações atuais são bem menores que as antigas, na rua Sienna. Muitas vezes não conseguimos ouvir os professores por causa do barulho dos cômodos vizinhos, separados dos nossos pelas divisórias mais finas. Dos antigos cem alunos da nossa classe, só continuam vinte e cinco. Muitos não puderam pagar as taxas e um grande número morreu de tifo.

Aqui não temos aquecimento central como na rua Sienna. Nossas mãos congelam e é impossível segurar um lápis. Sentamo-nos em nossos casacos e em nossas luvas de lã. O pequeno aquecedor de ferro no meio da sala de aula é insuficiente para esquentá-la. As enormes janelas venezianas estão cobertas de gelo dos dois lados. O aquecedor é aceso com a madeira dos bancos que antes ficavam nos corredores.

Recentemente, um grande número de "círculos educacionais" foi formado nas várias escolas com o objetivo de se estudar matérias oficialmente proibidas. Esses círculos se formaram espontaneamente a partir de nossa profunda necessidade.

Nas reuniões desses círculos, é mais falado o polonês, mas, em muitos casos, o iídiche e o hebraico são usados como questão de princípio. O interesse pelo hebraico cresceu enormemente, pois em grande parte os jovens estão voltando suas esperanças para a Palestina. Em alguns círculos, a língua usada é o inglês ou o francês, sobretudo o primeiro. Muitos dos meus amigos estão fazendo cursos especiais de inglês. A literatura inglesa é bastante lida.

O caráter conspiratório desses círculos aproxima-os do movimento político clandestino. Muitas vezes nossas reuniões acontecem nos mesmos cômodos e porões onde se encontram as células dos partidos políticos.

O número de boletins clandestinos cresce diariamente. Ninguém em particular os divulga; eles simplesmente vão de mão em mão e quem os recebe em primeiro lugar continua um mistério.

CAPÍTULO VIII

O HORROR
VARRE AS RUAS

22 DE NOVEMBRO DE 1941

Hoje começaram as coletas anuais da assistência de inverno. O presidente da comunidade, o engenheiro Czerniakow, e todos os membros do conselho ficaram na rua com caixas de coleta, colocando flores de papel nas lapelas dos doadores.

A comunidade anunciou um concurso para um cartaz sobre essa campanha de assistência. O dr. Poznanski, diretor educacional da comunidade, veio à nossa sala de aula para explicar as condições do concurso. O último dia para a entrega de desenhos é 24 de dezembro.

Hoje, indo da escola para casa, fui visitar Rutka, agora finalmente fora de perigo. Ela estava deitada em uma cama de campanha. Parecia uma criança, com seu rosto pálido, cabelo loiro platinado preso e olhos vagos. Quando me viu, seus lábios sem cor sorriram e ela tentou levantar a cabeça. Daí, começou a sussurrar. Seu corpo fraco tremia, e a cabeça sacudia nervosamente quando ela se esforçava para falar.

Primeiro, tive a impressão de que ela havia perdido o juízo. Falava frases curtas e incoerentes. Mas, depois de superar suas dificuldades iniciais, começou a expressar-se com mais consciência. "Agora estou bem de novo; pelo menos consegui me curar. Por que está me olhando desse jeito? Mudei tanto assim? Diga a verdade!"

Meus olhos se encheram de lágrimas e não consegui pronunciar uma palavra. Rutka parecia um cadáver. É isso que o tifo faz com as pessoas. Tentei convencê-la de que parecia bem e que, em poucos dias, ela não teria mais nenhum sinal da doença. Porém, o que eu dizia não estava soando convincente e eu me sentia cada vez mais embaraçada, quando de repente tocou a campainha e Romek entrou. O tema de nossa conversa mudou na mesma hora. Romek quase não apresenta sinais do seu ataque de tifo, que o atingiu de modo excepcionalmente leve. Agora, está em boa condição.

Tive a sensação de que Rutka nunca se curará completamente. Será que ela poderá andar? Por enquanto, ela nem consegue se sentar.

Tio Percy também se recuperou. Foi salvo pelas poderosas injeções que nosso eficiente médico lhe deu. Hoje, ele veio com sua mulher, Lucia, visitar-nos pela primeira vez desde que ficou doente. Ele mal se mexeu e se apoiava em Lucia o tempo todo. Parece uma ruína de seu antigo eu. Com apenas 27 anos, ele era forte e bonito, e agora fica curvado, só pele e ossos. A cada passo no gueto, encontram-se destroços humanos desse tipo, e eles são os que tiveram sorte de escapar do Anjo da Morte.

Lá fora, desaba uma nevasca e a geada pinta formas nas vidraças. Durante esses dias terrivelmente frios, um nome está em todos os lábios: Kramsztyk, o homem que dirige a distribuição de combustível. Infelizmente, a quantidade de carvão e lenha que os alemães destinaram ao gueto é tão pequena que mal dá para aquecer os prédios oficiais, como a administração comunitária, o correio, os hospitais e as escolas, de modo que quase nada sobra para a população em geral. No mercado negro, o carvão atinge preços fantásticos e muitas vezes não há para venda.

Nas ruas, cadáveres humanos congelados são uma visão cada vez mais comum. Na rua Leszno, em frente ao tribunal, muitas mães frequentemente se sentam com os filhos envoltos em trapos dos quais saem pezinhos vermelhos queimados de frio. Às vezes, uma mãe embala um filho morto e congelado, tentando aquecer o corpinho inanimado. Às vezes, uma criança se aconchega junto à mãe, achando que ela está dormindo e tentando acordá-la, quando, na verdade, ela está morta. O número de mães e filhos sem-teto cresce dia a dia. Depois de terem dado o último suspiro, muitas vezes ficam deitados na rua por longas horas, pois ninguém liga para eles.

Os carrinhos da empresa fúnebre Pinkiert não param. Quando um mendigo vê uma peça usável de roupa em um corpo morto, ele a tira, cobre o cadáver nu com um pedaço de jornal velho e põe alguns tijolos ou pedras sobre o papel a fim de evitar que seja carregado pelo vento. Nas ruas Komitetowa e Grzybowska vê-se menos mendigos este ano do que no passado; eles morreram, simplesmente.

A fome assume formas cada vez mais terríveis. O preço dos alimentos sobe. Meio quilo de pão preto custa agora quatro zlotych; de pão branco, seis zlotych. A manteiga está a quarenta zlotych o meio quilo, e o açúcar custa entre sete e oito zlotych o meio quilo.

Não é fácil andar na rua com um pacote na mão. Quando uma pessoa faminta vê alguém com um embrulho que

Ponte da rua Chlodna no gueto de Varsóvia,
em 1942. A família Wattenberg viveu em um dos prédios
próximos à ponte antes de ser enviada para a prisão Pawiak.

parece ser de comida, segue-o e, em um momento oportu-
no, agarra o pacote, abre-o depressa e satisfaz sua fome. Se
o pacote não contém comida, joga-o longe. Não, não são
ladrões; apenas pessoas enlouquecidas pela fome.

A polícia judaica não os controla. E, na verdade, quem
teria coragem de condenar tais desgraçados?

1º DE DEZEMBRO DE 1941

Os alemães destinaram um grande carregamento de
batatas para o gueto. Primeiro, as pessoas se surpreende-
ram com essa súbita generosidade. Mas a surpresa não durou muito. Acontece que esse carregamento era destinado
originalmente para os soldados nazistas na frente russa,
mas congelou no caminho. Então, os alemães abriram seus
corações nazistas e mandaram as batatas geladas para os
judeus no gueto.

Agora, longas filas se formam na frente das várias lojas de alimentos. As pessoas tentam conseguir algumas batatas geladas, pois, embora elas não possam ser cozidas diretamente, fazem ótimas panquecas. Por toda parte onde vou, o cheiro de panquecas de batatas fritas entra pelas narinas. Como gordura, usamos óleo de cânhamo preto, o mais barato que há. Mesmo ele, custa oito zlotych o meio quilo.

A srta. Sala ficou radiante de alegria quando minha mãe lhe deu algumas dessas batatas. Carregada com alguns sacos dessas coisas úmidas e em deterioração, ela correu para casa, a fim de acalmar a fome da sua família. Sua mãe morreu há algumas semanas, e o pai está acamado com tifo.

A epidemia ainda se dissemina sem controle. Várias pessoas são enterradas em uma cova. Por causa da escassez de pessoal médico, um curso de medicina foi aberto no nº 3 da rua Leszno para treinar um grande número de enfermeiras e atualizar o conhecimento de ex-estudantes de medicina.

As condições de higiene pioram constantemente. A maioria dos canos de esgoto está congelada, e em muitas casas os banheiros não podem ser usados. Excrementos humanos muitas vezes são jogados na rua, junto com o lixo. Os carrinhos que costumavam levar com regularidade o lixo dos pátios agora aparecem raramente ou nunca. Por enquanto, o frio desinfeta toda essa sujeira. Mas o que acontecerá quando começar a soprar a primeira brisa da primavera? Há um grave receio de que irrompa uma epidemia de cólera para encher nossa taça de infortúnio até a borda.

9 DE DEZEMBRO DE 1941

A entrada dos Estados Unidos na guerra deu a centenas de milhares de judeus desanimados no gueto um novo sopro de esperança. Os guardas nazistas nos portões estão carrancudos. Alguns estão muito menos insolentes, mas para outros o efeito tem sido exatamente o contrário — estão mais insuportáveis do que nunca. A maioria das pessoas acha que agora a guerra não durará muito e que a vitória dos aliados é certa.

Chegaram relatos do gueto de Lodz de que os alemães confiscaram todas as peles, roupas de baixo quentes e roupas de lã, até *talliths*. Prevê-se que chegue logo a vez do gueto de Varsóvia.

11 DE DEZEMBRO DE 1941

Soube hoje de muitos detalhes interessantes sobre um mundinho do gueto bem separado. É o dos convertidos, talvez as figuras mais trágicas entre nós. Vi-os em várias ocasiões, mas, até agora, não tinha um contato mais próximo com eles. Recentemente, eu os conheci por meio de Julia Tarnowska, aluna de uma das séries básicas de nossa escola.

Julia é filha do escritor Marceli Tarnowski. É excêntrica e gosta de atrair atenções. No primeiro dia em que veio à escola, tive um atrito com ela, a respeito da sua origem judaica.

Julia, como seus pais, é uma convertida. Ela soube de sua origem judaica só quando a família recebeu ordem de mudar do seu apartamento no lado ariano e conseguir moradia no gueto. Esse incidente abalou-a profundamente e ela ainda não se resignou a esse destino. Está sempre revoltada e furiosa, e sinto que ela se ressente mais com os judeus do que com os nazistas. Ela considera a sua sina o resultado de um erro fatal, pelo qual eu e outros como eu somos responsáveis.

Ela usa uma grande cruz de prata pendurada no pescoço e tenta convencer todos de que é uma fiel cristã que nada tem em comum com o judaísmo. Certa vez, quando a ouvia falar, afirmei vigorosamente que Cristo também era judeu e que nunca se envergonhou de sua origem, depois voltei para meu lugar. A sala toda ficou quieta e Julia não ousou responder-me. Aparentemente, achava que eu tinha razão e que todos os outros alunos concordavam comigo.

No dia seguinte, ela se aproximou como se nada tivesse acontecido e a partir disso passou a falar em um tom bem diferente. Ela não discute mais essas questões, e a cruz desapareceu do seu pescoço. Talvez ela agora a use escondida ou a tirou de vez.

Por causa desse incidente com Julia Tarnowska, interessei-me pelos cristãos judeus do gueto. Seu número chega agora a vários milhares, e os nazistas os trouxeram de vários países. A maior parte é de convertidos do período de Hitler, isto é, aqueles que optaram pelo cristianismo durante anos recentes, esperando fugir da sorte dos judeus perseguidos. Mas também há convertidos que deixaram a fé judaica há décadas e cujos filhos foram criados como crentes cristãos. Essas crianças acostumaram-se a ir à igreja todo domingo e suas almas até foram envenenadas com o antissemitismo ensinado por seus pais, que tentavam assim erradicar qualquer traço de sua origem judaica.

Essas crianças cristãs nascidas de pais judeus estão vivendo uma tragédia dupla, se comparadas com as crianças judias. Sentem-se inteiramente perdidas, e tem até mesmo ocorrido casos de suicídio entre elas, o que não ocorre entre os jovens judeus.

Porém, há cristãos de remota origem judaica que foram trazidos de volta ao judaísmo pela feroz perseguição dos nazistas contra os judeus. Vários cristãos de terceira geração que não precisavam vir para o gueto foram espontaneamente à Gestapo e pediram para ser enviados para cá. Esses cristãos que retornaram à fé judaica usam a faixa de braço com orgulho, como uma espécie de nova coroa de espinhos e martírio.

Atualmente há no gueto três igrejas: uma na praça, antes do Portão de Ferro, que foi parcialmente demolida por bombas; uma outra na rua Leszno, perto da Karmelicka; e outra na rua Zelazna. Apenas a igreja da rua Leszno está abrindo; as atividades habituais continuam sendo organizadas lá, e os padres também são de origem judaica.

Os convertidos têm suas cozinhas próprias, a mais importante delas é perto da igreja meio demolida junto ao Portão de Ferro. Parece que os convertidos são favorecidos pelos nazistas, pois as refeições de lá são muito melhores e mais baratas do que em outras cozinhas do gueto. Supõe-se que isso seja uma isca para o trabalho missionário realizado pelos convertidos.

Julia convidou-me uma vez para ir à sua casa, onde conheci seu pai, um homem magro de meia-idade e altura mediana. Ele é meio curvado, e sua testa é coberta de rugas profundas. Ela me contou que ele trabalha dia e noite em um livro sobre o gueto.

14 DE DEZEMBRO DE 1941

Fui hoje a um concerto de Vera Gran. Ela faz muito sucesso. Canta canções clássicas e modernas do jovem compositor Kuba Kohn, um produto do gueto. Sua música expressa toda a tristeza e a resistência do gueto. Tem uma nota nova e original que só poderia ter nascido nessa atmosfera de sofrimento, tortura e resistência obstinada.

17 DE DEZEMBRO DE 1941

Recebemos hoje uma comunicação do departamento de moradia com relação ao trabalho de zelador que meu pai deve exercer no nº 10 da rua Chlodna. Ele precisa ir para lá imediatamente, mas nós só teremos permissão para mudar quando a rua estiver murada.

A mesma ordem foi enviada para todos os zeladores judeus a quem foram destinadas casas na rua Chlodna, agora acrescentada ao gueto. Devem limpar e colocar ordem nas casas deixadas por inquilinos gentios e prepará-las para servir a seus futuros ocupantes judeus.

Romek, que é empregado como supervisor das construções dos muros do gueto, trabalha agora na rua Chlodna e muitas vezes recebe comida do meu pai. Romek trabalha duro. Seu rosto está bronzeado, como queimado de sol, mas sei que ganhou cor por causa do vento gelado. Agora, ele fica ao ar livre, no frio, doze horas por dia, e seu dedos estão machucados pelo frio. Ontem, ele veio me ver e, como de hábito, sentamos ao piano. Ele colocou suas mãos estreitas e compridas no teclado, mas seus dedos, que antes produziam sons maravilhosos, ficaram agora imóveis e silenciosos. Vi que ele lutava; seu rosto estava contorcido numa expressão de dor, mas suas mãos inchadas e rígidas não o obedeciam. Ficou sentado então por um instante, silencioso, depois levantou as mãos do teclado, virou-se para mim e perguntou, com uma voz entrecortada por lágrimas: "Você acha que conseguirei tocar outra vez?".

Fiquei quieta. Olhei para suas mãos e não pude acreditar que fossem as mesmas mãos que não fazia muito tempo mexiam-se agilmente no piano. Romek estava terrivelmente abatido e senti que tentava se controlar para não ter um amargo ataque de choro. Todas as suas esperanças haviam

desaparecido, pois, em vez de tocar piano, ele precisava
andar sem parar de um lado para o outro nos limites do
gueto e ver se os muros estavam sólidos, que nenhum tijolo
havia sido deixado solto, de modo que comida pudesse ser
contrabandeada à noite.

Ao mesmo tempo em que o muro subia na rua Chlodna,
construíram uma ponte para ligar as calçadas, pois a rua é
destinada ao corredor de tráfego para a parte ariana da cidade. Todos os materiais de construção para ela foram forne-
cidos pela comunidade judaica.

24 DE DEZEMBRO DE 1941

Hoje, todos no lado ariano estão usando suas melhores
roupas de domingo. Até imagino sentir o cheiro de boa comida. É véspera de Natal. Há só meio ano, havia boatos de
que no Natal a guerra estaria acabada e que em 11 de novembro — o Dia do Armistício — as tropas aliadas entrariam em
Varsóvia. É verdade que há tropas estrangeiras em Varsóvia;
seus batalhões marcham pelas ruas com uniformes verdes,
mas são tropas inimigas que aterrorizam a população.

Os nazistas acabam de ordenar que, antes de 1º de janeiro de 1942 — que presente de Ano Novo! —, os moradores do gueto entreguem todas as suas peles, casacos de
peles, golas, agasalhos para mãos e mesmo pedaços avulsos
de peles. Vários centros de coleta foram organizados com
esse fim pela comunidade. A ordem foi assinada pelo comissário Auerswald.

Até agora não houve pressa para fazer isso. Por toda
parte ouve-se um sussurrar misterioso. As pessoas estão
discutindo se é melhor vender suas peles ou escondê-las.
Muitos poloneses usam essa oportunidade para entrar no
gueto e comprar caros astracãs, raposas prateadas e armi-

nho por preços ridiculamente baixos. As pessoas preferem vender suas peles por um níquel do que entregá-las aos alemães. Mas alguns optaram por escondê-las e tentam achar vários esconderijos. A pena por ocultar o menor pedaço de pele é a morte. Mas a pena de morte ameaça-nos por tanta coisa que essa nova apenas nos provoca sorrisos.[1]

Hoje foi o último dia para inscrever desenhos para os cartazes de assistência de inverno na nossa escola. O júri será formado por nossos professores e diretores Poznanski e Jaszunski e será presidido pelo engenheiro Czerniakow. Os resultados serão anunciados no começo de janeiro.

26 DE DEZEMBRO DE 1941

Recebemos permissão para mudar para a rua Chlodna e hoje fui visitar nossa nova casa. É um edifício velho de

Tadek Szajer (no meio,
em seu uniforme para o serviço de ambulâncias)
com amigos no gueto.

dois andares que certa vez foi o lar de um magnata polonês do século XVII. A escada estreita e em espiral, os torreões góticos e os baixos-relevos da fachada lembram um castelo medieval. Tem um ar bem romântico. No pátio, há um edifício menor, acrescentado mais tarde, e nele fica a padaria Warszawianka, que atualmente é cuidada por padeiros judeus. O muro está sendo construído na esquina dessa casa. Assim, moraremos bem na fronteira do gueto. Os tijolos vermelhos sobem cada vez mais, bem como a ponte na esquina das ruas Chlodna e Zelazna.[2] Somos murados por toda parte, trancados.

28 DE DEZEMBRO DE 1941

Hoje, tivemos uma festa, organizada pelos jovens designers. Os estudantes decoraram magnificamente o salão, e houve entretenimento. Em um pequeno palco construído em uma ponta, apareceram artistas. Fiz parte do programa e cantei algumas músicas em inglês. Dançamos ao som de uma orquestra. Estava quente, pois o pequeno fogão de ferro estava cheio de madeira crepitante dos bancos escolares. Havia até um bufê que servia biscoitos e licor. Mas o preço de um biscoito era de três zlotych e o de um pequeno copo de licor, cinco zlotych.

Os professores dançaram com os alunos e o estado de espírito geral era de alegria, mas eu não parava de pensar em Romek, de pé, lá fora no frio, supervisionando a construção dos muros do gueto.

Fui para casa antes das oito horas da noite. O vento cortante penetrava em meus ossos. Escrevo estas palavras à luz de uma lâmpada de carbureto. Sua chama azulada não oscila — é como se estivesse petrificada.

Quando voltei para casa achei um envelope fechado que Tadek Szajer havia deixado para mim. Continha uma fotografia sua com seu uniforme de homem da ambulância. Agora ele trabalha como voluntário no serviço de ambulâncias para apaziguar seu sentimento de culpa,[3] pois ele se sente parcialmente responsável pelos negócios indecorosos de seu pai.

No verso da fotografia, há uma frase que mostra como sua consciência o atormenta: "Algum dia, daqui a anos, quando estarei longe de você, talvez se lembre do serviço de ambulâncias na rua Leszno, nº 13, e de Tadek, que ama você muito, muito". Perto da frase há o carimbo vermelho da Photo-Baum-Forbert, que sempre foi uma das maiores empresas fotográficas de Varsóvia e agora é a melhor do gueto. O sr. Baum, que é muito conhecido por seus filmes, *Nas florestas polonesas* e *Um dos 36*, está em alguma parte da Rússia soviética, e o negócio agora é dirigido pelos dois irmãos Forbert.

Há muitas outras empresas fotográficas no gueto, como a Photo-Doris, mas o mundo artístico tira suas fotos na Baum-Forbert. Até altos oficiais do exército nazista e autoridades estão entre seus clientes.

CAPÍTULO IX

OUTRO ANO

31 DE DEZEMBRO DE 1941

O último dia do ano velho... Que os dias passem o mais depressa possível; apesar de tudo, talvez sobrevivamos à guerra e saiamos com vida dos muros do gueto. Os estrategistas dos cafés dizem que a ofensiva dos Aliados começará na primavera de 1942. Enquanto isso, os russos fogem e se entregam, cidade após cidade. As únicas boas notícias vêm da África, mas isso é tão longe daqui.

Hoje, nosso grupo teatral está apresentando um espetáculo no salão Weisman. As entradas estão esgotadas há dois dias. Toda a renda irá para o lar de crianças Korczak.

1º DE JANEIRO DE 1942

Sinto-me completamente vazia, como se estivesse suspensa em um abismo. A noite passada foi uma mistura de entretenimento e pesadelo. Depois do espetáculo, meus amigos do LZA sugeriram que passássemos a véspera do Ano Novo em minha casa. Meus pais foram dormir em seu novo apartamento na rua Chlodna, então poderíamos passar a noite sem sermos perturbados. Meus convidados foram Harry com sua amada Anka Laskowska, Dolek com Stefa Muszkat, Bronek, Romek e mais alguns casais. Em vez de champanhe, tínhamos limonada e, em vez de bolo, sanduíches de peixinhos em conserva, os chamados "fedorentos". Na minha mesa, estava acesa a pequena lâmpada de carbureto. O zumbido da sua chama sumiu com as conversas, mas o gás que exalava cheirava cada vez mais forte no ar abafado da sala.

As horas passaram rápido, mas, por volta da meia-noite, percebi que a chamazinha da lâmpada começou a diminuir assustadoramente, e eu havia esquecido de comprar mais carbureto para a véspera do Ano Novo. Harry consolou-me dizendo que era adequado entrar no Ano Novo na escuridão.

No mesmo instante, Dolek olhou para seu relógio e gritou: "A meia-noite está chegando". Por algum tempo, houve silêncio total. Romek foi para o piano enquanto o lento soar do relógio batendo as doze vinha da torre da igreja que havia perto dali.

Antes do relógio (que acompanhamos em coro) parar de tocar, a chama estreita da minha lâmpada começou a ficar mais comprida e fina, depois se apagou com um estalido. Naquele momento, o relógio bateu pela décima segunda vez. A sala estava escura. Levantei a cortina de papel preto e entrou alguma luz. Lá fora, caía uma neve leve, e a lua flutuava lentamente pelo céu nublado.

Na semiescuridão, vi Romek colocar os dedos no teclado. Com grande esforço, começou a tocar a *Marcha fúnebre* de Chopin. Ninguém disse uma palavra. Anka aconchegou-se junto a Harry, Dolek a Stefa, Tadek a Bronek

— todos estavam muito juntos; só eu estava sozinha. Ideias tristes passaram-me pela cabeça. Isso tudo não era simbólico? Não haveria algo terrível reservado para mim, algo que me separaria dos meus amigos?

De repente, alguém gritou: "Romek, que tal uma outra música? Ele nunca havia sido capaz de tocar a *Marcha fúnebre*, e justamente hoje a Musa o está ajudando".

Romek não respondeu. Experimentou algumas outras notas, mas nada veio. Afinal, levantou-se do piano e veio sentar-se ao meu lado. "Sabe", cochichou, "tenho um estranho pressentimento neste dia de Ano Novo, anote minhas palavras".

Eu não sabia o que ele queria dizer, mas, mesmo na semiescuridão, pude ver um desespero total em seus olhos.

Pouco depois, todos começamos a conversar. Harry disse que nosso grupo de teatro não tinha mais razão de existir porque a maioria dos nossos membros havia ido embora e teríamos de encontrar outras pessoas, o que não era fácil. Ninguém se opôs. Aparentemente, todos nós concordávamos. Todos estávamos dominados pela mesma apatia, a sensação de que isso era o fim.

Às seis da manhã, meus convidados começaram a partir. Romek foi o último a ir. Às sete horas, ele precisava estar no seu muro do gueto.

16 DE JANEIRO DE 1942

Hoje foi o último dia para entregarmos nossas peles. Os nazistas concederam dois adiamentos do prazo porque perceberam que ninguém estava com pressa de se separar delas. Depois do segundo adiamento, começaram a revistar as casas, e essas revistas eram sempre acompanhadas por terrorismo.

Durante três dias houve filas compridas diante dos centros de coleta da comunidade, e a população finalmente começou a cumprir a ordem dos nazistas. Mas estes não conseguirão muito calor com nossas peles. O que não pôde ser escondido ou vendido foi cortado e estragado. As peles estão cheias de buracos, e o astracã ou as golas de raposa tiveram o pelo cortado ou raspado. Em troca das peles, os donos receberam uma coberta amarela pela qual precisam pagar uma taxa especial de dois zlotych.

Diz-se que o propósito nazista é usar as peles para forrar as botas dos seus soldados que estão congelando no front russo. Mas não conseguiram tirar muito do seu saque de Varsóvia, porque os maiores depósitos, fora dos limites do gueto, foram incendiados por agentes da resistência clandestina.

Vários substitutos das peles já estão à venda para serem usados nas golas e forros cortados.

Agora estamos morando na rua Chlodna. Como família do zelador, ocupamos dois pequenos cômodos escuros. Não há banheiro. Cozinhamos num pequeno fogão de ferro. As paredes são cobertas de gelo e, quando o fogão esquenta, o gelo começa a derreter.

A rua Chlodna, com sua geografia complexa, oferece uma visão peculiar. O tráfego humano também é extraordinário aqui. Pode-se ver muita gente vindo da esquina da rua Zelazna. Vão para a ponte de madeira, que tem dois andares de altura e liga as calçadas de cada lado da rua. As pessoas enchem a ponte, da qual se pode ver toda a extensão da rua. Muros acompanham ambas as calçadas e, entre os dois muros, como em um corredor, andam a população ariana e os *trolleys*. No meio da rua, entre os dois muros, fica a Igreja de São Carlos Borromeu, cercada por antigas tílias frondosas.

Perto de nós fica o "capitólio" do gueto. No nº 20 da rua Chlodna, ficam as residências do presidente Czerniakow, do coronel Szerynski, do chefe da polícia judaica e das autoridades das várias instituições judaicas. A empresa fotográfica Baum-Forbert fica no mesmo endereço, e um grande retrato de Czerniakow foi pendurado na frente da casa por vários dias.

O presidente do Departamento de Provisões, Gepner, e os comissários da polícia Leikin e Czerwinski também moram na rua Chlodna. O comissário Leikin ocupa um apartamento no nosso prédio. Marysia Eisenstadt, o "rouxinol do gueto", e Hirschfield, o dono do café judeu mais popular, também se mudaram para a rua Chlodna.

Os ricos, que podem se dar ao luxo de subornar os funcionários da repartição de moradias, conseguiram os melhores prédios nessa rua, com seus apartamentos grandes e modernos. A rua Chlodna é em geral considerada a rua nobre do gueto, exatamente como era a rua Sienna no começo.

O zelador da rua Chlodna, nº 8, é o engenheiro Plonskier, antes nosso vizinho na rua Sienna. Muitos médicos moram na nossa rua, e há um cartaz de médico ou dentista quase em cada porta.

Às seis da manhã, os zeladores têm de tirar a neve da calçada e o comissário Leikin está ensinando aos ex-advogados e professores seu novo serviço. Muitas vezes, ele pega uma pá ou uma vassoura e dá uma aula aos intelectuais desamparados cujos dedos não estão acostumados com essas novas ferramentas.

Meu pai trabalha duro e nós o ajudamos, lavando a escada e varrendo o pátio. Há apenas um pequeno número de inquilinos em nosso prédio, e o que ele ganha para abrir a porta depois do toque de recolher só chega a alguns zlotych por noite — uma pequena parte do que recebíamos na rua Sienna. Mas ele tem outra fonte de renda. Em nosso pátio interno fica a padaria Warszawianka. Toda noite, um carrinho traz ali doze sacos de farinha contrabandeada; cada vez que meu pai abre a porta para tal transporte, recebe certa quantia e, pela manhã, dois pãezinhos frescos como pagamento adicional.

Esse é um costume aceito em todos os pátios onde se situam padarias, e muitos zeladores conseguem até uma porcentagem fixa segundo o número de sacos que contrabandeiam. Mas meu pai ainda não progrediu tanto em sua nova profissão.

5 DE FEVEREIRO DE 1942

Foi hoje a distribuição solene de prêmios para os participantes do concurso para um cartaz de assistência de inverno. Ganhei o primeiro prêmio — duzentos zlotych. O presidente Czerniakow e o engenheiro Jaszunski, diretor educacional das escolas da comunidade, entregaram pessoalmente os envelopes com dinheiro para os vencedores e fizeram breves discursos para cada um.

Os cartazes que ganharam prêmios são todos em várias cores e imprimi-los atualmente seria muito caro. Por enquanto, eles ficarão pendurados no salão de reuniões da comunidade e cartazes menores reproduzidos em duas cores serão usados pela assistência de inverno.

20 DE FEVEREIRO DE 1942

Os períodos de frio estão cada vez mais severos. Podem ser vistos nas ruas mais e mais corpos congelados. Jazem perto das portas com os joelhos encolhidos, petrificados no meio de sua luta contra a morte. É uma visão de arrepiar os cabelos, mas os passantes já estão acostumados a ela.

Meio quilo de batatas agora custa dois zlotych. Só umas poucas pessoas no gueto ainda comem normalmente: os gerentes de cozinhas públicas, os muito ricos e os contrabandistas de comida.

Milhares de trabalhadores do gueto dependem dos contrabandistas, e sua situação muda literalmente de um dia para o outro. Se durante a noite anterior alguns grandes transportes de comida e matérias-primas conseguiram chegar ao gueto, os vários trabalhadores clandestinos ficam ocupados, mas se um chamado "massacre" aconteceu, isto é, se a Gestapo interceptou algumas cargas de cereais, couro e outros materiais, as fábricas ficam vazias e os trabalhadores passam fome.

Há centenas de moinhos manuais secretos onde o cereal contrabandeado é moído. O resíduo dos cereais também é vendido como um tipo especial de farinha que é usado para bolos pretos. Tais bolos têm gosto de feno.

Os moinhos manuais secretos escondem-se em porões, sótãos e em depósitos subterrâneos especialmente construídos. Funcionam vinte e quatro horas por dia, mas a jornada de oito horas é estritamente observada. O sindicato do comércio clandestino cuida disso, e há três turnos regulares. O trabalho, que consiste em acionar constantemente a manivela do moinho com a mão, é duro, mas bem pago. Um trabalhador de habilidade média ganha de vinte a trinta zlotych por dia, e o turno da noite recebe um bônus de 50%.

Vários tipos de cereal são feitos com esses moinhos manuais. Recentemente, Tadek Szajer, sem conhecimento do seu pai, arranjou um emprego numa fábrica de cereais. Sua consciência leva-o a fazer vários trabalhos úteis, porque, como me disse, não quer viver dos negócios indecorosos do pai. Hoje, veio me ver direto do trabalho e me mostrou os dedos cobertos de calos por acionar constantemente a manivela do moinho manual.

Tenho a sensação de que ele está fazendo isso só para me impressionar, porque até agora não renunciou ao confortável apartamento e às refeições abundantes do pai.[1]

Há também no gueto pequenas fábricas que enlatam peixe; os peixes usados são os chamados "fedorentos". Há pouco, os contrabandistas conseguiram trazer uma enorme carga de linguado seco. Quando preparados, esses linguados têm gosto de bons arenques, que não existem hoje na Polônia. Várias pastas são feitas com esses peixes, para se comer com pão, em vez de gorduras.

Procurando comida no pátio do
nº 41 da rua Sienna, desenho de Mary Berg.

Alguns dos estabelecimentos fabricam salsicha de cavalo — verdadeiro salame gordo. Mas esse é um produto caro que pouquíssimos podem comprar.

Vários estabelecimentos fazem diversos tipos de doce. Químicos judeus do gueto inventaram novos substitutos do açúcar e xaropes artificiais que dão a esses doces um gosto fora do comum. Onde os químicos conseguem essas substâncias? Muitas vezes acho que devem conhecer o segredo do maná. Talvez nos dias antigos, químicos judeus tenham inventado vários xaropes e especiarias para temperar a grama que os judeus comiam no deserto. Não há laboratórios adequados no gueto, e os químicos realizam todos esses milagres em buracos e porões escuros.

Também há curtumes secretos, pois a manufatura de couro é estritamente controlada pelos nazistas. O couro é sujeito a uma cota, e a quantidade de couro cru destinada ao gueto é tão pequena que é insuficiente para preencher até mesmo uma fração de nossas necessidades. Sapatos de couro são terrivelmente caros, contudo há uma moda de sapatos no gueto e quem pode comprar usa botas altas de oficial. Essa moda vale tanto para homens quanto para mulheres. O preço de um par dessas botas é de cerca de mil e quinhentos zlotych.

Há muitas tinturarias novas. Por causa da escassez de matéria-prima, roupas velhas são lavadas e tingidas. Quanto a isso, nossos químicos também produzem milagres. Diz-se que as tintas são feitas com tijolos dos muros do gueto. Os sabe-tudo dizem que gradativamente todos os muros serão desmantelados pelos químicos. Os alfaiates estão muito ocupados remodelando as peças tingidas.

Os médicos e as farmácias fazem os melhores negócios do gueto. Os médicos trabalham nos hospitais e também têm grandes clientelas particulares. Mas são impotentes quando se trata de escrever receitas. Sabem que os itens farmacêuticos mais indispensáveis não existem nas farmácias do gueto, pois os nazistas liberam só quantidades de remédios ridiculamente pequenas. As farmácias são controladas pela comunidade, e os farmacêuticos são funcionários empregados por ela.[2] Esse controle é indispensável, pois muitas vezes pessoas pobres não conseguem pagar por seus remédios. Nesse campo, também, nossos químicos realizam um trabalho maravilhoso.

Então, por assim dizer, somos independentes do mundo exterior. Não só paramos de receber vários itens nunca antes fabricados no gueto, como ainda exportamos certos produtos como cigarros, sacarina, vinho e outras bebidas alcoólicas, sapatos, relógios e até joias. Todos esses artigos precisam passar pela *Transferstelle,* e as altas taxas da alfândega são embolsadas pelos funcionários da Gestapo. Oficialmente, os trabalhadores judeus produzem para o governo alemão, que lhes fornece matérias-primas. Mas, na verdade, os funcionários alemães desempenham o papel de intermediários bem pagos entre o gueto e os comerciantes do lado ariano.

22 DE FEVEREIRO DE 1942

Tivemos hoje na nossa escola um debate fervoroso sobre poesia. Durante o intervalo, Rachel Perelman, uma das alunas, tirou do bolso o exemplar de um jornal clandestino. O jornal reproduzia um fragmento do poema de Julian Tuwim, "Flores polonesas", que o grande poeta polonês escreveu no exílio, em algum lugar.

"Onde está Tuwim agora?", perguntou alguém.

"Na Inglaterra ou nos Estados Unidos", respondeu Rachel.

Todos nos reunimos em torno da pequena página do jornal e lemos as estrofes do poeta que sempre adoramos. O fato de o poema vir do mundo livre aumentou nosso entusiasmo e esperávamos que esse poeta, que é judeu, nos enviasse uma mensagem de conforto.

Ficamos decepcionados. O poema era cheio de amor pela Polônia, os versos magistrais continham símbolos profundos, mas não havia uma palavra do estímulo pelo qual todos nós estávamos sedentos.

A discussão sobre esse poema foi bem acalorada. Alguns de nós criticamos o grande poeta por não estar aqui conosco; outros disseram que felizmente ele havia escapado e que, estando no exterior, poderia revelar ao mundo o nosso amargo destino.

"Mas será que ele sabe de tudo o que acontece no gueto?", perguntou um dos alunos.

Tentei defender Tuwim, que é da mesma cidade que eu. Lembrei de ele vindo à loja do meu pai para comprar quadros. "Talvez ele sofra no exílio, talvez seu coração esteja cheio de saudade de sua terra natal", disse eu.

Mas meus argumentos tiveram pouco efeito. Os jovens adoradores de Julian Tuwim esperavam uma poesia mais vigorosa do seu poeta favorito, nesses tempos turbulentos. Porém, todo mundo pegou a pequena folha de papel como se fosse uma relíquia sagrada, e alguns até copiaram os versos. Também os escrevi:

> Qual é o seu aroma, lilases de Varsóvia,
> Quando, envolvendo o caos com esplendor,
> Chega, insolente e guerreira,
> A primeira primavera de nossa nova escravidão?[3]

24 DE FEVEREIRO DE 1942

Eva Pikman veio me visitar ontem com sua amiga Bola Rapoport. Pediram-me para lhes dar as letras de algumas músicas inglesas que cantei no palco. Bola quer ser cantora de café e precisa montar um repertório. Prometi fazer um programa para ela. É uma garota encantadora de 19 anos, uma típica beleza do sul. Depois de conversarmos um pouco, descobri que seu pai é cidadão norte-americano e que atualmente está internado no campo Laufen, na Alemanha. Ela disse que em breve as mulheres serão internadas também. Preciso convencer minha mãe a informar outra vez a Gestapo de que é uma estrangeira inimiga. Talvez sejamos internadas com ela, como sua família. Há um boato de que prisioneiros civis e militares logo serão trocados.

Há pouco, uma informação sensacional abalou o gueto. O coronel Szerynski foi preso no lado ariano enquanto tentava contrabandear peles para vender. Agora ele está na prisão e ninguém sabe o que lhe acontecerá.

27 DE FEVEREIRO DE 1942

Romek trabalha agora na construção de uma nova prisão na rua Gesia — o bairro judeu se enriquece com outro edifício público. Imagino que espécie de criminosos será colocada ali. Serão os mendigos que catam migalhas nas ruas para acalmar sua fome ou os infelizes famintos que gemem e jazem perto das paredes, ou, ainda, aqueles que atravessam os limites do gueto em busca de emprego? Os alemães impõem a pena de morte para as pessoas que saem do gueto e várias delas foram mortas recentemente por causa desse crime. Mas ninguém liga — é melhor morrer com uma bala do que de fome.

Nas províncias, bairros fechados para os judeus têm sido criados por toda parte, até mesmo nas aldeias. Porém, muitos judeus saem de Varsóvia e se mudam para cidades pequenas, especialmente em torno de Lublin, onde a comida é mais barata. Ao mesmo tempo, grandes transportes com judeus têm sido trazidos para a Polônia, da Alemanha, Áustria e Checoslováquia. São instalados nos guetos em que certamente morrerão de fome e de frio. Recentemente, um grande número de judeus estrangeiros foi trazido para Lodz. O presidente do Conselho de Anciãos de Lodz, um homem de 81 anos, Rumkowski, ao contrário do nosso inflexível presidente Czerniakowski, é facilmente manipulado pelos nazistas e trata os habitantes do gueto como seus súditos.

Rumkowski esteve há pouco em Varsóvia. Vi-o na rua Leszno andando com um alto oficial da comunidade. É

Gendarme nazista detém um homem no gueto,
desenho de Mary Berg.

grisalho, mas bem conservado, e tem um andar ágil. Na sua manga, usava uma faixa de braço amarela com a inscrição, em alemão: "Presidente da Comunidade Judaica de Lodz". Todas as notícias que recebemos da minha cidade natal chegam como formulários postais, começando com as palavras: "O presidente Rumkowski informa que tal ou tal família está viva e com boa saúde". Qualquer outra correspondência é proibida.

Os fuzilamentos agora se tornaram muito frequentes nas saídas do gueto. Em geral são perpetrados por algum guarda que quer se divertir. Todos os dias, de manhã e à tarde, quando vou para a escola, não tenho certeza se voltarei viva. Tenho de passar por dois dos mais perigosos postos alemães de sentinela: na esquina das ruas Zelazna e Chlodna, perto da ponte, e na esquina das ruas Krochmalna e Grzybowska. Nesse último lugar geralmente fica um guarda que tem o apelido de "Frankenstein", por causa de sua conhecida crueldade. Aparentemente, esse soldado não consegue dormir se não tiver algumas vítimas no seu crédito; é um verdadeiro sádico. Quando o vejo a distância, estremeço. Ele parece um macaco: pequeno e troncudo, com um rosto moreno que se assemelha a uma careta. Esta manhã, a caminho da escola, quando me aproximava da esquina das ruas Krochmalna e Grzybowska,[4] vi seu vulto conhecido, torturando um condutor de riquixá cujo veículo havia passado uns centímetros mais perto da saída do que o permitido pelas regras. O homem infeliz jazia na sarjeta em uma poça de sangue. Um líquido amarelado pingava da sua boca para o chão. Logo percebi que estava morto, outra vítima do sádico alemão. O sangue era tão horrivelmente vermelho que a visão dele me perturbou por completo.

CAPÍTULO X

A PRIMAVERA
É CRUEL

30 DE MARÇO DE 1942

Está ficando cada vez mais quente. Ontem, a primavera finalmente chegou, após os longos meses de frio terrível. Como nosso pátio não é coberto com asfalto, meus pais cavaram nele, para termos um pequeno jardim. As sementes que compramos no Toporol já foram plantadas. As folhinhas verdes dos rabanetes foram as primeiras a aparecer na terra preta. Também plantamos cebolas, cenouras, nabos e outras coisas. Temos até algumas flores. E no começo de abril plantaremos tomates e girassóis.

Há poucos dias, um transporte de judeus de Danzig chegou a Varsóvia. Vi-os quando foram levados para o gueto. Eram só mulheres e crianças. As deportadas carregavam bagagem elegante e estavam muito mais bem vestidas do que as pessoas do gueto. Todos os homens desse transporte foram mandados para o campo disciplinar de trabalho em Treblinka, o pior no território do Governo-Geral. As autoridades alemãs prometeram a todas essas mulheres e mães que os seus homens voltariam após alguns meses de trabalho no campo. Vários boatos não confirmados circulam sobre Treblinka. Diz-se que os trabalhadores moram em barracas limitadas por quatro cercas de arame farpado e um fio com carga elétrica. O cargo de médico-chefe em Treblinka foi oferecido ao dr. Miechowski, irmão da amiga de minha mãe, e ele aceitou por causa de sua desesperadora situação econômica. A comunidade pagou imediatamente à família a soma de cinco mil zlotych. Deve ser um trabalho muito duro para ser pago tanto dinheiro.[1]

Rutka nos visita agora com bastante frequência. Parece muito bem e melhora a cada dia. Mas seu cabelo bonito, loiro platinado, foi raspado. Ela usa uma peruca feita com suas próprias mechas, que é uma excelente imitação do seu penteado natural. Rutka está sempre alegre. Seus olhos brilham de entusiasmo quando ela fala dos estudos reiniciados depois de sua longa enfermidade. Ela vai a uma escola particular secreta, cujo principal mestre e organizador é o professor Taubenszlak. Rutka, que é muito talentosa, gosta dos seus estudos. É a amiga inseparável da minha irmã, Ann, e elas fazem juntas as aulas de inglês.

Por meio de Rutka, recebo todos os dias cartas de Tadek Szajer. Ele agora está trabalhando muito. Disse-lhe que não queria mais vê-lo, pois suas conversas me deixam nervosa. Ele pediu que lhe permitisse pelo menos corresponder-se comigo. Como mora perto de Rutka, ele lhe dá suas cartas. São escritas em papel de carta cinzento, e cada palavra sugere uma tristeza cinzenta. Escreve que tem saudades de mim e pensa em mim o dia inteiro, que está trabalhando duro e que suas noites vazias não têm esperanças... que está solitário e espera pelo momento em que me verá outra vez.

Descreve todas as suas preocupações e problemas; toda sua vida está nessas folhas de papel cinzento.

Romek está trabalhando como sempre. Agora parece muito melhor e ganhou um pouco de autoconfiança, talvez porque seu salário foi aumentado — no momento recebe nada menos que trinta zlotych por dia, às vezes mais, e, além disso, dois pães. Tem um emprego melhor, porém mais perigoso. Dirige um grande grupo de trabalhadores e é muito mais responsável do que antes para poder realizar determinadas tarefas. Conta-me que, a cada etapa, os guardas nazistas ameaçam atirar nele sem qualquer motivo. Há pouco, um guarda atirou em um trabalhador diante dos seus olhos porque descobriram alguns gramas de manteiga em seus bolsos. Romek tem nervos de aço. Trabalhar sob tais condições é horrível; ele está em perigo constante de morrer, embora pareça muito melhor. Talvez seja porque o clima se tornou de repente mais ameno, como se não estivéssemos em março, mas em maio. E suas mãos, que estavam inchadas no inverno, agora só mostram algumas cicatrizes do congelamento que sofreram.

Recentemente, Harry e Anka me visitaram. Como sempre, aconchegaram-se um contra o outro, plenos do seu amor. Percebi que usavam anéis nos dedos. "Então vocês se casaram sem me contar?", perguntei. "Não, esses são só nossos anéis de noivado", disse Harry, com o rosto radiante. "O rabino recusou-se a nos casar, porque Anka não tem a idade necessária e precisávamos ter a permissão dos pais dela... mas os pais dela são contra", concluiu, com um tom de decepção. "Mas isso não importa", disse Anka, rindo. "Estamos casados de qualquer forma. Não precisamos de testemunhas. Nenhum rabino jamais poderá expressar em qualquer documento uma união tão forte como a que nos liga agora e para sempre."

Invejo-os. Talvez seja melhor assim. Eles não pensam muito na situação geral do gueto, não ficam tão perturbados como o resto de nós e dão mais atenção às suas vidas íntimas. Será que essa não é a melhor maneira de agir?

As notícias políticas são melhores. Desde sua derrota em Leningrado, os alemães parecem estar mais na defensiva do que antes. Mas o fim ainda não está à vista e o caminho para a vitória é árduo.

14 DE ABRIL DE 1942

Esta manhã, às seis horas, Bola Rapoport, com sua mãe e duas irmãs, foi internada na prisão Pawiak. Um carro alemão parou nos endereços dos cidadãos norte-americanos que ainda permaneciam no gueto e pegaram todas as mulheres. Só o sr. Rakow, um cidadão norte-americano, foi deixado em casa, junto com sua mulher e dois filhos, porque está gravemente doente. Pensei que minha mãe seria levada a qualquer momento, mas de algum modo ninguém veio procurá-la. O que é bastante natural, pois como ela poderia ser achada agora que nos mudamos da rua Sienna sem informar o endereço novo? Ela precisa ir à Gestapo; isso pode salvar todos nós, ou, quem sabe, fazer que sejamos todos internados juntos.

15 DE ABRIL DE 1942

Recebemos hoje uma carta misteriosa de tio Percy, que partiu há uma semana para Zaklikow-Lubelski. Ele diz que chegou, mas que sua viagem foi longa e perigosa, e que deixou Lublin na hora exata. O que ele quis dizer talvez seja explicado pelas notícias que a sra. Minc, uma inquilina do nosso prédio, nos deu hoje à noite, depois do jantar. Um parente próximo dela chegou recentemente ao gueto e lhe contou os detalhes do terrível massacre de Lublin,[2] durante o qual perdeu sua mulher e dois filhos. Eis sua história: "Os alemães ordenaram que todos os judeus saíssem de suas casas e se reunissem na praça. A maioria não obedeceu essa ordem e começou a se esconder em porões e sótãos. Alguns colocaram barricadas nos apartamentos. Então, fortes formações de guardas de elite começaram a disparar contra as janelas, e todo mundo que saía de casa era imediatamente executado. Crianças pequenas eram liquidadas com revólveres; algumas pessoas foram torturadas até perder a consciência. Cerca de metade da população do gueto foi assassinada, e um grande número foi deportado para um destino desconhecido. Cerca de dois mil judeus sobraram, dos quarenta mil que havia. Esses dois mil foram levados para o campo Majdanek, perto de Lublin. Mesmo hoje, as ruas do gueto de Lublin estão encharcadas de sangue e as vítimas não foram apanhadas. As casas estão cheias de cadáveres".

Esse parente da sra. Minc, uma testemunha ocular desse massacre, conseguiu escapar porque se escondeu em uma casa que os nazistas não revistaram. Por toda a noite, ele caminhou por cercas de arame farpado e, com a maior sorte, conseguiu fugir.

Tudo isso soa horrível e simplesmente não consigo acreditar em tal coisa. Matar tantas pessoas de modo tão cruel. Talvez por isso Percy foi obrigado a interromper sua viagem. Como deve ter sofrido, vendo essa tragédia! Por que milagre ele se salvou?

Recentemente, boatos terríveis começaram a circular no gueto. Diz-se que todos os judeus serão instalados na

Arábia, ou em algum lugar próximo. Fico me perguntando o que isso quer dizer. Nos últimos tempos, o governador Frank tem sido até mais compassivo em seus decretos. O toque de recolher é mais tarde, e os alemães parecem estar planejando a criação de oficinas regulares em Varsóvia, o que garantiria mais empregos fixos para os judeus. Mas isso parece contradizer a conversa sobre deportação em massa.

O *Warschauer Zeitung*, o jornal oficial em alemão de Varsóvia, anunciou que os judeus pelo menos se tornaram um elemento útil, e a produção do gueto é vantajosa para o exército alemão. Há bastante tempo não vemos slogans como "Os judeus precisam desaparecer da Europa", que toda a imprensa alemã escancarava no ano passado. Agora, tudo está tranquilo. Será a bonança antes da tempestade? Qual é o significado do pogrom de Lublin?

17 DE ABRIL DE 1942

Estou quase histérica. Pouco antes das seis horas de hoje, o capitão da polícia, Hertz, correu nervosamente para dentro do nosso apartamento e disse: "Por favor, estejam preparados para qualquer coisa; às oito horas vai haver um pogrom". Depois foi embora sem mais explicações. O gueto inteiro entrou em pânico. As pessoas fecharam rapidamente as suas lojas. Houve um boato de que um *Vernichtungskommando* (esquadrão de destruição) especial, o mesmo que fizera o pogrom de Lublin, havia chegado a Varsóvia para organizar um massacre aqui. Também foi dito que ucranianos e lituanos agora assumiriam a guarda do gueto, pois os alemães iriam para o front russo.

No departamento de provisões, todos os empregados foram liberados às seis horas, e lhes foi dito para ir para casa o mais depressa possível. Minha mãe arrumou rapidamente um pouco de comida em uma cesta e foi com meu pai procurar algum refúgio seguro em um porão. Eu estava aterrorizada e não conseguia controlar meus tremores. Cada minuto parecia um século. As horas passaram — sete, oito, nove... Agora, são onze horas e um silêncio mortal domina a cidade.

Há alguns minutos, alguém bateu na porta. Tive certeza de que eram os alemães. Meu pai abriu a porta — era um mensageiro do quartel-general da polícia judaica vindo pedir que o capitão Hertz se apresentasse imediatamente na rua Ogrodowa. Algo realmente grave deve ter acontecido para ele ser convocado tão tarde da noite.

As horas passaram lentamente. Nenhum som vinha da rua. Todos estávamos vestidos, prontos para correr até nosso esconderijo a qualquer momento. É horrível viver sob essa tensão constante.

28 DE ABRIL DE 1942

O número sete parece ter uma influência misteriosa na minha vida. Algo repentino, inesperado, sempre acontece nas datas que contêm esse número, especialmente quando esqueço que há um sete na data. Desde o dia 17, o gueto vive em terror constante. Na noite entre os dias 17 e 18, cinquenta e duas pessoas foram mortas, sobretudo padeiros e contrabandistas. Todos os padeiros estão aterrorizados. Epstein e Wagner, que têm a padaria em nosso prédio, não dormem mais em casa. Os alemães chegam a diversas casas com uma lista prévia de nomes e endereços. Se não encontram as pessoas que estão procurando, apanham outro membro da mesma família. Levam-no alguns passos à frente da casa, deixam-no educadamente ir adiante deles e atiram nele pelas costas. Na manhã seguinte, essas pessoas são encontradas mortas nas ruas. Se um zelador não abre a porta para os alemães tão depressa quanto desejam, é morto na hora. Se um membro da família do zelador abre a porta, ele tem a mesma sorte e, depois, o zelador é intimado para também ser morto.

Ontem fui visitar Eva Pikman. Bronka, Irka e Rena estavam sentadas ali, com caras sombrias. O filho do senhorio de Eva, Zycho Rozensztajn, também estava. Zycho é policial. Contou-nos histórias macabras — por várias noites sucessivas, foi forçado a comparecer a execuções, pois os alemães exigem que policiais judeus ajudem-nos a cometer seus crimes. Geralmente, uma patrulha de dois ou três oficiais alemães vai ao quartel-general da polícia judaica com uma lista de nomes e ordena que um oficial superior e um policial judeu comum juntem-se ao seu grupo. Daí, ordenam que os policiais judeus levem-nos aos endereços indicados.

Zycho afundava-se em uma poltrona; o resto de nós estava sentado em um catre. Ele estava pálido e trêmulo; várias noites sem dormir deixaram sua marca. "Se eu tiver outra vez, no meu turno, de ir a essas execuções", disse, "eu não irei, mesmo que me matem por isso. Na noite passada, depois da uma hora, quando haviam liquidado todas as suas vítimas, ordenaram-me que fosse à frente deles. Espantei-me por não me terem deixado ir e pensei que meu último momento havia chegado. Comecei a me afastar. Senti as pernas bambas. Por que não atiram?, pensei. De repente, ouvi-os rindo alto. Suas vozes pareciam sinistras na rua vazia e escura. Quando fiquei fora do alcance de suas armas, comecei a correr... a correr como o vento, como se estivessem atrás de mim. Voltei para casa quase inconsciente. Minha mãe me perguntou o que havia acontecido, mas não tive coragem de lhe contar para que fim eu havia saído em patrulha à noite, entre as dez e as duas horas".

Eva estava com lágrimas nos olhos. Irka ficava repetindo: "Não, é impossível, impossível". Rena sentou-se em silêncio por algum tempo, depois sussurrou: "Quero tanto *viver*". Eva disse: "Veja, Mary, você será internada como Bola e sobreviverá, mas nós todas estamos condenadas". Falando nisso, várias de nós recebemos cartas de Bola Rapoport. Ela está internada em Liebenau, no lago Constança, e está com boa saúde. Ficamos contentes por uma de nós, pelo menos, estar a salvo. Como a invejo! Como eu queria sair deste inferno... Estou sem forças.

Parece que os alemães podem ser subornados para internar famílias. Naturalmente, deve-se ter algum pedaço de papel que afirme que pelo menos um membro da família é cidadão estrangeiro. Minha mãe tem sorte quanto a isso, pois é uma cidadã norte-americana legítima, mas a situação do meu pai, da minha irmã e a minha própria, é incerta. Minha mãe procurou informações, em vários lugares. Parece que há um certo Ehrlich, um homem da Gestapo, que cuida desses assuntos. Precisamos ir vê-lo. Talvez nós também possamos ser internados. Depois das primeiras internações, parece que só uns poucos cidadãos norte-americanos continuam no gueto, provavelmente apenas aqueles que estão escondidos como minha mãe.[3]

Na noite passada outras sessenta pessoas foram executadas. Eram membros da resistência clandestina, a maioria pessoas bem de vida que financiavam os boletins secretos. Também foram mortos muitos gráficos suspeitos de ajudar na publicação dos jornais clandestinos. Outra vez, pela manhã, havia cadáveres nas ruas. Uma das vítimas era o rico padeiro Blajman, o principal patrocinador de um jornal clandestino. Seus irmãos também foram condenados, mas conseguiram fugir e agora estão escondidos.

Em nosso jardim, tudo está verde. As novas cebolas estão crescendo. Comemos nossos primeiros rabanetes. Os tomateiros espalham-se orgulhosamente ao sol. O clima está magnífico. As verduras e o sol lembram-nos da beleza da natureza que somos proibidos de desfrutar. Portanto, um jardinzinho como esse é muito prezado por nós. Este ano, a primavera está extraordinária. Um botãozinho de lilás embaixo da nossa janela está em pleno florescimento.

4 DE MAIO DE 1942

Do lado ariano, a população celebrou o 1º de maio e o 3 de maio com um boicote completo dos nazistas. Nesses dias, as pessoas evitaram pegar *trolleys* ou comprar jornais, pois o dinheiro vai direto para os alemães. Alguém pôs uma coroa de flores no túmulo do Soldado Desconhecido. As pessoas ficaram deliberadamente em casa, e então um silêncio mortal dominou a cidade. No gueto, também, o clima ficou meio diferente. Embora muitos poloneses, envenenados pelo antissemitismo, neguem que seus irmãos de fé judaica sejam seus concidadãos, os judeus, apesar do tratamento desumano a que são sujeitos, mostram seu patriotismo de toda maneira possível. Recentemente, falou-se muito de grupos de resistência lutando nos bosques da região de Lublin. Há muitos judeus entre eles, que lutam como todos os outros por um objetivo comum. E mesmo assim os poloneses antissemitas dizem: "É uma boa coisa, deixem os judeus ficarem sentados atrás de seus muros. Pelo menos, a Polônia não terá judeus".

Um de nossos visitantes frequentes é o sr. Przygoda, assistente do administrador Chaskelberg. "Assim que alguma coisa começar a se agitar", diz sempre, "saltarei além dos muros. E há tanta raiva acumulada em mim, que logo estarei matando alemães às dúzias". Sei que ele pertence a um dos grupos da resistência clandestina. Jurek Leder, um bom amigo meu que agora trabalha na polícia judaica, é um entusiástico patriota polonês. "Se eu pudesse apenas sair daqui e me juntar aos resistentes!", diz. "Então eu pelo menos poderia lutar pela Polônia. Amo minha terra natal e, mesmo que cem antissemitas tentem me convencer de que não sou polonês, eu extrairia o melhor deles — se não pelas palavras, pelos punhos." O pai de Leder é um capitão do exército polonês agora internado na Rússia.

Há muitos desses judeus que sacrificariam a vida de bom grado pela Polônia e que, agora, agem na clandestinidade. Há muitos judeus que cerram os dentes e ficam quietos, coram de vergonha e humilhação quando, como às vezes acontece, um polonês joga uma pedra do outro lado do muro no gueto. Recentemente, na rua Chlodna, poloneses que passavam em caminhões jogaram pedras em vitrines e janelas de apartamentos particulares, soltando gritos selvagens de triunfo conforme avançavam.

Alguns judeus se envergonham de admitir que a Polônia é sua terra natal, embora a amem, porque lembram como seus concidadãos poloneses disseram tantas vezes a eles: "Volte para a Palestina, judeu", ou, como na universidade, os alunos judeus deviam se sentar nos "bancos do gueto", e eram bastante atacados por estudantes gentios pelo simples crime de sua fé judaica. É um fato que muitos gentios em Varsóvia foram infectados pela propaganda de Hitler. Naturalmente, há pessoas que veem o erro disso, mas receiam dizer qualquer coisa porque seriam imediatamente acusadas de ter um avô judeu ou uma avó, ou até de ser compradas

pelos judeus. Só uns poucos, membros dos partidos operários, falam abertamente, e esses, na maioria, estão lutando
nos grupos de resistência. Se todos os poloneses arianos se
reunissem e tentassem ajudar os judeus no gueto, poderiam
fazer um bocado por nós. Por exemplo, poderiam conseguir
certidões arianas para muitos judeus, abrigá-los em suas casas, facilitar sua fuga pelos muros e muita coisa mais. Mas,
claro, é mais fácil jogar pedras no gueto.

6 DE MAIO DE 1942

Apesar do terrorismo dominante, a comunidade abriu
várias escolas públicas elementares para crianças de 7 anos.
O ensino é ministrado em iídiche.[4] A comunidade também
fornece livros didáticos, que agora são muito difíceis de
obter. Esse programa inclui brincadeiras supervisionadas
depois das aulas. É agradável ver um grupo de crianças
de mãos dadas e, orgulhosas, dando um passeio com sua
professora.

Ontem, o professor Greifenberg levou todos os alunos de sua classe em nossa escola ao pequeno parque do
lado oposto do edifício da comunidade. Esse parque fica
no lugar de uma casa bombardeada, onde os jardineiros
do Toporol plantaram grama e flores. Hoje, está verde ali.
Trabalhadores judeus construíram balanços, bancos etc.
Os alunos de nossa escola foram pintar um mural com
ilustrações de animais em uma das paredes da casa em ruínas. Tudo isso é feito para dar às crianças do gueto uma
sensação de liberdade. O parque foi inaugurado hoje, e o
presidente Czerniakow e outras altas autoridades da comunidade compareceram à cerimônia. Foram montadas
mesas compridas sobre a grama e nelas havia saquinhos de
doce de melaço fabricado no gueto. Cada criança recebeu

um presentinho e um saco de doces. Seus gritos de alegria e as canções alegres cantadas pelo coro ecoavam no ar. Os rostos rosados e sorridentes das crianças foram talvez a melhor recompensa para os que criaram esse pequeno refúgio de liberdade para os pequenos prisioneiros do gueto.

7 DE MAIO DE 1942

Abie, o irmão de minha mãe que trabalha na polícia, teve há pouco tempo uma aventura que quase lhe custou a vida. Há alguns dias, foi designado para uma patrulha noturna na rua Krochmalna, onde ocorre agora a maior parte do contrabando. Sua tarefa era vigiar uma área da rua e cuidar para que nenhum contrabandista passasse por lá. Mas o que ele podia fazer ao ver vários contrabandistas judeus tentando passar alguns sacos de farinha e outros alimentos pelo muro? Esses poucos sacos significavam que o gueto teria mais comida e que o preço do pão cairia; o próprio Abie não está em boa situação, e um pão ou meio quilo de farinha seriam bem úteis para ele. Os contrabandistas costumam pagar aos policiais judeus alguns zlotych ou dar-lhes alguns alimentos se "fecharem os olhos" ou avisá-los da aproximação de guardas nazistas. Abie pensava exatamente no que iria comer no dia seguinte quando um dos contrabandistas ofereceu-lhe algum dinheiro. Tudo teria corrido bem, não fosse de repente uma patrulha de dois guardas alemães aparecer. Na escuridão, não perceberam exatamente o que estava acontecendo, mas devem ter notado que contrabandistas estavam agindo ali e abriram fogo. Os contrabandistas foram mortos, e Abie correu para salvar sua vida. Os alemães viram seu quepe da polícia e sua faixa e começaram a persegui-lo. Ele conseguiu entrar em uma passagem que levava ao lado aciden-

tado da rua Chlodna em que, no nº 17, há uma delegacia
da polícia judaica. Mal teve tempo de avisar o guarda da
noite que, se alemães entrassem, deveriam ser informados
de que nenhuma patrulha havia sido enviada naquela noite à sua área da rua Krochmalna; seus perseguidores logo
entraram. Ninguém traiu o segredo de Abie, e os alemães
foram embora sem saber de nada. Abie ainda não se recuperou do choque da sua experiência.

Parece que afinal o toque fúnebre está soando para
os traidores judeus no gueto. Na noite passada, o famoso
Milek e seu companheiro Anders foram executados pela
resistência, um deles em sua casa, e o outro na rua. Jurek
Jawerbaum, um amigo íntimo de Milek, está preso em
Pawiak.

Está começando a esquentar e, muitas vezes, em vez de
ir para a escola, pego um lençol e um travesseiro e vou até
nosso telhado para tomar sol. Isso está muito comum no
gueto, e os prédios com telhados planos transformaram-se
em praias urbanas.

Na rua Chlodna, nº 20, o preço para entrar no telhado
semelhante a um terraço é de um zloty e cinquenta groszy.
Há cadeiras de dobrar, bebidas geladas e uma vista completa de Varsóvia. Em nosso telhado, estou sempre sozinha. É gostoso ficar deitada lá ao sol, onde posso ver o
bairro além do muro. Os pináculos brancos de uma igreja
estão bem perto de mim. São cercados de galhos de tílias,
e o perfume dessas lindas árvores chega até o meu telhado.
Mais além há casas particulares agora usadas como casernas alemãs. O ar é puro aqui, e penso no vasto mundo, em
terras distantes, em liberdade.

CAPÍTULO XI

OS ALEMÃES TIRAM FOTOS

8 DE MAIO DE 1942

Os alemães decidiram fazer um filme sobre a vida no gueto. Nesta manhã, bem cedo, colocaram uma câmera profissional na frente do nº 20 da rua Chlodna e tiraram fotos da rua. Depois, entraram em um dos apartamentos mais elegantes e ordenaram que se pusesse a mesa na sala de visitas. De um restaurante próximo, confiscaram os pratos mais requintados, com carnes, bolos e frutas — provavelmente as únicas frutas existentes no gueto. Pegaram os passantes mais bem vestidos, homens e mulheres, e ordenaram-lhes que se sentassem à mesa, comessem, bebessem e conversassem; aí fizeram seu filme extraordinário. Vão mostrá-lo em Berlim para provar que a população do gueto tem tudo em abundância e ainda tem alimentos que não se consegue obter na Alemanha?

Quando cheguei à escola, vi todos os professores e alunos em pé, olhando pelas janelas. Havia uma agitação pouco habitual no prédio da comunidade do outro lado da rua.

Aqui também estavam tirando fotos. Refletores potentes foram colocados em diferentes partes do edifício e compridos fios e cabos elétricos jaziam no chão. Câmeras sobre trilhos corriam em todas as direções, com seus operadores cercados por uma multidão de funcionários da comunidade e visitantes que estavam no prédio. Vi um alemão organizando um grupo de várias pessoas, com o presidente Czerniakow e os mais altos funcionários da comunidade no centro. Depois, por alguma razão, todas as pessoas foram levadas a um salão e foi-lhes dada a ordem de se ajoelhar. Claro, os cadáveres nas ruas não serão focalizados, nem as criancinhas que esperam na agonia da fome.

Os alemães certamente devem estar fazendo algum inédito esforço de propaganda.[1] O tom dos seus comunicados de guerra parece ter mudado recentemente; falam de "retiradas temporárias" de várias localidades russas. Aqueles que podem ler nas entrelinhas dos seus relatos estão contentes.

As noites no gueto são quentes e úmidas. Em nosso jardim há um cheiro de lilases e, depois do pôr do sol, todos os moradores sentam-se no pátio. Cada um traz sua cadeira, mas meu lugar preferido é uma estrutura de madeira usada para bater tapetes. Às vezes canto à noite e, o que é estranho, nenhum dos moradores protesta, aparentemente porque gostam de esquecer os seus problemas.

O capitão Hertz, que muitas vezes está conosco no pátio, é muito pessimista e, além disso, sempre conta piadas macabras. Por exemplo, hoje ele nos falou de um policial que foi morto a tiros por causa de morangos. O policial estava sentado numa carroça cheia de feno que estava entrando no gueto. O guarda alemão perguntou ao policial se a carroça carregava algo mais. O policial fingiu não ter entendido. O guarda mandou que o condutor parasse e levantou o feno. Descobriu morangos escondidos bem embaixo. O condutor e o policial foram mortos na hora.

Hertz diz que "logo tudo acabará e todos nós seremos mortos". Mas a maior parte das pessoas acha que um pogrom como o de Lublin não pode acontecer em Varsóvia, porque aqui há muito mais gente. Segundo os números oficiais, há quatrocentos e cinquenta mil habitantes no gueto, mas na verdade há muitos mais, pois esse número não inclui os fugitivos não registrados das cidades do interior e os carregamentos de judeus da Alemanha, Checoslováquia e Áustria. Calcula-se que o total seja realmente de mais de quinhentos mil. Exterminar tal número de pessoas parece impossível, impensável. Porém, se os atuais assassinatos noturnos continuarem, é bem possível que a população do gueto esteja morta antes de a guerra acabar.

Nestes dias, não tenho mais visto meus amigos tão frequentemente como antes, a não ser Eva Pikman, que mora depois da esquina. Agora é muito perigoso dar longos passeios pelo gueto. Contudo, a vida segue seu rumo habitual. As lojas estão abertas, embora haja pouca comida para comprar. Os teatros estão abertos como de hábito e há algumas boas peças. A comunidade impõe novas taxas e tributos a cada dia.

17 DE MAIO DE 1942

Há alguns dias, um punhado de pessoas do gueto de Lodz conseguiu chegar a Varsóvia por intermédio de Kohn-Heller. Tiveram de pagar vinte mil zlotych por pessoa. Ontem, mais ou menos às quatro horas, eu estava sozinha na cozinha escura do apartamento, lavando pratos. De repente, alguém enfiou a cabeça pela janela e perguntou se aquela era a casa do zelador. Então, gritou com uma voz alterada, "Mary!". Quando abri a porta para o visitante misterioso, vi que era Heniek Zylber. Estava quase irreconhecível. Seu rosto pálido e esverdeado mostrava que havia sofrido com a fome por vários meses. Parecia mais um esqueleto do que um homem e seu terno elegante discrepava. Espantei-me por ele ter podido escapar de Lodz. Desde o começo da guerra, sempre encontrei Heniek em circunstâncias fora do comum. Isto foi o que ele me contou do trágico destino da minha cidade natal.

Lodz está devastada pela tuberculose e, em virtude da total falta de remédios, poucas pessoas conseguirão sobreviver por muito mais tempo. Não há comida, e meio quilo de cascas de batatas custa oito marcos. A cota diária de pão é de somente cerca de noventa gramas por pessoa, o bastante para despertar o apetite de alguém. Não há mercado negro e não é preparada nenhuma comida em casa. Em cada quarteirão, um caldeirão coletivo de sopa é feito uma vez por dia, e essa sopa é pouco mais que água. Algumas famílias têm pequenas hortas nos pátios, mas a produção é quase nula, pois ninguém tem força para cultivá-las. As pessoas na rua parecem sombras. Há um sistema de trabalho universal. Nas fábricas estabelecidas pelos alemães, há cento e cinquenta mil pessoas empregadas, subalimentadas e que trabalham em condições inimaginavelmente ruins. Os alemães exigem um determinado nível de produção que deve ser cumprido em certo prazo, pois, do contrário, penas severas são impostas. Muitas vezes as pessoas morrem de pura exaustão. Não há ninguém para retirar os cadáveres das casas. Recentemente, por má conduta, Heniek foi condenado, com outro colega, a tirar um cadáver de um apartamento. O corpo estava apodrecendo. "Não sei de onde tirei forças para carregá-lo e colocá-lo no carrinho", disse-me. "Lembro-me de que empurramos o carrinho por várias horas antes de chegarmos ao nosso destino. Depois dessa expedição, tive de ficar uma semana de cama."

"Todos os seus colegas de escola", concluiu, "estão trabalhando duro. No começo de 1940, a escola secundária ainda estava funcionando, mas agora foi fechada por ordem das autoridades alemãs, que fingiram haver uma epidemia lá".

Rumkowski, o presidente da comunidade de Lodz, age como um ditador. Diz-se que é louco. Esse velho recentemente se casou com a secretária de 18 anos. Anda pela cidade com um chicote de montaria e, quando se dirige às pessoas, assume o tom dos nazistas. Às vezes, até bate nelas. A tuberculose está fazendo terríveis avanços, e não há uma pessoa no gueto que não esteja infectada. E os alemães trazem continuamente novos transportes de judeus da Alemanha.

Heniek disse que, quando saiu do gueto para o bairro ariano em um caminhão e viu ruas cheias de gente andando normalmente e lojas abertas fazendo negócios, sentiu-se como se estivesse no paraíso. Viu uma cesta de rabanetes na frente de uma loja. Pediu que o motorista parasse, e ele e seu companheiro foram até o vendedor e compraram todos os seus rabanetes.

Desde sua chegada aqui, ainda não conseguiu reunir forças para sair. "Estou aprendendo a andar, como uma criancinha", disse. "Além disso, estou de dieta, pois meu estômago não está acostumado à comida normal. Faz um ano e meio que não como carne e não me lembro qual é o gosto. Tudo ainda parece irreal para mim. Alguns amigos em Lodz pediram-me que visitasse seus parentes que moram na rua Chlodna, nº 10, e eu estava procurando o zelador deles quando encontrei você."

Por muito tempo fiquei imaginando se esse que estava sentado diante de mim era o Heniek verdadeiro ou apenas o seu fantasma. Eu o havia esquecido há muito tempo e, quando parei de receber suas cartas, cheguei à conclusão de que estava morto. Durante esta guerra, toda vez que encontrei Heniek foi antes de alguma grande mudança na minha vida, ou de uma partida importante. Será que estou perto de partir daqui? Mas isso é absurdo; ninguém pode deixar o gueto.

27 DE MAIO DE 1942

Faz um calor pouco habitual para maio este ano. Ainda estou tomando sol no telhado e agora estou bem bronzeada. Quando olho no espelho tento me convencer de que acabei de voltar da praia.

Em nosso jardim, os pequenos tomates verdes apareceram. Vão amadurecer rápido ao sol quente. Tivemos três colheitas de rabanetes. Talvez as cebolas novas sejam as mais saborosas. Nossas flores cheiram de um modo muito inebriante, e suas cores são encantadoras. Szymek não vem mais fazer o trabalho... não virá nunca mais. Há poucos dias, depois de terminar seu trabalho aqui, caiu na rua de fraqueza. Abie achou-o jazendo na sarjeta em algum lugar perto da rua Nowolipie. O rapaz tinha febre alta. Acontece que havia ficado doente por dois dias, mas não disse nada, pois temia perder seu trabalho. Entretanto, minha mãe percebeu que seu rosto estava corado e que ele se mexia com dificuldade; então ela o mandou para casa mais cedo do que de hábito. Abie levou-o de riquixá ao lar de refugiados onde morava. Lá, ele morreu algumas horas depois. A causa de sua morte foi escarlatina. E Szymek queria tanto viver.

3 DE JUNHO DE 1942

Cento e dez pessoas acabaram de ser fuziladas na prisão da rua Gesia, entre elas dez policiais. Os alemães fizeram isso para intimidar os contrabandistas. No entanto, poucos dos que foram executados eram contrabandistas. Os outros foram presos ou por atravessar para o lado ariano, ou por não pagar impostos, ou por mendigar na rua. Não deram certo todos os esforços para salvá-los ou perdoá-los. Os nazistas colocaram enormes cartazes vermelhos com os nomes das suas últimas vítimas.

A execução ocorreu às seis da manhã no pátio da prisão. A polícia polonesa recebeu ordem de realizar a matança, mas recusou. Foi, contudo, obrigada a presenciar a execução, também assistida por Szerynski, chefe da polícia judaica, uns poucos capitães da polícia judaica e pelos altos funcionários da comunidade, liderados pelo presidente Czerniakow. Uma das testemunhas disse-me que vários policiais poloneses choraram e que alguns deles desviaram os olhos durante a execução. Um dos funcionários da comunidade desmaiou. Os policiais judeus estavam completamente arrasados.

As vítimas encararam a morte com calma total. Algumas recusaram até ser vendadas. Entre as vítimas estavam várias mulheres, duas delas grávidas. Depois do crime ser perpetrado na frente de testemunhas, os carros fúnebres da Pinkiert levaram os corpos para o cemitério judeu. Há um luto geral no gueto.[2]

9 DE JUNHO DE 1942

Soubemos hoje que a Comissão Suíça, que cuida dos cidadãos norte-americanos nos países ocupados pelos alemães, permitiu que uma norte-americana levasse o filho e o marido para um campo de internação. Ela deixou há pouco o gueto e foi até Berlim sob escolta alemã. Minha mãe está desesperada, pois deixou de se registrar em abril, quando as mulheres começaram a ser internadas.[3] Escreveu para a Comissão há algum tempo, mas ainda estamos esperando a resposta. Minha mãe também escreveu para a representante da colônia norte-americana do lado ariano, a sra. Lawrence, pedindo-lhe informações sobre a troca de prisioneiros. A sra. Lawrence respondeu que a lista de prisioneiros para serem trocados está fechada, mas aconselhou minha mãe a se apresentar assim que possível a Nikolaus, comissário de relações exteriores do governo geral. Contudo, não é fácil encontrar essa autoridade.

15 DE JUNHO DE 1942

Depois de muitas tentativas, minha mãe descobriu por acaso um caminho para ir até o escritório de Nikolaus. Há alguns dias, ela encontrou uma amiga que lhe disse que conhecia um judeu que trabalhava para Orf, o imediato de Nikolaus. Seu nome é Z., e acontece que o conhecíamos em Lodz. Minha mãe falou com Z., que prometeu ajudá-la. Ele contou para minha mãe como caiu nas garras da Gestapo. Foi preso quando tentava atravessar a fronteira alemã com um passaporte falso e, após longas e refinadas torturas, foi obrigado a trabalhar para a polícia alemã. Agora está empregado como intérprete polonês-alemão no quartel-general da Gestapo em Aleja Szucha. Ele vem de uma conhecida família de Lodz e parece que, apesar de sua posição, continuou sendo um homem decente. Está fazendo tudo o que pode por nós. Registrou minha mãe na Gestapo e promete nos manter informados do que acontecer.

Há três famílias no gueto cuja situação é como a nossa: norte-americanas cujos maridos e filhos nasceram na Polônia. Minha mãe informou essas mulheres da troca que está para acontecer e as mandou para Z. Elas também se registraram.

30 DE JUNHO DE 1942

Há agora uma verdadeira peregrinação à nossa casa; uma fila infinita de pessoas não para de vir até minha mãe para lhe dar os endereços de seus parentes e amigos nos Estados Unidos a fim de que ela possa pedir-lhes ajuda. Supõe-se que a troca aconteça no dia 6 de julho. Todo mundo quer a mesma coisa: eles devem nos mandar declarações juramentadas, eles devem nos ajudar a sair... e não se esqueça de lhes dizer o que estamos passando aqui... e, por favor, que essa seja a primeira coisa que fará assim que chegar aos Estados Unidos, não demore um minuto, para que possamos viver para ver o momento da nossa libertação... Todos despejam seus problemas na minha mãe — não têm nada para vender, nada com que viver e, em alguns meses, morrerão.

É horrível ter de escutar tudo isso, sobretudo porque temos nossos problemas. Minha mãe está terrivelmente preocupada porque Nikolaus só registrou duas pessoas: ela e minha irmã Ann. Diz que só jovens com menos de 16 anos podem ficar com suas mães, e Ann tem 15. Então, parece que meu pai e eu teremos de permanecer aqui. Embora tenhamos pouca esperança, nossos amigos dizem que tudo isso pode ser resolvido e que toda a família irá. Gostaria de poder acreditar neles.

Hoje, quando estava na casa de Eva, escrevemos uma carta conjunta para Bola, e, no fim, disse que esperava encontrá-la em breve. Não sei por que escrevi isso, pois não acredito nem um pouco que vá acontecer. Eva e Irka ficaram repetindo que logo vou deixá-las, e insistiram tanto que no fim eu acabei acreditando.

Quando Zycho Rozensztajn entrou, eu lhe disse: "Sabe, vou para os Estados Unidos". "Verdade?", disse ele com um sorriso debochado. "E eu para a África!" "Ir para os Estados Unidos" — essas palavras parecem fantásticas.

5 DE JULHO DE 1942

Cada vez menos alunos vêm à nossa escola, pois agora têm medo de andar na rua. O guarda nazista Frankenstein está assolando o gueto; em um dia, mata dez pessoas, em outro, cinco... todo mundo espera ser a próxima vítima. Há poucos dias, eu também parei completamente de ir à escola. O calor está terrível. De manhã, fui tratar dos dentes com minha prima, a dra. Felicia Markusfeld. Seu marido é médico e trabalha no hospital da rua Leszno. Moram no lado plano da rua Sienna, mas agora há um acesso pela rua Zelazna. A distância da rua Chlodna à rua Sienna exige meia hora a passo rápido. Preciso atravessar a rua Zelazna perto dos obstáculos de arame farpado, onde os guardas ficam de sentinela a poucos passos de distância um do outro. Penso o tempo todo que um deles vai atirar em mim, que o próximo será Frankenstein. Tento ficar perto das portas para poder correr caso haja algum disparo.

As perseguições no gueto continuam. Também há boatos sobre a deportação iminente do gueto inteiro. Não sei de onde veio a informação monstruosa de que os judeus de Varsóvia só têm mais quarenta dias para viver. Todo mundo repete esse boato. Sem dúvida, os alemães espalharam-no a fim de criar pânico. Muitos judeus estão se registrando nas chamadas "lojas", que agora são, sobretudo, na rua Leszno. São locais de trabalho que produzem, na maior parte, uniformes militares alemães. Diz-se que as pessoas empregadas ali não serão deportadas.

Também há boatos de que logo o gueto de Cracóvia será liquidado, embora por enquanto não haja confirmação oficial disso.[4] Muitos judeus que ocultaram sua origem e permaneceram do lado ariano estão sendo denunciados e transportados para o gueto. São fuzilados no instante em que saem dos caminhões que os trouxeram.

Apesar de tudo isso, os concertos da polícia judaica no Femina prosseguem como sempre. São extremamente populares. A orquestra inclui mais de uma dúzia dos melhores músicos do gueto.

14 DE JULHO DE 1942

Hoje fui à escola e encontrei Bolek Szpilberg, que não via há bastante tempo. Disse-me que tivera de se registrar como súdito britânico e que agora receava ser internado sem seus pais.

Depois da escola, fui até minha dentista. Sentada na cadeira, ouvi pombos arrulhando. Esse barulho vinha do lado ariano, porque as janelas dão para o lado irregular da rua Sienna. Minha prima Felicia, que estava de pé junto a mim com seus instrumentos, disse: "Sabe, Mary, não gosto do arrulhar dos pombos. Para mim, são sempre um mau presságio". Não sei por quê, mas, aos meus ouvidos, esse som também evoca algo desagradável, hostil.

15 DE JULHO DE 1942

Hoje, enquanto voltava da escola, encontrei a mulher do zelador do nº 16. Ela correu até mim com grande ani-

Uma das muitas oficinas no gueto, onde empregos eram dispu-
tados fervorosamente, pois foi dito que trabalhadores
não seriam deportados.

mação e me disse, num fôlego, que um policial viera do
quartel-general trazendo uma ordem da Gestapo de que
todos os cidadãos estrangeiros devem se apresentar na prisão Pawiak bem cedo na manhã de 17 de julho. Corri para
casa e minha mãe, que estava jantando, deixou cair sua colher ao ouvir a notícia, e pensei que ela fosse desmaiar.
Mas logo se levantou da mesa e foi falar com Z. para saber
o significado dessa ordem repentina. Voltou sem qualquer
informação concreta. Parece que tudo será decidido amanhã. Mais tarde, o capitão Hertz chegou com as mesmas
notícias. "Agora", disse ele, "vocês verão que eu tinha razão. Estamos todos condenados. Os cidadãos estrangeiros
estão sendo removidos porque os alemães não querem que
testemunhem o que estão preparando para nós".

16 DE JULHO DE 1942

Depois do jantar, minha mãe foi à Gestapo, com Z., ao escritório do Orf. Ele declarou que minha mãe estava habilitada para levar toda a família com ela. Ainda não consigo pensar na minha boa sorte. Parece inacreditável que realmente vou deixar este inferno. E é horrível pensar em todos os meus amigos e parentes que precisarão continuar aqui depois da minha partida.

Passei o dia todo comprando várias coisinhas necessárias para nossa viagem. Minha mãe disse que iríamos ficar na Pawiak só três dias e daí seríamos trocados e enviados aos Estados Unidos. Todos os meus amigos vieram se despedir. Todos me invejavam e estavam desesperados com seus destinos. Bronka Kleiner chorou. Deu-me sua foto e escreveu nela: "Não me esqueça no seu caminho para o paraíso". Dei-lhe todos os meus cartazes, esboços, instrumentos, tintas e papel.

Rutka veio me visitar à tarde e fomos à Forbert para termos uma foto juntas como lembrança. O fotógrafo tirou um bom retrato: Anna, Rutka, Bronka e eu. Prometeram que ficaria pronta amanhã à tarde e que seria entregue na Pawiak. Também tive tempo para ir à escola e pedi ao conselheiro Poznanski que me desse um diploma do terceiro ano. O conselheiro não podia fazer isso, pois é preciso a assinatura do presidente Czerniakow, e ele estava muito ocupado hoje. Prometeu enviar meu diploma para a Pawiak em vinte e quatro horas.

Romek me visitou às oito horas (o toque de recolher só começa às dez). Recusou-se a acreditar que eu estava a ponto de partir para os Estados Unidos. Olhou-me estranhamente, como se tivesse a certeza de que nunca mais me veria. Andamos pela rua Chlodna. Hoje, com ousadia, tirei a minha faixa de braço. Afinal, oficialmente sou agora uma cidadã norte-americana. Romek apertou meu braço e ficou repetindo: "Sei que você não vai, é só uma brincadeira, não é? Você não vai me deixar sozinho, não vai". Os habitantes da rua me olhavam com curiosidade: "É a garota que vai para os Estados Unidos". Nessa rua todo mundo conhece todo mundo. Constantemente, pessoas se aproximavam e pediam-me para anotar os endereços de seus parentes norte-americanos e para dizer-lhes que fizessem o que fosse possível por suas famílias infelizes.

Agora é quase meia-noite. Mamãe está fazendo as malas. O apartamento está em uma terrível desordem. Estava cheio de gente até as dez horas. Todos vieram com o mesmo objetivo — dar-nos os endereços de seus parentes norte-americanos e pedir ajuda. Havia muitas mulheres com filhos, cujos maridos tinham ido à Feira Mundial de 1939 e ficaram nos Estados Unidos. Trouxeram-nos dúzias de fotografias. Foi uma despedida horrível. Pessoas soluçavam pela casa inteira e não acabavam os sinceros votos e abraços entre lágrimas.

Estou dizendo adeus ao gueto. Está escuro e silencioso por toda parte, mas me parece que, em algum lugar bem longe, há o som de soluços. Vejo o rosto de Romek diante de mim bem quando me disse adeus. Disse-lhe para ir embora, que seria melhor para nós dois... mas ele se recusou e, quando, afinal, a hora tardia obrigou-o a partir, não quis me dar a mão. "Eu sei", disse, "que se lhe der a mão direi 'até logo', e não quero dizer isso porque sei que nunca mais nos veremos". Fiquei espantada. "Então você não quer se despedir de mim, Romek?", censurei-o. "Você vai me deixar ir sem uma palavra de adeus após dois anos de amizade?"

A noite chegava. O céu ainda estava vermelho por causa do sol poente. Ficamos perto de uma parede, talvez juntos pela última vez. Vi seus olhos brilhando, como se houvessem acendido uma lâmpada neles. Parecia que ele ia se inclinar para me beijar, mas, no último momento, ele se conteve. "Não", disse, "não nos separaremos. Quero ver você. Quero ter você aqui comigo. Preciso ter você aqui. Você ficará. Ninguém vai tirar você de mim". Peguei sua mão. "Que espécie de bobagem você está falando?", disse. "Você não está feliz por eu poder ir? Não entende que posso salvar outros também, talvez você mesmo?"

Senti que se ficasse mais um minuto eu romperia em lágrimas. Virei o rosto e puxei minha mão. Ela ficou suspensa no ar. Romek também virou o rosto e disse, num tom resignado: "Adeus". Fiquei parada no mesmo lugar, incapaz de me mexer. Esperei que ele olhasse para trás, mas ele mergulhou na escuridão e desapareceu.

CAPÍTULO XII

OS PRIVILEGIADOS
VÃO PARA A PRISÃO

19 DE JULHO DE 1942

Este é só o terceiro dia de nossa internação na prisão Pawiak, mas mal posso acreditar que não estamos aqui há muito mais tempo, pois tantas coisas aconteceram durante esse curto período. Agora estamos adaptados às novas condições e nos sentimos pertencentes à mesma família das pessoas que dividem esse cômodo.

Minha última noite na rua Chlodna ainda está viva na minha memória. Fizemos nossos últimos preparativos com nervos tensos. Meu estado era de confusão total e tive de refazer minha maleta várias vezes. Fazia-me repetidamente a mesma pergunta: "Tenho o direito de me salvar e abandonar meus amigos mais íntimos a seu destino amargo?". Cada um de nós só tem permissão de levar uma maleta, e tive de ser cuidadosa ao escolher entre meus pertences. Porém, levei meus cadernos, minhas fotos, meus desenhos e minha faixa de braço.

Tio Abie ficou conosco à noite. Ele vai ficar com nossa mobília e as outras coisas que deixamos. Meu pai pegou seu *tallith*, seus filactérios e o pequeno volume dos Salmos dos quais ele não havia se separado por todos os lugares onde esteve durante a guerra. Fomos dormir às duas da manhã, mas mal peguei no sono e fui acordada pelo baru-lho de diversos tiros acompanhados por apitos da polícia soando perto de mim. Corri à janela. Meus pais tinham chegado antes de mim. Não vimos nada de diferente na rua, mas os disparos continuaram. O céu estava vermelho e, por um instante, achei que o prédio estava pegando fogo, mas era o nascer do sol, tão vermelho como o sangue que havia corrido nas ruas de Varsóvia nos últimos três anos.

Às sete da manhã, dois policiais judeus chegaram para nos escoltar até a Pawiak. Disseram-nos que a causa dos disparos havia sido o ataque de um grupo armado de pes-soas pertencentes ao movimento clandestino contra um estabelecimento que fabricava uniformes para o exército alemão. Imaginei se Romek havia tomado parte nesse ata-que, pois sabia que recentemente ele andava muito ativo no movimento clandestino, embora nunca me contasse qualquer detalhe a respeito.

Saímos de nossa casa com lágrimas nos olhos. Meus pais saíram na frente e ao lado deles estavam os dois po-liciais e tio Abie. Minha irmã Ann e eu vínhamos em se-guida. A srta. Sala, Bronka, Rutka e Vera, que tinham vin-do ao nascer do sol para passar as últimas horas conosco, acompanhavam-nos. Grupos de pessoas de todos os pré-dios vizinhos da rua Chlodna saíram e viram a procissão com olhos tristes.

Esse 17 de julho de 1942 foi uma sexta-feira ensolara-da. O céu estava do mais puro azul, completamente limpo daquela vermelhidão do começo da manhã, exatamente como o pavimento do gueto era lavado do sangue derramado durante a noite. Parecia-me que nunca havia tido um dia tão claro e bonito no gueto.

Fomos levados ao pátio da delegacia de polícia na rua Ogrodowa, onde encontramos cerca de setecentos cidadãos de vários países neutros europeus e do continente americano. Um comissário de polícia rapidamente verificou nossos documentos. Daí, um grupo de policiais, dispostos em duas fileiras, formou um círculo fechado ao nosso redor e nos ordenou que andássemos.

Reconheci um dos policiais — era Jozef Swieca, o noivo de minha amiga Inka. Ele veio me desejar uma viagem agradável. "Inka estava triste por não poder vir", disse. "E me pediu para lhe mandar lembranças. Espero que todos nos vejamos outra vez", acrescentou automaticamente, como se acreditasse no que havia dito.

Quando saímos para a rua, centenas de pessoas esperavam em ambos os lados da via. De repente, ouvi várias vozes gritando juntas: "Mary! Mary!". Vi Eva, Rena, Bronka e Vera Neuman tentando chegar até mim no meio da multidão. Vera e Rena conseguiram, e Rena me estendeu um saco de doces e uma carta. "Não se esqueça de nós!", gritou na minha direção. Eva, Rena e Bronka agitavam uma mão para mim e com a outra enxugavam os olhos. A srta. Sala seguiu-nos com a cabeça baixa, soluçando alto.

A multidão nos meios-fios crescia incessantemente. Todo mundo queria dar uma olhada nos afortunados setecentos cidadãos estrangeiros. Na esquina das ruas Zelazna e Leszno, a polícia se viu obrigada a usar seus cassetetes para dispersar o povo que impedia a passagem. De todos os lados vinham comentários: "É mau sinal vocês estarem sendo levados embora", dizia um. "É verdade, isso não pode nos trazer nada de bom", dizia outro, e um terceiro acrescentava: "Agora, estamos acabados".

Literalmente todos os moradores saudáveis do gueto estavam lá nessa manhã. Começando na esquina da rua Smocza, isto é, na parte mais povoada do gueto, estava completamente fechado o acesso à rua. Afinal, nossa procissão chegou à rua Dzielna e parou em frente ao portão da Pawiak, do outro lado da igreja. Os oficiais alemães que nos esperavam ordenaram que os policiais judeus fossem embora. Tio Abie, que havia nos ajudado a levar a bagagem, entregou-a rapidamente para nós e murmurou para minha mãe: "Como podem me deixar?".

Rompi em lágrimas. As palavras de tio Abie foram ditas em um tom que me abalou completamente. Mas não podíamos fazer nada. Minha mãe abraçou-o pela última vez, e eu também o abracei calorosamente.

Os alemães chamaram os nomes em ordem alfabética e ordenaram que cada um pegasse sua própria bagagem. Todos nós dissemos adeus a nossos amigos entre os policiais judeus e aos parentes próximos, que eram as únicas pessoas que podiam nos acompanhar até a Pawiak. Finalmente, os portões da prisão se abriram e ficamos atrás das grades. Os alemães nos contaram. Não sei se fizeram isso por medo de que alguém estivesse faltando ou de que alguém tivesse se esgueirado para esse paraíso atrás das grades de ferro. Fomos levados por vários corredores sinuosos até chegarmos ao grande pátio da prisão. Num dos cantos, vi prisioneiros trabalhando.

Havia uma mesa e cadeiras colocadas no pátio, e os oficiais alemães sentaram-se e abriram suas listas. Daí, o comissário-assistente Orf ordenou que os norte-americanos e britânicos formassem um grupo e os neutros, outro. Agora começava o verdadeiro registro. Cada nome foi lido diversas vezes, e a pessoa chamada tinha de ir até a mesa e responder perguntas. Quando chegou a minha vez, fui tomada pelo receio de que meu pai e eu poderíamos não ser reconhecidos como habilitados para troca. Aproximei-me da mesa com os joelhos trêmulos. Os alemães nos perguntaram por que só estavam registrados os nomes de minha mãe e de minha irmã. Minha mãe explicou que primeiro o comissário Nikolaus havia se recusado a registrar meu pai e eu, mas que depois essa ordem havia sido mudada. Sem dizer uma palavra, o oficial alemão colocou nossos nomes nos arquivos.

Depois do registro, uma mulher aproximou-se dos alemães e perguntou o que ela deveria fazer com seu filho doente que estava em um hospital do gueto. "Meu menininho está gravemente doente e tem febre alta", explicou. Os oficiais alemães responderam: "Ele deve ser trazido para cá imediatamente!". Essa resposta encheu-nos de espanto. Vários de nós expressaram a opinião de que alguma ação drástica contra os habitantes do gueto certamente era iminente.[1]

Fomos levados outra vez por corredores complicados. Por fim, o grupo de norte-americanos e britânicos foi encaminhado até uma construção térrea antigamente habitada por empregados da prisão. Fomos colocados em vários cômodos, dez pessoas por cômodo, homens e mulheres separados. Os outros cidadãos estrangeiros de países neutros, ocupados e sul-americanos foram trancados em celas de prisão, os homens no prédio central e as mulheres numa ala feminina especial, a chamada "Sérvia". Há boatos de que esses cidadãos estrangeiros serão transportados para o lado ariano e libertados. Não lhes foi permitido trazer nenhuma bagagem.

O quarto em que estou agora é no segundo andar. Tem de três a quatro metros quadrados de tamanho. Colchões de palha foram colocados no chão, ao longo de duas paredes — seis de cada lado. Não há nenhuma outra mobília. Devemos ficar aqui apenas por poucos dias. Pelo menos é o que nos disseram, mas ninguém acredita. Sei que minha amiga Bola passou duas semanas inteiras na Pawiak antes de ser levada para o campo de Liebenau.

Há treze mulheres e uma menina de 8 anos em nosso quarto. Minha mãe, minha irmã e eu ocupamos dois colchões juntos para formarem uma cama grande. Duas das mulheres são britânicas, as outras são norte-americanas. O apartamento todo inclui quatro quartos, uma cozinha e um banheiro. Dois dos quartos estão ocupados pelos homens. A funcionária que nos guarda tem um quartinho só para ela. Somos prisioneiros, mas temos o direito de passar livremente de um quarto para outro.

Na primeira noite de nossa prisão, lembramos a história desta cadeia e da façanha heroica de Jozef Pilsudski, que salvou dez prisioneiros que haviam sido condenados à morte aqui por juízes czaristas. Esse incidente serviu de tema para um dos melhores filmes poloneses, *Os dez prisioneiros da Pawiak*.[2]

20 DE JULHO DE 1942

Fomos convocados hoje para um novo registro, que ocorreu no pátio pequeno da prisão. Acontece que a maioria de nós é cidadã de várias repúblicas sul-americanas — só há vinte e um cidadãos dos Estados Unidos. Os outros, na ordem de sua importância numérica, são cidadãos do

Paraguai, Costa Rica, Nicarágua, Equador, Haiti, Bolívia e México.[3]

Assim, está claro que muitos judeus podem ser salvos do gueto com a ajuda de passaportes sul-americanos. Os alemães reconhecem a validade desses passaportes, embora seus donos não falem nem espanhol nem português. Parece que os alemães precisam de material humano para a troca por alemães internados nas repúblicas americanas. Como o mundo pode ser informado de que vidas humanas podem ser salvas com esses pedacinhos de papel?

No fim da tarde, houve uma terrível agitação entre os internos. Chegaram cartas de fora com notícias assustadoras. O gueto está em estado de pânico. A população espera uma deportação em massa de trezentas mil pessoas. O presidente Czerniakow e todos os líderes da comunidade tentaram acalmar as pessoas declarando que os alemães negaram oficialmente esses boatos. Mas o pânico aumentou quando se soube que a *Transferstelle* recebeu vários veículos de carga usados para transportar animais, veículos que há algum tempo estavam lotados de judeus transportados do gueto para vários campos de trabalho.

Aos olhos dos habitantes do gueto, a deportação é pior que a morte, pois significa morte depois das mais horríveis torturas e humilhações, e morte sem enterro. Os milhares de judeus que foram enviados para longe com os primeiros transportes desapareceram sem vestígios.

A notícia da deportação iminente abalou especialmente uma moça em nosso quarto que deixou seus pais e três irmãs mais novas no gueto. Ela fica deitada no seu colchão, resmungando palavras ininteligíveis.

O "serviço de informação" da Pawiak funciona bem; os guardas se deixam subornar sem dificuldades, mandam cartas para fora e trazem, além de dar-nos informações detalhadas do que acontece no gueto.

Na frente do nosso prédio fica a lavanderia da prisão, onde trabalham muitas prisioneiras. Perto, há uma cozinha em que as batatas são descascadas e os nabos, beterrabas e cenouras são lavados. Posso observar tudo isso de nossas janelas, algumas das quais dão para o pátio da prisão. As prisioneiras sentam-se em banquinhos e trabalham sem entusiasmo. Há mulheres de várias idades e aparências. Algumas têm feições inteligentes, mas parecem deprimidas e não há o menor sorriso em seus lábios. Às vezes, uma das prisioneiras morde rapidamente um pedaço de cenoura e olha em torno com uma expressão aterrorizada para ver se o guarda percebeu. Também observo os prisioneiros quando fazem seu passeio habitual no pátio, com as mãos atrás das costas.

Da outra janela, que dá para a rua Dzielna, vejo o policial em sentinela andando para a frente e para trás. Não há pedestres porque as ruas Pawia e Dzielna, que correm paralelas em ambos os lados dos prédios da prisão, estão fechadas para o tráfego.

Perto de nossa janela, vemos às vezes um policial judeu saindo dos n°s 27 a 31 da rua Dzielna, que é o Lar das Crianças do dr. Janusz Korczak.[4] Durante momentos de calma, ouço as doces vozes das crianças que moram ali, totalmente inconscientes do que está acontecendo à sua volta.

Há uma hora, um guarda ordenou que todos os britânicos fossem para o pátio com sua bagagem. Não sabemos se vão mesmo ser mandados embora. Enquanto isso, nosso quarto está com menos gente. De um lado, os colchões estão ocupados pela família W. — a mãe, uma filha, Rosa, e uma nora, Esther. Os dois cantos opostos são ocupados pela sra. H., pela sra. R. e por nós. Nos colchões restantes estão a sra. G., sua filhinha Alusia e uma garota, Gutta E. Cada uma de nós ocupa-se de modo diferente, mas todas estamos constantemente pensando em nossos parentes e amigos do gueto, que não podemos salvar do perigo mortal que paira sobre eles, a apenas alguns passos da nossa prisão.

21 DE JULHO DE 1942

Hoje, sessenta reféns foram trazidos para a prisão, entre eles membros importantes do Conselho de Anciãos e conhecidos médicos e engenheiros. Os mais destacados desses reféns são o engenheiro Jaszunski, o diretor educacional da comunidade, Abraham Gepner, o presidente do Departamento de Provisões, S. Winter, e o dr. Kohn.

O gueto está ainda em um estado de pânico. O grande desastre é esperado a qualquer momento. Guardas na-

Judeus contrabandeiam um saco de comida
para dentro do gueto de Varsóvia.

zistas percorrem as ruas atirando em pessoas sem motivo nenhum. A fome está cada vez mais terrível — a comida simplesmente sumiu. Meio quilo de pão custa agora doze zlotych. Todos nós na Pawiak vivemos no mesmo estado de pânico, e também estamos literalmente morrendo de fome. Nossas reservas acabaram. A comida que recebemos aqui consiste em um pouco de água fervida com um pedaço de batata ou de beterraba. Essas sopas são dadas duas vezes por dia, como almoço e jantar. De manhã, recebemos uma fatia de pão preto e água, que é chamada de "café". Mas isso não é nada comparado ao inferno fora dos portões da Pawiak.

22 DE JULHO DE 1942

Hoje, o gueto teve uma quarta-feira sangrenta. A catástrofe que todos esperavam aconteceu. As deportações e pogrons de rua começaram. Quando clareou o dia, patrulhas de lituanos e ucranianos lideradas pelos guardas de elite cercaram o gueto, e guardas armados foram colocados à distância de três metros entre um e outro. Qualquer um que se aproximasse dos portões ou se mostrasse em uma janela era fuzilado na hora. Os lituanos e ucranianos mostraram grande zelo nesse trabalho assassino. São animais altos e jovens, de 17 a 20 anos, especialmente treinados para essa tarefa por instrutores alemães.

Por muito tempo falou-se no gueto sobre a iminente substituição dos guardas alemães, sobretudo soldados veteranos, por jovens ucranianos e lituanos. Agora, esses boatos, nos quais geralmente não se acreditava, foram confirmados.

Na noite passada, as autoridades alemãs informaram a comunidade judaica de que todos os habitantes do gueto seriam transportados para o Leste. Só dezoito quilos de bagagem são permitidos por pessoa; todas as posses restantes serão confiscadas. Todos devem levar provisões para três dias. A deportação deve começar nesta manhã, às onze horas. A ordem isenta apenas os judeus empregados em fábricas e oficinas alemãs no gueto, bem como os funcionários das várias instituições do gueto. Isso inclui a força policial judaica, os funcionários da comunidade, os empregados do serviço de ambulâncias, as equipes dos hospitais, os agentes funerários e todos os possuidores de cartões de registro emitidos pelo Departamento do Trabalho que ainda não obtiveram postos de trabalho. As famílias dessas pessoas escolhidas também estão isentas da deportação.

A polícia judaica está encarregada da triste tarefa de manter a ordem durante a deportação e de empregar a força contra aqueles que se recusarem a obedecer.

O ponto de concentração da migração em massa situa-se na Umschlagplatz, na rua Stawki. Os alemães exigem três mil pessoas por dia para a deportação. O pânico no gueto é indescritível. Pessoas com embrulhos nas mãos correm de uma rua para a outra e não sabem o que fazer. Muitos estão tentando, no último instante, conseguir empregos nas fábricas alemãs de Toebens e Schultz, que ficam no gueto. Disseram-me que algumas pessoas pagam subornos de até mil zlotych por um desses empregos. Os próprios judeus tentam organizar grandes oficinas para confeccionar bens para os alemães, a fim de dar empregos às pessoas ameaçadas de deportação.

Hoje, a polícia judaica recolheu todos os mendigos das ruas e esvaziou os campos de refugiados. Esses infelizes foram trancados em vagões de carga sem comida nem água. Os transportes são enviados na direção de Brzesc, mas chegarão até lá? É duvidoso que todas essas pessoas famintas cheguem vivas ao seu destino; morrerão em seus vagões fechados. Em cada um, são reunidas cem pessoas. O guarda de prisão polonês que cochichou todos esses detalhes para nós tinha lágrimas nos olhos. Mora perto da rua Stawki e testemunhou terríveis cenas de pessoas sendo levadas para os vagões com chicotes, como se fossem gado.

Recebemos hoje um pacote de comida de tio Abie, no qual ele incluiu um bilhete. Felizmente para nós, ele está na força policial; de outra forma não teria sido admitido na rua Dzielna. Seu curto bilhete expressava desespero. Não podia aceitar a ideia de que, como policial, terá de ajudar na deportação, e está pensando em renunciar ao seu emprego. Mas, por outro lado, seu emprego protege-o da deportação. Quer saber o que pensamos a respeito.

De nossa janela, posso ver que alguma coisa diferente está acontecendo no Lar das Crianças do dr. Korczak. De vez em quando alguém entra e, poucos minutos depois, sai carregando uma criança. Devem ser os pais ou parentes das crianças, que nesse momento trágico querem estar com seus entes queridos. As crianças parecem limpas e estão vestidas com cuidado, embora pobremente. Quando me inclino para fora da janela, posso ver a esquina da rua Smocza. Ali há uma terrível confusão; pessoas correm para um lado e para o outro, como que possuídas. Algumas levam embrulhos, outras apertam as mãos.

A rua Dzielna deve ter sido aberta para o tráfego, porque, de repente, muitos pedestres apareceram ali, e até agora ela estava vazia. Muitas vezes posso ver famílias inteiras, pais com filhos, mães com bebês no colo e as crianças maiores seguindo-os. Deve haver muitos judeus que se apresentam voluntariamente para a deportação — aqueles que não têm outro jeito de sair e nenhuma possibilidade de se esconder. Os alemães dão um quilo de pão para cada pessoa e prometem-lhes melhores condições de trabalho. Mas esses voluntários desesperados não preenchem a cota de três mil pessoas por dia. A polícia deve providenciar o resto, usando a força. Arrastam suas vítimas para fora de suas casas ou as capturam nas ruas.

CAPÍTULO XIII

AS CRIANÇAS
VÃO PASSEAR

24 DE JULHO DE 1942

O presidente Adam Czerniakow cometeu suicídio. Fez isso na noite de ontem, 23 de julho. Ele não conseguia sustentar sua terrível carga. Segundo os boatos que chegaram até nós, tomou sua trágica decisão quando os alemães exigiram o aumento dos contingentes de deportados. Não viu outra saída a não ser deixar este mundo horrível. Seus colaboracionistas mais próximos, que se encontraram com ele pouco antes da morte, dizem que ele demonstrou grande coragem e energia até o último instante.

A comunidade elegeu um novo presidente para substituir Czerniakow. É o velho Lichtenbaum, cujo filho, o engenheiro Lichtenbaum, é diretor do Departamento de Construção da comunidade.

Um novo grupo de reféns, membros do Conselho de Anciãos, foi trazido hoje para a Pawiak.

Szerynski é de novo o chefe da polícia do gueto, apesar de ter sido preso pelos alemães em fevereiro deste ano.

Um grande número de judeus conseguiu passar para o lado ariano, não obstante a guarda reforçada. Diz-se que uma unidade armada da resistência judaica liquidou um posto de sentinelas alemãs perto de um dos portões, permitindo a fuga de um grande grupo de judeus.

AGOSTO DE 1942

Atrás do portão da Pawiak, experimentamos todo o terror que existe lá fora no gueto, pois nas últimas noites não conseguimos dormir. O barulho dos disparos e os gritos de desespero estão nos enlouquecendo. Tenho de reunir todas as minhas forças para escrever estas anotações. Perdi a noção do tempo e não sei que dia é hoje. Mas o que importa? Estamos aqui numa ilhazinha em meio a um oceano de sangue. Todo o gueto está afogado em sangue. Literalmente, vemos sangue humano fresco, podemos cheirá-lo. Será que o mundo lá fora sabe alguma coisa sobre isso? Por que ninguém vem em nossa ajuda? Não consigo continuar vivendo; minhas forças se exauriram. Por quanto tempo vamos ser mantidos aqui testemunhando tudo isso?

Há alguns dias, um grupo de neutros foi tirado da Pawiak. Aparentemente, os alemães não conseguiram usá-los para troca. Da minha janela vi vários caminhões cheios de pessoas e tentei encontrar rostos conhecidos entre elas. Um pouco mais tarde, o guarda da prisão veio ofegante e nos disse que os cidadãos judeus de países europeus neutros haviam acabado de ser enviados para a Umschlagplatz para serem deportados. Então, nossa vez pode chegar logo. Espero que seja bem logo. Essa espera é pior que a morte.

Os alemães bloquearam ruas inteiras no gueto. Desde que as dez mil pessoas exigidas por dia não se apresentaram, os nazistas estão usando a força. Cada dia eles cercam uma rua, fechando todas as saídas. Entram nos apartamentos e verificam os cartões de trabalho. Os que não possuem o documento necessário ou que, segundo a avaliação dos alemães, não têm qualificação para trabalhar, são levados imediatamente. Os que tentam resistir são executados na hora.

Bem agora, enquanto escrevo isto, acontece um desses bloqueios na rua Nowolipie, a só dois quarteirões da nossa prisão. Já dura dois dias. A rua está completamente fechada; só os policiais judeus podem usá-la.

As mulheres e filhos dos homens empregados nas fábricas alemãs do gueto estão oficialmente isentos de deportação, mas a isenção só funciona no papel. Na verdade, um marido que volta para casa do trabalho muitas vezes descobre que toda a sua família foi levada embora. Ele corre desesperado para a rua Stawki para achar seus parentes, mas, em vez de poder resgatá-los, ele mesmo é, muitas vezes, empurrado para dentro de um dos vagões de gado.

As fábricas alemãs do gueto funcionam agora doze horas por dia, com só uma hora de descanso. Os trabalhadores recebem cerca de um litro de sopa aguada e cem gramas de pão por dia. Mas, apesar da fome e da escravidão, esses trabalhadores estão entre os mais afortunados do gueto, pois seus empregos nos protegem da deportação.

O Lar das Crianças do dr. Janusz Korczak agora está vazio. Há alguns dias, ficamos todos nas janelas e vimos os alemães cercarem as casas. Filas de crianças, de mãos dadas, começaram a sair pela porta. Havia pequenininhos de 2 ou 3 anos entre eles, enquanto os mais velhos tinham uns 13 anos. Cada criança carregava um pequeno embrulho na mão. Todos usavam aventais brancos. Andavam em duas fileiras, calmos e até sorrindo. Não tinham a menor ideia do seu destino. No final da procissão, vinha o dr. Korczak, que cuidava para que as crianças não andassem na calçada. De vez em quando, com solicitude paternal, ele acariciava a cabeça ou o braço de uma criança, recolocando-a na fila. Ele usava botas de cano alto, com as calças enfiadas nelas, um casaco de alpaca e um quepe azul-marinho, o chamado quepe Maciejowka. Andava com passo firme e era acompanhado por um dos médicos do Lar das Crianças, que usava seu avental branco. Essa triste procissão sumiu na esquina das ruas Dzielna e Smocza.[1] Foram em direção à rua Gesia, para o cemitério. Chegando lá, todas as crianças foram executadas. Nossos informantes disseram também que o dr. Korczak foi obrigado a testemunhar as execuções e que ele próprio foi morto depois.

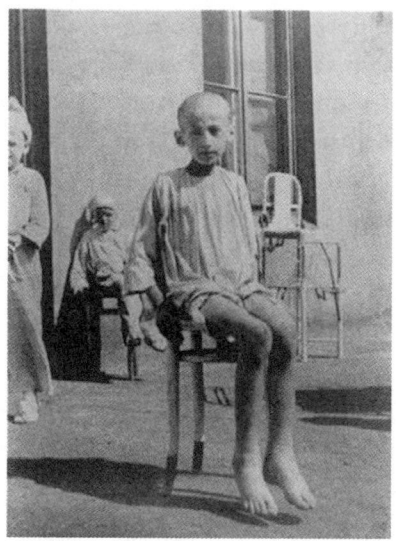

Uma das diversas crianças desnutridas tratadas
no hospital judeu infantil Berson e Bauman, na rua Sliska.

Assim, morreu um dos homens mais puros e nobres que já viveram. Ele era o orgulho do gueto. Seu Lar das Crianças dava-nos coragem, e todos nós doávamos de bom grado parte de nossos escassos bens para apoiar o lar modelo organizado por esse grande idealista. Ele devotou toda a vida, toda sua obra criativa como educador e escritor, às crianças carentes de Varsóvia. Até o último instante, ele se recusou a ser separado delas.

A casa está vazia agora, a não ser pelos guardas que ainda estão limpando os quartos das crianças assassinadas.

Ontem, vi um destacamento de ucranianos e "shaulistas" (lituanos) completamente armado e com capacetes correndo pela rua Dzielna. Tudo estava tranquilo quando, de repente, ouviu-se o tropel de botas. Os homens corriam com baionetas fixas, como em um ataque na linha de frente. Os que estavam no fim do destacamento seguravam machadinhas, como as que são usadas para quebrar as portas dos apartamentos com barricadas. Essas bestas muitas vezes usam as machadinhas também contra seres humanos. Os lituanos são os piores de todos.

Durante as duas últimas semanas, mais de cem mil pessoas foram deportadas do gueto. O número dos assassinados também é muito grande. Todos que podem tentam conseguir um emprego nas fábricas alemãs de Toebens, Schultz e Hallman. Quantias fantásticas são pagas por um cartão de trabalho.

Nossa família de internos na Pawiak agora conta com sessenta e quatro pessoas. Unidos por nosso destino comum e desconhecido, tentamos organizar nossas vidas sombrias e infelizes da melhor forma possível. Elegemos um representante, o sr. S., que de vez em quando discute nossas questões com o comissário Nikolaus. Esse cavalheiro é cidadão da Costa Rica. Fala um alemão excelente e sabe como lidar com o comissário. Duas vezes por semana, temos permissão de usar o telefone da prisão para nos comunicarmos com o quartel-general da Gestapo em Aleja Szucha. Nemetz, imediato de Nikolaus, oficial da guarda de elite, nos visita com frequência. Em geral, podemos vê-lo chegando pela nossa janela e arrumamos as coisas com pressa. O sr. S. anota rapidamente os nossos pedidos e, quando Nemetz chega, tem uma lista pronta.

Nemetz tenta desempenhar um papel de cavalheiro, exatamente como todos os outros funcionários alemães que tratam conosco. Sempre promete satisfazer nossos pedidos, que geralmente são muito modestos — por exemplo, pedimos para que a palha dos nossos colchões seja trocada, ou que nossos quartos sejam desinfetados ou que sabonete ou comida melhor nos seja dado. Mas Nemetz nunca cumpre suas promessas. Ele é polido; aparentemente, houve uma ordem superior para se comportar de modo cortês com os cidadãos norte-americanos. Quando vai embora aperta a mão do sr. S., sorri para todos e promete nos visitar dali a alguns dias.

Assim passam as semanas. Só temos permissão de sair para o pátio da prisão uma vez por dia. Andamos por uma hora entre a lavanderia e nosso prédio e, durante esse tempo, somos guardados por dois ucranianos. Um fica perto do portão que separa nosso edifício da "Sérvia", ou prisão das mulheres; o outro muitas vezes nos acompanha e ouve nossas conversas.

Os guardas ucranianos são frequentemente substituídos. Eles também devem ter recebido ordens para serem polidos conosco. Há uma diferença notória no seu comportamento conosco e com os outros prisioneiros, que muitas vezes tratam com palavrões e nos quais batem até tirar sangue. Na verdade, esses animais chegam a sorrir para nós.

O passeio diário começa às cinco da tarde. Às seis, um dos ucranianos declara em seu cômico jargão germano-ucraniano: "Spazier skinchini!" (passeio terminado). Então, voltamos aos nossos colchões.

A noite passada foi horrível. Estava mais abafado do que nunca. Deitamos nus em nossos colchões de palha. A atmosfera estava tão densa que quase se podia cortá-la com uma faca. Pela janela, podia-se ver uma mancha de céu azul e umas poucas estrelas. Não vinha o menor barulho da rua. Nenhum de nós conseguiu dormir.

Perto das onze horas, ouvimos de repente o ruído pesado de uma tranca se abrindo, e duas pessoas entraram por um dos portões da prisão. Os passos pesados das botas de soldado distinguiam-se claramente dos passinhos de uma mulher. Os passos se aproximavam cada vez mais de nossas janelas. Ouvimos então a voz chorosa de uma mulher e várias palavras pronunciadas com sotaque iídiche-alemão: "Lieber Herr... Lieber Herr...". Mas de repente essas palavras foram abafadas pelo som de tiros de revólver. O primeiro tiro ressoou alto perto de nossa janela, o segundo foi mais baixo, e o terceiro junto ao pavimento, como se o soldado atirasse na infeliz mulher já caída no chão. Daí ouvimos ruídos abafados, que poderiam ser pontapés, e então, finalmente, houve silêncio.

Esther W., que estava deitada perto da janela, espiou cuidadosamente para a rua. A vítima jazia na sarjeta. O soldado alemão andou rapidamente até o policial polonês de sentinela do outro lado do portão, falou com ele e depois foi embora. O policial polonês começou a andar para a frente e para trás, com passos regulares, embaixo da nossa janela. Talvez para ganhar coragem, começou a assobiar a mesma música repetidas vezes. Na rua deserta, havia um som estranhamente triste.

Cerca de quinze minutos depois, chegou um carrinho da agência funerária Pinkiert. Ouvimos o barulho seco feito pelo cadáver colocado no caixão. Então, as rodas do carrinho rolaram sobre o chão pedregoso. O policial polonês continuou assobiando a mesma música triste por muito tempo. Era o único som na escura noite de agosto. Ninguém disse uma palavra em nosso quarto.

Os disparos e os gritos vindos das ruas estão nos enlouquecendo aos poucos. As noites são horríveis. Na noite passada, cerca de quarenta pessoas foram liquidadas sob nossas janelas. Todas eram homens. O morticínio durou duas horas ou mais. Os assassinos acabaram com suas vítimas com chutes e coronhadas. O carrinho da Pinkiert fez várias viagens. De manhã, pudemos ver o zelador do edifício ao lado da prisão esfregando a calçada e jogando água com uma mangueira de borracha. As manchas de sangue teimavam em ficar e, apesar de ele esfregar muito, a calçada ainda tinha uma cor amarelada.

Os pogrons continuam; as ruas ainda estão bloqueadas. Os sádicos nazistas ainda não estão satisfeitos.

O massacre no pátio da Pawiak também continua. Assim que a noite cai, começam as execuções. O antigo comandante da prisão está de licença, e seu imediato, Bürckel, é uma das piores bestas nazistas. Todos os prisioneiros conhecem bem esse sádico. Às vezes ele nos visita, dando passos lentos de um quarto para o outro, sorrindo o tempo todo. Não fala muito, mas fulmina cada um de nós com seu olhar.

Um dia, ele veio ao nosso quarto quando a sra. W. estava deitada inconsciente por causa de um ataque de nervos. Começou a falar com ela e, como ela não respondeu, passou a gritar. A mulher ainda não respondia. Então, ele se acalmou e, virando-se para nós, começou a fazer declarações filosóficas sobre o problema judeu e a situação política. "A Alemanha é tão pequena", disse, esboçando com o dedo as fronteiras de sua terra natal na parede, "e os Estados Unidos são tão grandes!", e seu dedo fez um grande círculo no ar. "Mas os alemães conquistarão os Estados Unidos também; estaremos ali antes de vocês, antes de serem trocados."

Nenhum de nós respondeu. Ele acompanhou cada palavra com um golpe do seu chicote de montaria nas suas botas brilhantes e de cano alto. De vez em quando ele golpeava o ar com o chicote, e tive a sensação de que gostaria de acertar alguém. Mas se controlou e foi embora batendo no ar, sem dúvida para nos fazer sentir seu poder.

Esta manhã, antes da sua visita, vi-o pela janela expulsando um gato no jardim do antigo lar de crianças. Ele corria como um doido entre os arbustos, procurando o gatinho, que de repente sumiu. Ele sacou o revólver e começou a atirar com selvageria.

A rua Dzielna não está mais vazia. Grandes grupos de trabalhadores, liderados por seus supervisores, marcham constantemente rumo aos vários campos de trabalho. O Lar das Crianças de Korczak foi transformado em um depósito de várias mercadorias e mobília. Sapatos e roupas também são trazidos para cá — aparentemente as posses dos assassinados.

Os alemães esvaziam sistematicamente os apartamentos dos quais escorraçaram os judeus. Um grande número de pessoas foi empregado para selecionar os objetos saqueados. Ontem, vimos várias dúzias de mulheres limpando os quartos do Lar das Crianças. No terceiro andar de frente, em um dos quartos do meio, arrumaram um escritório para o alemão que supervisiona a seleção. Vi mobília sendo posta ali; colocaram um vaso de flores na escrivaninha. Quase tive um ataque de histeria quando, entre as mulheres que estavam esfregando o chão e as janelas, de repente reconheci Edzia, e pouco depois, vi Zelig Zylberberg conversando com ela. Perceberam-me também e, assim que o supervisor alemão deixou o lugar, começaram a conversar comigo. Disseram-me que haviam se casado há duas semanas e que muitos dos seus amigos compareceram ao casamento. A cerimônia aconteceu exatamente quando a rua deles, a Nizka, foi bloqueada pelos nazistas. "Foi difícil achar um rabino", gritou Edzia para mim. Zelig trabalha como supervisor, e isso os protege da deportação.

Pude conversar com ela pela janela por algumas horas, com interrupções. Ela me contou que, no primeiro dia das deportações, Edek Wolkowicz foi morto a tiros na Umschlagplatz por se recusar a entrar num vagão de gado. Ola Szmuszkiewicz foi deportada com a mãe. Os alemães separaram os homens e as mulheres saudáveis dos idosos e crianças, que foram mandados em vagões fechados para um destino desconhecido. Ola foi considerada capaz de trabalhar, mas ela se recusou a ser separada da mãe e correu para o vagão fechado a fim de se juntar a ela. Marysia Eisenstadt foi morta quando tentou se juntar aos pais em um vagão de gado. O "rouxinol do gueto" agora se calou para sempre.

Romek está vivo e bem de saúde. Ainda trabalha como supervisor na construção dos muros do gueto. É vizinho de Zelig e Edzia na rua Nizka. Zelig prometeu que logo me trará uma carta dele. Isso não é fácil porque ninguém tem permissão de andar livremente pelas ruas, e os trabalhadores empregados em um determinado bairro devem morar nesse mesmo bairro. Às sete e meia da manhã, todo o grupo marcha junto até um ponto de encontro, e, às sete da noite, voltam para o mesmo lugar. É muito difícil encontrar alguém que more em um bairro diferente. Mas Zelig tem mais liberdade por ser supervisor. Porém, sai o mínimo possível por causa dos disparos constantes.

Reconheci outras pessoas entre os trabalhadores empregados do outro lado da rua. O irmão de Edzia Piaskowska chefia um grande grupo de trabalhadores no Lar das Crianças. Zelig é supervisor no prédio ao lado do nosso, no nº 24 da rua Dzielna. No térreo dos nºˢ 27 a 31 da rua Dzielna,

Judeus do gueto de Varsóvia aguardam para embarcar em um trem para deportação em Umschlagplatz.

estão sendo organizados os produtos farmacêuticos. Podemos ver os empregados arrumando frascos, potes, caixas e diversos recipientes de vidro — tudo isso vem das farmácias saqueadas do gueto. Em uma das janelas do andar térreo vi um dos meus antigos professores da escola de design gráfico. Ele me olhou várias vezes e sorriu amargamente. O que estava pensando? Sua aluna está atrás das grades e ele trabalha sob o chicote nazista.

Alguns dos internos recebem pacotes do gueto, que suas famílias ou amigos trazem aos portões da prisão. A maioria dos pacotes vem para Gutta E. Sua mãe os envia por meio de um policial que conhecem. Cada pacote contém uma carta comprida de um amigo íntimo, um certo sr. Z., que é funcionário da comunidade. Ele nos informa a todos sobre os acontecimentos do gueto. Assim, por meio dele e de outros, temos relatos bem detalhados. Não passa nenhum dia sem que várias cartas cheguem ao nosso grupo.

19 DE SETEMBRO DE 1942

Minha mãe fica deitada o dia todo no seu colchão; ela está tão faminta que não consegue se mexer. Ann é como uma sombra, e meu pai está terrivelmente magro, pele e osso. Eu pareço suportar a fome melhor que os outros. Apenas cerro meus dentes quando a sensação corrosiva começa no meu estômago. À noite, começo a esperar pela manhã seguinte, quando nos dão cento e vinte gramas de pão e a água amarga que é chamada de café. Espero então o almoço ao meio-dia, quando recebemos nossa primeira sopa, um prato de água quente com alguns grãos de *kasha*. Depois, espero de novo, com impaciência, pela noite, quando trazem nosso segundo prato de água quente com uma batata ou beterraba. Os dias são infindos, e as noites ainda piores, cheias de pesadelos. Os fuzilamentos continuam, centenas de pessoas morrem diariamente. O gueto está banhado em sangue. Pessoas marcham constantemente ao longo da rua Dzielna rumo à Umschlagplatz na rua Stawki. Nenhum trabalho ou ocupação é mais uma proteção completa. Recentemente, até as famílias dos empregados têm sido deportadas, sobretudo mulheres e crianças.

Algumas semanas atrás, os nazistas começaram a capturar as esposas e os filhos dos homens que trabalham em Toebens e Schultz. Quem não está trabalhando é levado impiedosamente. Pais agora levam seus filhos ao trabalho ou os escondem em algum buraco.

Agora a comida é mais barata no gueto. Recentemente, meio quilo de pão custava quarenta zlotych, mas agora só custa vinte zlotych. Há menos bocas para alimentar.

20 DE SETEMBRO DE 1942

Houve menos fuzilamentos hoje. A resistência está fraquejando. Gente faminta e exausta ainda aflui a Umschlagplatz.

Hoje, o engenheiro Lichtenbaum e seu amigo First, um alto funcionário da comunidade, vieram em um carro visitar seus amigos internos na Pawiak. Receberam permissão especial para nos visitar e, por meio deles, soubemos vários detalhes sobre a campanha de extermínio.

No momento em que o pogrom em massa em Varsóvia passou a diminuir, os alemães começaram um massacre nas cidadezinhas em volta da capital. Ontem, acabaram sua "campanha" em Otwock, onde ninguém sequer foi deportado. Alguns dos judeus fugiram para os bosques vizinhos, onde ainda se escondem. À noite, vão buscar comida nas aldeias próximas.

O engenheiro Lichtenbaum perguntou à sra. W. se algum dos funcionários da prisão havia lhe dito o que os nazistas planejavam fazer no gueto de Varsóvia. Que coisa absurda, ele, um alto funcionário da comunidade, perguntar-nos o que vai acontecer aos sobreviventes no gueto! Será que há alguma dúvida depois do que aconteceu diante de nossos olhos? Mas todo mundo pergunta a todo mundo, esperando ouvir uma palavra de esperança.

Segundo Lichtenbaum e First, mais de duzentos mil judeus foram deportados e mais de dez mil foram mortos. Assim, ainda permanecem no gueto cerca de duzentos mil pessoas.

O movimento clandestino tornou-se mais ativo do que nunca. Penas de morte são aplicadas não só contra os nazistas, ucranianos e lituanos que assassinaram a população durante os dias sangrentos, mas também contra os poucos judeus que permitiram serem usados como instrumentos nazistas durante o massacre. O coronel Szerynski e vários funcionários da comunidade agora estão na lista negra. Sabem disso e não se atrevem a aparecer nas ruas sem guarda-costas armados.

Os alemães, por seu lado, liquidam todos os colaboracionistas que não podem usar mais. Atiram neles sem cerimônia, e seus cadáveres são achados, muitas vezes, nas ruas. Recentemente, os agentes da Gestapo Erlich e Markowicz, assim como os desenvolvedores dos bondes do gueto, Kohn e Heller, encerraram suas carreiras fantásticas dessa forma.

Os massacres levaram os líderes da resistência a um empenho maior. Os jornais ilegais multiplicam-se, e alguns deles chegam até nós mesmo aqui na Pawiak. Estão cheios de bons relatos dos fronts de batalha. Os aliados venceram no Egito, e os russos estão rechaçando o inimigo em Moscou. Os jornais explicam o significado das deportações e contam o destino dos judeus deportados. A população é estimulada a resistir com armas na mão e prevenida contra sentimentos derrotistas e contra a ideia de que somos completamente indefesos contra os nazistas. "Vamos morrer como homens e não como carneiros", termina uma declaração em um jornal chamado *Às armas!*.

A situação melhorou um pouco nos últimos dias de agosto, e algumas pessoas começam a mostrar uma visão otimista do futuro. Mas isso foi só a calmaria antes da tempestade. Em 3 e 4 de setembro, os alemães começaram a bloquear as oficinas organizadas pela comunidade. Guardas de elite, acompanhados por lituanos e ucranianos, entraram nas lojas e levaram várias dúzias de pessoas de cada uma, alegando que precisavam de trabalhadores qualificados. Esses trabalhadores, mais de mil, foram levados à rua Stawki e deportados para o campo de Treblinka.

Agora se sabe que a maioria dos deportados é enviada a Treblinka, onde são mortos com a ajuda de máquinas que os alemães testam para objetivos bélicos. Mas ninguém sabe de detalhes.

Em 5 de setembro, as fábricas alemãs de Toebens e Hallman foram fechadas e um número grande de trabalhadores foi deportado.

No domingo, 6 de setembro, a força policial judaica recebeu ordem de se preparar para outra campanha. Isso veio depois de uma declaração publicada pela comunidade em nome da Comissão de Reinstalação, segundo a qual todos os habitantes restantes do Grande Gueto (dentro dos limites das ruas Smocza, Gesia, Zamenhof e Szczesliwa e da praça Parisowski) teriam de se apresentar em 5 de setembro para registro. O texto, impresso em alemão e polonês, continha um aviso de que todo mundo precisaria levar comida para dois dias e que todos os apartamentos não deveriam ser trancados. "Aqueles que não se apresentarem na ocasião serão mortos", concluía a ordem.

A área definida na ordem foi cercada de arame farpado e corda grossa. Na verdade, formava uma Umschlagplatz ampliada. O registro começou às onze da manhã e continuou por uma semana, até sábado, 12 de setembro.

O objetivo do registro era procurar os que estavam escondidos, e as esposas, filhos e pais dos judeus ainda empregados nas fábricas do gueto. Um grande número de pessoas fez barricadas e ficou nos seus apartamentos, preferindo morrer em casa do que nos campos.

Unidades completas de guardas de elite e lituanos visitaram os apartamentos na área sujeita ao registro e mataram todos os que encontraram. Diversos judeus fortificaram-se em porões, depois de armazenarem comida e água. Túneis compridos foram construídos sob as ruas do gueto. Agora havia realmente um gueto clandestino. Muitas pessoas se esconderam em casas bombardeadas, esperando que não ocorreria aos alemães revistar as ruínas. A matança continuou pela semana inteira. Nesse tempo, mais de cinquenta mil homens, mulheres e crianças foram levados a Treblinka.

A polícia judaica ocupa agora todo um quarteirão nas ruas Ostrowska e Wolynska. Todos os policiais judeus e suas famílias receberam ordem de deixar seus antigos apartamentos nos vários bairros do gueto e ocupar os apartamentos dos deportados, agora vazios e saqueados. Aparentemente, os alemães querem que a polícia judaica concentre-se em um lugar. Há boatos de que a força policial judaica logo será muito reduzida.

Por vários dias, não tivemos notícias de tio Abie, embora agora ele more bem perto de nós; são só uns poucos passos da Pawiak até a rua Wolynska. E Edzia não trabalha mais no antigo Lar das Crianças. Imagino o que lhes aconteceu.

CAPÍTULO XIV

O FIM DA
POLÍCIA JUDAICA

22 DE SETEMBRO DE 1942

Ontem foi o Dia da Expiação e, nesse dia sagrado, os nazistas, como de hábito, decidiram fechar as ruas Ostrowska e Wolynska. Dos dois mil e quinhentos policiais, selecionaram trezentos e oitenta para prosseguir o serviço e mais de dois mil outros foram deportados, com suas famílias.

Achamos significativo que, nesse dia, Varsóvia foi bombardeada por aviões soviéticos, que vieram com maior força do que nunca.

Uma sinagoga temporária foi organizada no quarto dos homens. Tínhamos sentinelas, substituídas a cada quinze minutos, para avisar se os nazistas vinham nos visitar. Mas ninguém veio. As mulheres rezaram com os homens. Madame Sh., a esposa do grão-rabino de Varsóvia, ficou de pé perto do altar improvisado e rezou com um tom emocionado. De vez em quando ela esfregava as mãos e vi seus olhos se encherem de lágrimas. Então, de repente, ela começou a soluçar alto, e todos os presentes choraram com ela.

Em uma mesinha, coberta com um pano branco, havia duas velas em um prato de lata virado. Só alguns dos homens usavam *talliths*, mas o resto também orou de todo o coração. Primeiro, podia-se ouvir as palavras pronunciadas pelo cantor, mas logo tudo se mesclou em um lamento e em soluços. Fomos para nossos quartos às oito horas, quando os guardas vieram nos trancar para a noite.

Em meio a nossas preces, ouvi de repente o barulho de tiroteios e gritos contínuos de desespero. Eram onze horas, e os nazistas acabavam de começar seu bloqueio do quarteirão ocupado pelos policiais e suas famílias. Pensei em tio Abie e em sua mulher. De repente, alguém notou chamas subindo da igreja do lado oposto das nossas janelas. Depois de algum tempo, alguns carros de bombeiro chegaram ao local, e o fogo foi apagado.

Ao cair da noite, vimos incêndios em vários lugares da cidade e, então, de repente as sirenes das fábricas começaram a soar, anunciando um ataque aéreo iminente. Logo veio o barulho de tiros e explosões de bombas. Não ouvíamos detonações com tanta força há muito tempo. A escuridão total sobre a cidade era cortada por foguetes. Centenas de bombas explodiram no ar. Minha mãe, Ann e eu nos juntamos e trememos, como todos no prédio da prisão. Parecia-nos que os aviadores estavam mirando a prisão e ouvimos claramente bombas caindo nas ruas adjacentes: Nowolipie, Nowolipki, Nalewki, Gesia. Uma bomba caiu no pátio da prisão, apenas a uma curta distância de nosso edifício, e sua explosão abalou tão fortemente as paredes que, por um instante, achamos que iriam desabar.

Pensei que seria horrível ser morta aqui por uma bomba dos inimigos de Hitler, mas ao mesmo tempo não podia reprimir minha satisfação ao ver os nazistas bombardeados no mesmo dia em que organizaram uma perseguição contra os judeus.

O bombardeio durou a noite toda. Novos aviões chegavam incessantemente com novas cargas de bombas. O toque de "tudo limpo" não soou até que desse cinco da manhã. O *Nowy Kurier Warszawski* publicou hoje só algumas linhas sobre esse ataque aéreo. Segundo esse jornal nazista, não foi atingido nenhum objetivo militar. Mas soubemos que na verdade muitas instalações militares foram completamente demolidas. No gueto, o tribunal da rua Leszno e o hospital foram atingidos e vários prédios em torno da Pawiak foram destruídos, mas a maioria das bombas caiu nos aeroportos em torno de Varsóvia e na principal estação ferroviária.

29 DE SETEMBRO DE 1942

A área do gueto foi muito reduzida. Seus limites agora seguem ao longo das ruas Smocza, Gesia, Franciszkanska, Bonifraterska, Muranowska, Pokorna, Stawki, Dzika e Szczesliwa, mais a praça Parysowski. Todas as instituições da comunidade e oficinas remanescentes receberam ordem de se mudar para a nova área. Essa ordem das autoridades alemãs tinha a data de 27 de setembro. Os muros que cercam o novo bairro terão 2,7 metros de altura. A polícia judaica deve manter a ordem durante a transferência. As fábricas que não puderem ser mudadas serão cercadas por muros especiais, e os trabalhadores terão de morar em prédios vizinhos. O trabalho será supervisionado pelo *Werkschutz*, formado por ex-membros da polícia judaica.

Várias fábricas com seus trabalhadores judeus continuam fora do gueto reduzido, nas ruas Leszno, Karmelicka, Nowolipki, Smocza, Nowolipie e Zelazna — essas são as

fábricas de Toebens, Schultz, Roerich, Hoffman, Schiling
e Hallman. Toebens também tem fábricas preservadas nas
ruas Ciepla, Twarda, Prosta e Ceglana. Certas empresas
recorreram ao esquema de marcar seus trabalhadores com
carimbos, a fim de torná-los mais facilmente reconhecíveis
durante os bloqueios, protegendo-os assim da deportação.
Os trabalhadores são "carimbados" em diversas partes do
corpo, para que os caçadores nazistas não cometam erros.

Para serem carimbados, os trabalhadores devem pagar
uma taxa de três zlotych por dia, que é deduzida dos seus
salários. Também pagam dois zlotych por dia pela comida que recebem nas fábricas. Cada trabalhador deve agora
usar um número e o distintivo de sua fábrica. Diz-se que
todas essas fábricas empregam agora quase trinta mil trabalhadores judeus escravos. A comunidade emprega cerca
de três mil pessoas.

Todos os dias os nazistas vêm à comunidade com novas exigências. Pedem todo tipo de coisas, por exemplo,
café, chocolate e outras iguarias inexistentes.

1º DE OUTUBRO DE 1942

O gueto nada mais é que um enorme campo de trabalho. Durante o dia, as ruas ficam quase vazias. Só há
tráfego às seis da manhã, quando as pessoas vão para o
trabalho. Pelas janelas podemos ver homens e mulheres
saindo de suas casas e se apressando até os diversos pontos
de reunião, dos quais marcham em formação militar para
as fábricas. São levados em filas de quatro e são acompanhados por membros da *Werkschutz* e patrulhas alemãs.
Depois das oito da manhã, é raro ver um homem nas ruas
do gueto. Do meio-dia à uma, há um intervalo para almoço. Um grande caldeirão é trazido para o pátio da fábrica,

e os trabalhadores fazem fila com tigelas nas mãos para receber sua sopa rala.

Depois das sete da noite, as ruas se enchem de novo com trabalhadores apressados rumo aos seus apartamentos. Mais tarde, ninguém ousa sair, pois as patrulhas alemãs espreitam por toda parte.

Assim é a vida no gueto agora. Nosso povo vive absolutamente à sombra da morte, mas cada um pensa que, apesar de tudo, deve conseguir resistir a tudo isso e sobreviver. Sem essa esperança que vem de alguma fonte milagrosa, os judeus sobreviventes no gueto cometeriam suicídio em massa.

Todas as noites há bombardeios de aviões soviéticos. As explosões fazem tremer as paredes da Pawiak. Agora já estamos tão acostumados a esses bombardeios que os esperamos com ansiedade: são como uma saudação do mundo livre. Os aviões vêm toda noite mais ou menos na mesma hora, por volta das onze horas, e o toque de "tudo limpo" não soa antes das duas da madrugada.

Mas o mais horrível são os constantes apitos e tiroteios da guarda de elite, que duram a noite inteira — pois a perseguição no gueto ainda continua.

2 DE OUTUBRO DE 1942

Vi hoje minha amiga Edzia pela janela. Parece que ela está trabalhando outra vez no antigo Lar das Crianças. Durante a hora de almoço, quando o policial polonês e os guardas alemães que patrulham a Pawiak viraram para a rua Wiezienna, seu marido Zelig jogou uma carta de Romek para mim. Abri a nota com mãos trêmulas. Era a primeira notícia que tinha dele em quatro meses.

Ele escreveu que não sabia que eu ainda estava em Varsóvia, que achava que eu havia sido deportada há tempos.

Sua mãe e sua irmã estão vivas, trabalhando em uma das oficinas. Ele não mora mais com a família, está com um primo e uma moça. Primeiro, esse arranjo me deixou indignada, mas depois ele explicou na carta a razão para esse estranho acerto de dois rapazes e uma moça. Milhares no gueto vivem assim; maridos foram separados das suas mulheres e filhos, e os filhos dos seus pais, e todo mundo está dormindo onde acha lugar. Pessoas que antes eram estranhas totais umas para as outras agora moram juntas como parentes próximos. Maridos cujas famílias foram deportadas tentam escapar da solidão e pedem à primeira mulher que encontram que fique com eles. Uma mulher deixa a vida mais fácil para um homem, e duas pessoas juntas sentem-se mais seguras no meio do terror. Assim, indivíduos ficam juntos por acaso e se confortam. Romek também escreveu que, aos domingos, quando não trabalha, encontra-se com Tadek Szajer e outros amigos. Dificilmente qualquer de nossos conhecidos permaneceu no gueto. Dolek Amsterdam mora em algum lugar do lado ariano; fugiu com seu tio, que era um dos líderes dos chamados "Os Treze". Rutka está viva. "Tentarei escrever para você sempre que possível", terminou Romek sua carta. "Pode responder pelo mesmo canal. Sempre seu, Romek."

4 DE OUTUBRO DE 1942

Tio Abie apareceu hoje inesperadamente na frente das nossas janelas. Não sabíamos dele desde a deportação da força policial judaica e achávamos que ele não estava mais no gueto, e por isso ficamos muito contentes ao vê-lo. Mas ele não usava mais seu uniforme da polícia e tinha uma aparência horrível. Disse-nos que durante o bloqueio ele conseguiu fugir para outra parte do gueto com sua mulher, Lucia. Agora trabalha em uma fábrica situada fora dos novos limites. Enrolou a manga e nos mostrou um grande carimbo azul no seu braço fino. Assim, ele é um dos afortunados, os escravos carimbados. "Estou tentando ser transferido para trabalhar no prédio do outro lado da prisão, para poder vê-los", disse. "Zelig está me ajudando e disseram que minha transferência acontecerá amanhã."

5 DE OUTUBRO DE 1942

Esta manhã acordamos às sete, observando a rua, e ficamos alegres quando vimos tio Abie no meio de um grupo de pessoas que vieram trabalhar no antigo Lar das Crianças. Vimos o supervisor contando os trabalhadores na entrada. Zelig acenou e apontou para tio Abie, que aparentemente não ousou se virar para nos saudar. Depois, nós o vimos pelas janelas do lugar e ele ficou radiante de felicidade quando olhou na nossa direção.

Entre os trabalhadores, também vi o antigo presidente do nosso Clube da Juventude na rua Sienna, Manfred Rubin. Zelig fez de tudo para reunir todos os nossos amigos sobreviventes no grupo que supervisiona. Quando Manfred Rubin me viu atrás das grades da Pawiak, ele me encarou, parecendo não poder acreditar nos seus olhos. Depois, conseguiu me dizer que seus pais e Mickie foram deportados e que está sozinho. Edzia disse-me hoje que Stefa Muszkat também foi deportada.

Hoje, um grande grupo de judeus capturado do lado ariano foi trazido para a Pawiak. Nós os vimos quando fomos encaminhados aos banhos para nosso tratamento semanal de desinfecção. Também nos banhos, somos separadas das outras prisioneiras, mas na entrada e na saída, e enquanto nos vestimos, podemos falar com elas bem livremente. A guarda, que subornamos há muito tempo, finge não ver nada.

No nosso caminho para fora dos banhos, conhecemos uma mulher, a sra. P., e sua filhinha, que deixavam a câmara de desinfecção especial para quem tem doenças de pele. A menina, que tem uns 5 anos, correu em volta do pátio da prisão, despreocupada e sorridente, atraindo a atenção de todos com seu lindo rostinho, que lembrava o de Shirley Temple. Muitos de nós comentaram a semelhança. Sua mãe revelou ser uma conhecida de uma das internas, Tusia W. Soubemos que mãe e filha estavam escondidas no lado ariano sob um nome falso até que um vizinho polonês as denunciou. Agora seu destino e o da sua filhinha estão selados. A menina decorou seu novo nome e, quando alguém a chama por ele, ela responde imediatamente.

Conhecemos outra mãe e filha em situação semelhante. As mulheres choraram amargamente ao contar suas histórias, enquanto as meninas brincavam tranquilas aos seus pés.

No pátio onde damos nossos passeios diários, há pilhas de nabos e beterrabas preparadas para os próximos meses. Nosso cardápio agora é ligeiramente diferente; as sopas são feitas de nabos. Sempre que o guarda ucraniano parece desatento por um instante, corremos até a pilha de legumes e pegamos um dos grandes nabos amarelos. Eles têm bom gosto, mesmo crus, e enchem o estômago pelo dia todo. Muitas vezes também conseguimos roubar algumas beterrabas. Se o ucraniano vai para trás do portão por um minuto, todo o grupo de prisioneiros corre para os legumes como uma alcateia de lobos famintos. Às vezes há umas poucas cenouras que caíram da panela em que estavam sendo limpas. Cenouras são uma iguaria, e só nos domingos e feriados encontramos um pedaço delas na nossa sopa.

Durante nossos passeios em volta do jardinzinho no pátio da prisão, falamos sobre nosso futuro incerto. Hoje, quando estávamos na sombra das três árvores grandes da Pawiak, Felicia K., a filha da esposa do grão-rabino, Madame Sh., disse-nos que, se formos mandados para a Umschlagplatz, será melhor tomarmos veneno. Ela nos garantiu que em breve receberá comprimidos especiais para esse objetivo. Tremi quando ouvi essas palavras e, de modo bem estranho, nesse momento minha vontade de viver ficou mais forte do que nunca.

O comissário que às vezes nos visita disse hoje que no dia 23 desse mês seremos levados para o campo de internação para norte-americanos na Alemanha. As mulheres, disse, serão levadas para Liebenau, perto do lago Constança, e os homens, para Laufen. Não sei quanto de verdade há nessa afirmação. Quando nosso representante, o sr. S., perguntou ao comissário onde os ingleses e cidadãos neutros seriam internados, ele respondeu que estavam em um campo perto de Sosnowiec. Isso é mentira, pois sabemos que não há campos perto de Sosnowiec e também sabemos que essas pessoas foram deportadas para um campo de extermínio com outros moradores do gueto. O sr. S. fez essa pergunta só para ver como o nazista iria responder.[1]

Todos os dias dúzias de carroças com mobília e outros objetos são trazidas para os depósitos de bens saqueados dos judeus, instalados nos prédios da rua Dzielna, do lado oposto à prisão. Alguns dos internos reconheceram suas mobílias nessas carroças. Também é horrível ver que os condutores dessas carroças são muitas vezes conhecidos próximos — um médico, um engenheiro, um antigo rico comerciante ou um advogado. Os nazistas escolhem intelectuais para os mais duros trabalhos braçais.

Em uma dessas carroças notei nosso grande pianista, Wladislaw Spielman. Sua aparência me fez estremecer. Estava magro e exausto; o terno pendia como um saco. Suas mangas estavam cheias de manchas, e o colarinho, rasgado. Pendurado em um braço, havia um saco com um pouco de pão. Seus olhos estavam vazios e ele mal parecia respirar.

As carroças passam em uma fileira comprida diante de nossas janelas. Dois homens acompanham o condutor para ajudá-lo a descarregar. Quando chegou a vez de Spielman, pude vê-lo arquejar cada vez que tinha de levantar uma peça de mobília pesada. Ele e seus dois ajudantes lutaram por bastante tempo com um piano grande que não saía da carroça, com as cordas soando. De repente, um alemão que estava observando saiu correndo pela porta e começou a xingá-lo. Spielman tentou justificar-se e apontou para as pesadas pernas do piano, mas tudo que recebeu como resposta foi um tapa no rosto.

Em certo instante, o pianista virou-se para nós; pareceu ter sentido nosso olhar. Sorriu amargamente e abaixou a cabeça. Ele reconheceu os rostos familiares dos antigos ouvintes entusiastas de seus concertos. Abatido e envergonhado, virou-se e recomeçou o trabalho. Meia hora depois, a carroça estava vazia. Wladislaw Spielman subiu na boleia e esfregou o suor da testa com a mão. Puxou as rédeas, e os cavalos saíram a passo lento.

8 DE OUTUBRO DE 1942

Por meio de Zelig, recebemos uma carta de Rutka na qual ela dizia como escapou da deportação quase por um milagre. "Estávamos em uma fila comprida", escreveu. "Todos nós trabalhávamos na fábrica de Aschman onde meu pai é um dos principais supervisores. Brandt (o nazista que dirige as deportações de Varsóvia) ficou ali perto e indicou as pessoas que deveriam ir para Treblinka. Num dado momento, ele apontou para minha mãe e mandou que ela deixasse a fila. Corri até ela e disse que iria junto. Brandt olhou-me e de repente começou a sorrir. Achei que ele atiraria na hora, mas, para minha surpresa, ordenou que minha mãe e eu voltássemos para a fila de pessoas que deveriam continuar a trabalhar na fábrica. Primeiro, pensei que ele estivesse brincando, mas era sério. Fiquei tão abalada com essa experiência que fiquei doente e passei dois dias na cama. Levantei-me há poucos dias, mas ainda sinto dores em todas as minhas juntas. Não vi nenhum dos nossos amigos, a maioria deles foi morta ou deportada. Trabalhamos duro o dia todo; quando voltamos para casa dormimos como mortos, e às seis da manhã mal conseguimos nos levantar outra vez. Vários homens me pediram para ficar com eles. Isso não deve surpreendê-la; todas as garotas estão fazendo isso. Sobraram pouquíssimas mulheres no gueto e sobretudo as moças recebem propostas diárias para morar com homens que têm empregos e quartos perto das fábricas. Mas por enquanto ainda posso me sustentar. Dentro de alguns dias, tentarei acompanhar Abie até a rua Dzielna para ver você."

10 DE OUTUBRO DE 1942

Hoje é meu aniversário. Passei o dia todo no colchão. Todos vieram me cumprimentar, mas não respondi. Esta noite, minha irmã conseguiu roubar três nabos e tivemos uma verdadeira festa para celebrar a ocasião.

12 DE OUTUBRO DE 1942

Todas as mulheres norte-americanas do lado ariano foram trazidas à Pawiak. Talvez isso mostre que logo seremos trocados. Foram colocadas na "Sérvia", com um transporte de norte-americanas de Lwow. Em razão da falta de espaço, algumas delas foram colocadas na igreja da prisão, e algumas mães e filhas foram instaladas em dois quartinhos no andar térreo de nosso prédio.

Encontramo-nos no banho; a igreja não é longe daqui. Algumas dessas mulheres são judias e nos disseram que um desagradável sentimento antissemita prevalece, mesmo entre as internas. As judias são constantemente levadas a sentir que são forasteiras. Só as freiras que estão no grupo protegem-nas e condenam os comentários antissemitas de certas mulheres. As freiras cuidam das crianças sem discriminar entre judeus e gentios. Exibem um amor realmente fraterno e caridade cristã; todos as respeitam.

17 DE OUTUBRO DE 1942

Hoje recebemos um pacote da nossa amiga gentia, Zofia K. Há poucos dias, minha mãe escreveu para ela pedindo alguma comida, e ela respondeu imediatamente. Nesse oceano de penúria em que vivemos, é um conforto descobrir uma pessoa de coração generoso. Zofia K. e seu marido mostraram-se muito gentis durante a guerra e devemos muito a eles. O sr. K. até arriscou a vida ao nos trazer de Lodz para Varsóvia. Por algum tempo, minha irmã e eu nos abrigamos em sua casa; ele se expôs assim ao mais grave perigo. A sra. K. escreveu que tentará ajudar tio Abie e que nos mandará mais comida assim que possível.

O bombardeio soviético está cada vez mais frequente. É impossível dormir à noite por causa das explosões. Além disso, temos uma terrível praga de insetos. Depois dos meses que vivemos aqui, a palha dos colchões virou poeira com o uso e se transformou em uma massa dura. O papel das paredes está em frangalhos e há ninhos de percevejos sob ele. Nossos corpos estão cobertos de manchas vermelhas. As pulgas são ainda piores. Nenhum desinfetante parece funcionar.

Temos três novas internas, a esposa do cidadão norte-americano, Adam L., que até agora esteve em algum lugar perto de Varsóvia, e duas mulheres do gueto, a mãe de Gutta E. e Lily, mulher do interno Leon M., cidadão do Haiti. Elas suportaram o horror das recentes "campanhas", o que lhes deixou uma marca indelével na alma.

A sra. Lily M. mudou-se para o nosso quarto. Tem 22 anos. Deixou seus pais e um irmão no gueto. Há algumas noites, durante um ataque aéreo particularmente intenso, todos nós pulamos dos nossos colchões; só Lily ficou deitada onde estava. Alguém tentou fazê-la se levantar, mas ela virou para a parede e disse: "Eu não ligo. Nenhum ataque aéreo pode me assustar. Até espero ser acertada por uma das bombas. A vida não tem valor para mim, de qualquer forma".

O resto de nós tenta manter nosso moral e, a cada noite, nos reunimos em um dos quartos e discutimos vários temas. Também festejamos com os nabos roubados, enquanto cada uma conta suas experiências.

Geralmente, sentamo-nos no quarto ocupado por Gutta E., sua mãe e Marysia Sh., cidadã boliviana. Seu marido agora está na Bolívia. Ela gosta de nos mostrar fotos desse exótico país sul-americano. Marysia é uma pessoa cômica, baixa, gorducha e loira. Não se queixa de fome; pelo contrário, está contente por perder peso.

A família W. — a mãe, suas três filhas, Noemi, Tusia e Dita (que está aqui com sua filha de 3 anos, Krysia) — é a mais divertida. A mais jovem delas é Noemi, uma loira lin

da e delicada. Ela ganhou depressa a afeição de todos. Sua
irmã mais velha, Tusia, tem um excelente senso de humor.
Noemi e Tusia passaram três meses na Pawiak, em 1940,
por não usarem faixas de braço. A funcionária responsável
pela nossa prisão as conhece bem, e elas não têm dificuldade de suborná-la. Essas funcionárias são ainda nosso principal meio de comunicação com o gueto, bem como com
o lado ariano. Depois do expediente, elas voltam para casa
no lado ariano e precisam passar pelo gueto. Levam nossas
cartas e nos trazem cartas de amigos e parentes.

Noemi é uma atriz nata e recita incrivelmente bem.
Ela estudou durante um ano na Escola Dramática de
Zelwerowicz e atuou em várias peças no teatro Femina,
no gueto. Hoje, ela recitou o brilhante poema de Tuwim,
"Pif-paf". Quando acabou, todas tínhamos lágrimas nos
olhos. Esse poema é eterno, parece ter sido escrito hoje.
Noemi estava tão exausta com seus esforços que caiu no
colchão depois de terminar. Marysia correu até ela e lhe
deu um pedaço de nabo.

Entre os novos prisioneiros na Pawiak há um certo sr.
D., um cidadão suíço, que foi preso do lado ariano. D. é um
bom amigo de Gutta E. Ele nos contou que os judeus estão
sendo deportados em toda a Polônia e que ofereceram uma
resistência especialmente obstinada na região de Lublin.
Preferem morrer onde estão do que ser enviados para os
campos de extermínio. Os jovens fogem para os bosques e
se juntam aos guerrilheiros.

20 DE OUTUBRO DE 1942

O comissário da polícia judaica, Leikin, e o sr. First do
departamento de construção da comunidade foram mortos
por agentes da resistência.

Muitos prisioneiros da Pawiak foram enviados ao campo de Oswiecim, do qual ninguém volta. Todo mundo sabe agora que é um campo de extermínio, como Treblinka, com a diferença de que suas vítimas são sobretudo polonesas.[2]

Do lado ariano, a tensão também é crescente. Milhares de poloneses são enviados para trabalho escravo na Prússia ou na Alemanha Central. O trabalho é agora obrigatório para todos os poloneses e foi estabelecido um sistema de cartões de trabalho. Prisões em massa ocorrem sob qualquer pretexto, ou até sem nenhum. A maioria dos presos é de intelectuais. Ontem, na lavanderia da prisão, vi a conhecida dramaturga polonesa, Mina Swierszeczewska, entre as prisioneiras.

Hoje, tivemos uma visita do comissário Nikolaus, que, pela enésima vez, disse-nos solenemente que em 23 de outubro, isto é, sexta-feira que vem, "exatamente às dez da manhã", todos os cidadãos norte-americanos serão mandados embora. Apesar de não acreditarmos nele, todos estamos incrivelmente nervosos. Os cidadãos de países sul-americanos não sabem o que pensar; alguns deles estão pessimistas e dizem que provavelmente serão enviados para Treblinka. Nem quero pensar nisso. Estivemos com eles tantos meses, unidos por um destino comum, e agora devemos nos separar.

22 DE OUTUBRO DE 1942

Será que essa é realmente nossa última noite na Pawiak? Será possível que partiremos amanhã? Antes do cair da noite, fizemos um jantar de despedida no quarto dos homens internos. Comemos nabos, e nosso representante, o sr. S., fez um discurso para os vinte e um cidadãos norte-americanos. Colocamos na mesa duas bandeirinhas norte-americanas que eu tinha na minha maleta, como lembrança, desde o começo da guerra. O estado de espírito era de contentamento. Noemi W. usava um xale de seda que parecia um elegante vestido de noite. Ela recitou e cantou. Eu também cantei várias músicas inglesas. As funcionárias nos observavam e tive a sensação de que nos invejavam.

23 DE OUTUBRO DE 1942

Estamos terrivelmente deprimidos e desapontados. Às dez da manhã, todos os cidadãos norte-americanos, judeus e gentios, cerca de cento e cinquenta pessoas, foram para o pátio da prisão, prontos para partir. De repente, Bürckel e o comandante da Pawiak apareceram e, com vozes furiosas, ordenaram que todos os homens internos fossem para a frente do portão em dois minutos. Isso produziu um pânico terrível, pois os cidadãos sul-americanos não esperavam ser mandados embora. Correram loucamente em busca de suas malas e, até mesmo sem fechá-las, foram aos tropeções para o portão, a fim de não se atrasarem. Pouco depois, o comissário Nikolaus chegou e disse que não havia lugar para as mulheres no trem e que elas iriam amanhã. Os homens, então, foram levados em caminhões. As mulheres mal tiveram tempo de dizer adeus aos maridos. Eu só consegui beijar meu pai e não trocamos uma palavra. Minha mãe estava em estado de total confusão. Voltamos ao nosso quarto e caí no colchão, de chapéu e casaco.

Uma hora depois, todos os cidadãos sul-americanos voltaram. Afinal, a ordem se aplicava apenas a cidadãos dos Estados Unidos. Mas Bürckel, deliberadamente, confundiu tudo a fim de criar pânico e decepção.

Ficamos contentes por papai ter ido. Ele não tem documentos norte-americanos; na verdade, é cidadão polonês, e aqui estava em constante perigo de ser deportado para Treblinka. No campo, pelo menos, estará sob a supervisão da Comissão de Troca Suíça. O sr. Sh. e o sr. G. estão em situação semelhante à do meu pai — são maridos de mulheres norte-americanas. Agora, meu pai deve estar no trem. Será que nos veremos outra vez?

30 DE OUTUBRO DE 1942

Por ordem do comissário Nikolaus, o médico da prisão examinou a nós todos. Aqueles que estiverem doentes devem ser libertos e mandados para o lado ariano. Esse médico é um polonês de origem alemã e usa métodos alemães. Aos seus olhos, todo mundo está saudável. Porém, ele libertou a sra. Sh., que tem uma doença complicada no olho, sua filha, a sra. K., e seus três netos, uma mulher grávida de sete meses, a sra. Dita W., cuja filha tem uma doença de pele, e a sra. S., a esposa de nosso representante, que tem uma inflamação nas juntas. Todas essas mulheres libertas receberam permissão de viver no lado ariano.

CAPÍTULO XV

DIAS SANGRENTOS OUTRA VEZ

15 DE NOVEMBRO DE 1942

O gueto passa outra vez por dias sangrentos. Do dia 9 ao 12 houve outra perseguição. Desta vez, os alemães exigiram um grande número de trabalhadores das lojas de roupas e sapatos. Esperávamos que os nazistas fossem deixar sozinhos os sobreviventes restantes do gueto — já que seu número oficialmente é só de quarenta mil. Durante o primeiro dia do novo massacre, vi pela janela diversos policiais judeus mais velhos passarem em riquixás. Entre eles, reconheci o comissário Hertz. Quando me viu, primeiro sorriu abertamente, depois acenou e continuou, com a cabeça baixa.

Os líderes dessa nova campanha de deportação são Brandt e seu assistente, Orf, que antes supervisionava o registro dos cidadãos estrangeiros do gueto. Por algum tempo, Orf também nos controlava na Pawiak. Esse homem alto, bonito e loiro sempre foi polido, sorria sempre, e a opinião geral era a de que era uma exceção entre os alemães, incapaz de fazer mal a um ser humano.

Agora sabemos que o sr. Orf, que no momento está em licença na Alemanha, era o assassino-chefe e responsável pelas piores crueldades. Diz-se que certa vez foi visto conversando, entre sorrisos, com alguns judeus e que, no mesmo instante, sacou o revólver e disparou uma bala na cabeça de outro judeu que estava perto. Daí, virou-se e disparou contra o judeu com quem conversava tão polidamente. Um dia, nós o vimos sob nossas janelas, discutindo alguma coisa com um grupo de mulheres, de maneira muito cavalheiresca. Isso foi no auge da campanha de deportação. A funcionária encarregada da nossa ala disse que ele conseguiu sua licença como recompensa pelos grandes serviços que realizou durante a campanha de deportação, e que vai passar duas semanas na Alemanha, onde sua esposa acabou de ter um filho. Assim, esse assassino vai acariciar seu bebê recém-nascido com mãos sangrentas.

Hoje, policiais judeus trouxeram várias vacas para a Pawiak.[1] Parece que foram confiscadas de judeus produtores de laticínios. Talvez sejam as últimas vacas do gueto. Os líderes da Tropa Storm e funcionários nazistas da Pawiak terão agora refeições melhores.

O comissário Nikolaus continua fazendo novas promessas sobre nossa partida. A data marcada agora é 16 de dezembro, mas ninguém o leva a sério.

Está ficando cada vez mais frio, sopra um vento gelado e está nevando. A equipe da cozinha da prisão dá-nos um pouco de carvão todo dia para o nosso fogão. Mas a quantidade só dá para uma ou duas horas.

Chegam agora com frequência pacotes para os cidadãos neutros, que foram mandados embora já faz bastante tempo. Quem enviou esses pacotes não sabe que essas pessoas foram deportadas ou não vivem mais. O sr. S. consegue distribuir

esses pacotes — pois a eficiência alemã é uma lenda muito exagerada. Ele destina seu conteúdo para quem precisa
mais. Os alemães não sabem direito nossos nomes. Muitas
vezes, esses pacotes contêm batatas, cenouras e outros legumes que podemos cozinhar em nosso fogão.

Nossa amiga Zofia K. manda um pacote de pão, batatas e cebola toda semana. Também chegam pacotes para
as mulheres que foram libertadas por causa da saúde fraca
e que agora moram em um hotel do lado ariano. Elas entraram em contato com alguns judeus escondidos lá, cujas
famílias estão internadas na Pawiak. Resgataram a sra. P.
e sua filhinha. Dita W. conseguiu isso subornando alguns
funcionários da Gestapo com grandes quantias. Agora, a
infeliz sra. P. está fora de perigo.

Recentemente, ela também conseguiu a libertação da
sua mãe e das suas irmãs, Tusia e Noemi, bem como da sra.
S. com seu filho de 16 anos, Martin, da sra. R., de 60 anos, e
do sr. K., da sua esposa e de Richard, seu filho de 3 anos.

Um passaporte paraguaio chegou para o sr. D., que
atualmente está em nosso prédio. Hoje, ele nos contou histórias horríveis sobre o que está acontecendo nas celas da
Pawiak.

Bürckel cuida pessoalmente das execuções. Esse sádico
tem um enorme prazer no seu trabalho. Nas celas maiores,
onde estão trancados mais de uma dúzia de prisioneiros,
ele enforca um deles na frente dos outros, depois de o ter
torturado por bastante tempo, e daí manda que um dos
prisioneiros da cela leve o cadáver para a sala de refrigera-
ção da Pawiak, que agora está lotada. Depois, ele enforca
o homem que levou o cadáver, e assim, um a um, esvazia
toda uma cela. O sr. D. também nos falou sobre a terrível
dor que ele inflige aos prisioneiros. Realiza torturas ina-

creditáveis, queima várias partes dos seus corpos, perfura-
os com pregos etc.

1º DE DEZEMBRO DE 1942

Rutka veio hoje, com tio Abie e a mulher, à nossa janela na Pawiak. Rutka não está com má aparência, e como
sempre seu rosto se enruga quando sorri. Durante a hora
do almoço, eles saíram pela porta do edifício do lado oposto da prisão, onde trabalham, e pediram ao guarda alemão
permissão para falar com sua família internada. Esse alemão é um homem mais idoso. Ele aceitou o pedido e até
ficou vigiando para avisá-los se outra patrulha alemã estivesse se aproximando.

Ficamos muito contentes de vê-los tão de perto e por
falar com eles. Rutka contou-nos que seu pai ainda trabalha como supervisor-chefe na fábrica de Aschman. Infelizmente, ela não pôde ficar muito tempo, pois tinha de voltar
ao trabalho, como tio Abie e sua mulher. Mais tarde, eu os
vi marchando em fileiras depois do trabalho. Rutka sorriu
para nós e desapareceu na esquina da rua coberta de neve.

O alemão que dirige o trabalho de seleção na casa do
lado oposto à prisão tortura seus trabalhadores. Às vezes
vejo-o ordenar a alguém que saia das fileiras e se jogue no
chão vinte vezes. A vítima deve cair de cara na neve ou na
lama. Para mantê-la em estado de terror, o alemão fica com
o revólver apontado para ela. Pessoas cansadas do trabalho
e apressadas para voltar ao lar são mantidas na rua fria por
esse nazista, que as manda marchar para a frente e para
trás, parando-as de vez em quando para contá-las.

Os trabalhadores empregados nos prédios do outro
lado da prisão e vizinhos a ela conhecem todos os internos.
Quando seus supervisores estão ausentes por um instante,

trocam algumas palavras conosco. Perguntam-nos quando iremos para os Estados Unidos para dizer ao mundo o que está acontecendo aqui. E olhamos, incapazes, sem poder fazer qualquer coisa por eles.

O sr. S., nosso representante, que agora mora no lado ariano, é muito ativo. Faz toda espécie de esforço para resgatar pelo menos mais alguns judeus do gueto. Agora, esse homem cheio de recursos tenta casar vários jovens internos com mulheres do gueto, para permitir que elas sejam internadas em função de suas certidões de casamento. Pede que diversas jovens internas façam a mesma coisa, para que possam levar alguns homens com elas.

A data da nossa partida ainda é 16 de dezembro, e ainda não acredito nisso. Nossos quartos agora estão muito tristes. Muitos dos nossos amigos partiram. As noites são silenciosas e lemos livros. Há poucos dias, chegou um pacote de livros do gueto para os internos judeus. Foi mandado pelo sr. S., um dos líderes mais ativos da comunidade.

Todas nos lançamos sobre os livros com a mesma precipitação com que nos lançamos à comida. Minha alegria foi grande quando descobri entre eles *Catherine, o mundo está em chamas!*, de Adrienne Thomas, o segundo volume de *Catherine vira soldado*.[2] Embora eu tenha lido esse livro várias vezes, comecei a reler com o mesmo interesse. Aprendi muita coisa com a história de Catherine, minha heroína favorita, que até hoje continua sendo o meu ideal.

O livro trouxe-me um pouco do meu passado. Foi em 1938, durante as conferências de Munique, quando parecia que a guerra ia ser declarada. As ruas da minha Lodz natal estavam agitadas, houve muitas manifestações, e meus pais cochichavam entre si de um modo peculiar para evitar que eu ouvisse o que diziam.

Em uma dessas noites de outono, quando o céu mostrava nuvens pesadas e a chuva batia de modo monótono na minha janela, sentei no quarto quente e iluminado, enrolada confortavelmente em uma poltrona, e devorei cada página desse romance. Então, conheci a sua heroína, Catherine. Esqueci toda a realidade; eu vivi com Catherine. Amava e via o mundo pelos seus olhos. Mais tarde, naquela noite, quando virei a última página do livro, pareceu-me que meu nome era Catherine. Depois, sonhei muito com a maneira como o mundo seria quando eu tivesse a idade de Catherine. Pensei que, quando viesse uma guerra, eu também teria meu Lucien Quirin, que haveria fuzilamentos, bombardeios e epidemias e trens infinitos de soldados feridos. Talvez eu também estivesse na estação de Metz, ajudando a dar comida para os heróis feridos. Meu Lucien também cairia, e eu depois dele. Mas não... eu não queria morrer. Na manhã seguinte, acordei deprimida. Na escola, todas as minhas amigas puseram o nome do livro de Adrienne Thomas nas suas listas de "é preciso ler". Eu só tinha um desejo — escrever um romance como esse algum dia.

Em 1939, pouco antes da guerra, li esse livro outra vez. Quando estávamos trancados no gueto, tentei achá-lo, mas não consegui. Agora, era como um milagre, ele estava na Pawiak! Quando o recebi, meu colchão parou de ser sujo. Não sentia mais as pulgas ou a fome. Li a vida de Catherine, que era uma heroína real e se comportava com grande coragem em circunstâncias difíceis.

10 DE DEZEMBRO DE 1942

Passamos muito tempo estudando línguas. Marysia S. e Gutta E. estudam espanhol. A família W., Adam, Rose, Esther e eu estudamos inglês.

No meio de todo esse pesadelo, temos alguma diversão. Tadeusz R., um conhecido designer, fez alguns cartazes humorísticos, que estão pendurados no quarto dos homens internados. Adam W. e eu compusemos várias canções satíricas que descrevem diversos aspectos da nossa vida em comum, sobre as mulheres que brigam na cozinha, nossas impressões sobre os ataques aéreos, e nossa ligação patriótica com vários países do continente americano. Um hino foi composto em honra de nossa "nação dos internos", formada por cidadãos de vários países distantes que esses cidadãos nunca viram. Esse hino, escrito por Adam W., diz o seguinte:

> Existe na Pawiak uma nação nova em folha
> De todos os países e de todas as cidades.
> Vivem juntos em grande unidade
> Com muito frio e muita fome.
> A maioria deles é da terra
> Que fica junto do Paraguai;
> Ali a vida é especialmente alegre
> Para as galinhas e as moscas na areia.
> O grupo mais aristocrático
> Vem da Costa Rica;
> Entre eles há o Barba Negra
> Que é o líder da nossa trupe.
> Há a futura esposa
> De um cidadão da Bolívia.
> Pouco ela sabe do que esperar
> De sua futura vida de casada.
> E nosso único mexicano
> Tem propostas que não acabam.
> Todas as garotas estão loucas

Para conquistar esse homem raro.
Duas morenas da Nicarágua —
Uma é quieta e a outra é barulhenta,
Uma é modesta e a outra é orgulhosa,
Mas as duas brigam como doidas *pro domo sua*.
Três Carmens e um toureiro,
Uma senhora e sua neta
Com muitas malas e pacotes pesados
Sonham com seu Equador "natal".
Aqueles cuja bandeira tem estrelas e listras
São os mais orgulhosos de todos;
Apesar de trancados atrás destas paredes
São os senhores e mestres.

(Na segunda quadra, o autor se refere aos cidadãos paraguaios, que são maioria aqui. Barba Negra é o pseudônimo de nosso representante. A quarta quadra refere-se a Marysia S., a quem provocamos implacavelmente a respeito da provável infidelidade do seu marido boliviano. Os cidadãos dos Estados Unidos são considerados "senhores e mestres" porque são os únicos cidadãos estrangeiros de verdade, ao contrário dos outros cujas cidadanias e passaportes são de origem recente.)

17 DE DEZEMBRO DE 1942

Nossa partida foi adiada mais uma vez, desta vez até o ano que vem. Nossos quartos estão terrivelmente lotados, porque todos os internos que haviam sido libertados por causa de má saúde voltaram com seus pacotes antes da data originalmente marcada para nossa partida. O comandante da prisão foi forçado a nos dar dois quartos a mais, pois nesse meio tempo novos internos foram trazidos das províncias para cá, entre eles vários membros da família W., e o rabino R., de Pinczow, com sua família. Todos têm passaportes sul-americanos. Essas pessoas foram tiradas no último instante de um transporte rumo a Treblinka. Quando o comissário da Pawiak levou-os pelo pátio, eles pareciam péssimos, com roupas em trapos e sujas, e a sombra da morte aparecia nos seus rostos. O rabino veio na frente, seguido por sua esposa, suas duas filhas solteiras, outra filha com o marido, e seu filho, cuja esposa tinha o bebê de seis meses nos braços.

Era uma procissão terrível e senti como se estivesse seguindo um funeral. As mulheres recém-chegadas foram colocadas em nosso quarto. Quando entraram, caí no choro e pensei nos meus tios, Percy e Abie. Por que não podíamos salvá-los? Joguei-me no colchão e chorei por muito tempo.

Dita W., uma das que chegaram ontem, contou-nos na noite passada o que havia ouvido sobre o campo de Treblinka. Durante suas visitas frequentes ao quartel-general da Gestapo em Aleja Szucha, ela conheceu um alemão que havia sido funcionário nesse campo de extermínio. Ele não percebeu que ela era judia e lhe contou, com grande satisfação, como os judeus deportados eram assassinados ali, garantindo-lhe que os alemães afinal iriam "liquidar" os judeus.

Na Umschlagplatz, os vagões de gado são carregados com cento e cinquenta pessoas cada, depois de o chão ser coberto com uma camada grossa de cal. Os vagões não têm janelas nem outras aberturas. As pessoas ficam umas em cima das outras, sem ar suficiente para respirar, e sem água ou comida. Os vagões muitas vezes são deixados por dois ou três dias na estação Stawki. As pessoas trancadas devem fazer suas necessidades naturais nos vagões fechados e, como resultado, a cal se dissolve, enchendo os vagões com vapores venenosos. Os sobreviventes são descarregados na estação de Treblinka e divididos de acordo com suas ocupações. Sapateiros, alfaiates etc. são agrupados separadamente a fim de fazer as vítimas acreditarem que serão empregadas em oficinas. O objetivo real é fazê-los ir com mais obediência para a morte. As mulheres são separadas dos homens.

A verdadeira casa da morte de Treblinka fica num bosque fechado. As pessoas são levadas em caminhões até prédios, onde recebem ordem de se despir completamente. Cada um recebe um pedaço de sabão e lhes dizem que devem tomar banho antes de ir para o campo de trabalho. As pessoas nuas, homens, mulheres e crianças, separadamente, são levadas até um grande banheiro com um chão escorregadio de azulejos. Tropeçam no instante em que entram ali. Cada pequeno compartimento fica tão cheio de gente que, mais uma vez, ficam uns em cima dos outros. Quando o banheiro está completamente cheio, um vapor quente fortemente concentrado é lançado através das janelas. Depois de poucos minutos, as pessoas começam a sufocar com dores horríveis.[3]

Depois da execução, os corpos dos mortos são levados por judeus — os nazistas escolhem especificamente os mais jovens e vigorosos para isso. Outros judeus são levados a organizar os sapatos e as roupas das vítimas. Após cada transporte, os judeus empregados para enterrar os mortos ou selecionar seus pertences são substituídos por outros. Não conseguem suportar essa tarefa por mais de uma semana. A maioria deles enlouquece e é morta. Até o pessoal ucraniano e alemão é substituído frequentemente, porque os soldados alemães mais velhos começam a se queixar das suas tarefas. Só as principais autoridades alemãs permanecem as mesmas.

Fugir de Treblinka é impossível, embora dois jovens judeus tenham conseguido o impossível.[4] Após andarem muito nos bosques, chegaram a Varsóvia e contaram outros detalhes. Segundo eles, os alemães empregam vários gases, bem como eletricidade, em certas câmaras de execução. Por causa do enorme número de assassinados, os alemães construíram uma máquina especial para cavar túmulos.

Pessoas que viajaram em trens passando por Treblinka dizem que o cheiro ali é tão venenoso que precisam tapar as narinas.

Depois dos relatos de Dita, nenhum de nós conseguiu dormir.

Também ouvimos, com aflição, histórias de Dita sobre os sofrimentos dos judeus que se escondem no lado ariano. O oceano de sangue em que a população judaica da Polônia está sendo afogada ainda não acabou com o veneno antissemita existente. Certos poloneses, sobretudo operários e intelectuais radicais, muitas vezes arriscam a vida para salvar amigos judeus, mas também são frequentes em Varsóvia casos de uma atitude vergonhosa em relação a judeus. Em primeiro lugar, contou-nos Dita W., muitos senhorios poloneses recusaram-se a lhe alugar um quarto. Alguns poloneses disseram-lhe polidamente que eram proibidos de alugar quartos para judeus, e outros a maltrataram e lhe bateram a porta na cara. Por fim, ela conseguiu achar um refúgio com amigos poloneses que ela havia conhecido antes da guerra. Ficou com eles por algum tempo, e eles foram excepcionalmente generosos, mas daí ela teve de mudar correndo, porque outro polonês, vizinho deles, informou à Gestapo que estavam dando moradia a judeus. Dita W., como é cidadã norte-americana,[5] podia ficar no lado ariano, mas, para evitar constrangimentos para seus amigos, mudou-se para um hotel.

Histórias semelhantes são contadas por outras internas que voltaram de uma estadia no lado ariano. Há muitos judeus escondidos ali, mas vivem em terror constante. Muitos são chantageados pelos poloneses com quem estão. Depois de seu dinheiro e joias acabarem, seus anfitriões entregam-nos aos alemães.[6] Tudo isso acontece apesar do fato de a população polonesa, bem como os judeus, ser acirradamente perseguida pelos invasores. Enormes transportes de poloneses partem constantemente para o leste da Prússia e para a Alemanha Central.[7] No lado ariano, as pessoas também têm medo de sair na rua por causa das perseguições diárias.

Uma grossa camada de neve cobriu as calçadas, mas não consigo esquecer que, sob esse cobertor limpo e branco, as pedras estão manchadas de sangue humano. Dia após dia, posso ver os trabalhadores nos prédios do outro lado da rua passarem sob minhas janelas. Rutka sorri, e tio Abie nos acena. Às vezes, quando o guarda idoso alemão está de serviço, tio Abie me joga uma carta. Ontem, ele me atirou um pedaço de barbante ao qual estava preso um pacote. No pacote, achei um pão, um pote de mel e várias cartas para as internas. Hoje, tio Abie repetiu seu desempenho de ontem. Mas fico pensando no que aconteceu a Romek — não tenho notícias dele há muito tempo.

Todas as mulheres gentias entre os nativos estrangeiros foram transferidas da "Sérvia" para os quartos do nosso edifício, que antes eram ocupados por homens. Mães com filhos pequenos foram libertadas.

Há agora uma nova funcionária responsável pela nossa ala, uma jovem de vinte e poucos anos, uma refinada antissemita. Ela discrimina abertamente as internas judias. Quando nos leva ao banho, ela grita: "Gentias primeiro!". Quando uma de nós pede para ser levada à administração da prisão, responde sempre: "Não tenho tempo, as judias estão sempre me perturbando".

Chegou um novo grupo de cidadãos norte-americanos de Radom. Foram colocados no primeiro quarto de nosso apartamento, aquele que era antes ocupado pela sra. Sh., sua filha e seus netos.

26 DE DEZEMBRO DE 1942

Parece que nossa partida agora é mesmo iminente. Os nazistas fazem grandes esforços para nos impressionar favoravelmente. Na véspera de Natal, houve faxina em todas as áreas dos internos, até nos quartos ocupados pelos judeus. No dia de Natal tivemos uma refeição excepcionalmente boa, que consistia em uma sopa grossa de ervilhas, uma porção de chucrute, batatas e um quilo de pão.

Às nove da noite, o comissário Nikolaus, acompanhado pelos assessores Jopke e Fleck, mais três homens uniformizados da SS, entraram em nosso quarto, cumprimentaram-nos e nos garantiram que certamente partiremos em um futuro muito próximo.

Nesta manhã, nós recebemos uma visita do carrasco, Bürckel. Usava seu uniforme de gala e, provavelmente em respeito à data, não estava com o chicote de montaria. Havia tomado uma boa dose de bebida e estava com um humor exacerbado. Aproximou-se do velho rabino R., pegou a sua mão e, apertando-a enquanto ria, desejou-lhe um feliz Natal. "Nós, alemães, podemos ser gentis também!", gracejou enquanto cambaleava para fora do nosso quarto.

31 DE DEZEMBRO DE 1942

Este é o último dia de 1942. Aqui está vazio e triste. Li e reli a carta de Romek que Zelig me passou hoje. Há um ano, eu estava com ele. Bem agora, há uma escuridão sombria e cheia de nuvens, e a neve cai lá fora. Isto é o que Romek escreveu:

"Você deve estar surpresa por não ter notícias minhas há tanto tempo, mas eu quase estive no outro mundo. Em 14 de dezembro, chefiava meu grupo de trabalhadores rumo à tarefa diária de remoção das ruínas de casas. Em certo ponto, subi no terceiro andar de um prédio para ver como ia o trabalho. De repente, senti a parede tremer e, alguns segundos depois, fui enterrado sob um monte de entulho. Por milagre, minha cabeça e um dos meus braços ficaram de fora. Permaneci totalmente consciente e pedi socorro. Meus trabalhadores vieram correndo e começaram a remover depressa os tijolos e pedras sob os quais eu estava enterrado. De repente, quando eu estava quase livre, eles começaram a correr. Levantei a cabeça e vi que um guindaste estava se mexendo sobre minha cabeça, com uma carga completa de tijolos e pedras. Pensei que meu último momento havia chegado. Não sei quanto tempo durou essa agonia, pois desmaiei e, quando voltei a mim, vi a máquina parada, com a carga suspensa no ar. Os trabalhadores voltaram e finalmente me tiraram dali. Não conseguia ficar em pé, mas tinha de permanecer no trabalho, pois, se os guardas alemães percebessem que eu estava incapacitado para trabalhar, iriam me enviar para Treblinka no próximo transporte. Dois dos meus trabalhadores foram mandados

para lá nessa noite. Não consegui me levantar no dia seguinte. Minha mãe levou-me a um médico, que descobriu
várias contusões no meu corpo inteiro. Poucos dias depois,
começou a se formar água no meu joelho. Agora, estou deitado escondido, com as pernas mantidas entre tábuas. Se os
alemães me descobrirem aqui irão acabar comigo na hora.
Rezo a Deus para conseguir voltar ao trabalho assim que
possível. Vou tentar lhe escrever em breve outra vez, se eu
estiver vivo."

Recebemos duas cartas de nosso pai ao mesmo tempo. Ele está no campo de internação para cidadãos norte-
americanos em Titmoning, a quinze quilômetros de Laufen, e está bem. A Cruz Vermelha fornece-lhes comida, e
os internos são tratados gentilmente. Estão em um velho
castelo que fica numa região rural pitoresca. Escreve que,
após tudo o que passou nos últimos anos, sente-se como se
estivesse no paraíso.

1º DE JANEIRO DE 1943

A véspera do Ano Novo, para mim, foi cheia de pesadelos. Dormi e acordei várias vezes, pois fui atormentada
por sonhos terríveis. Revivi todas as cenas que testemunhei
durante esses anos de guerra. As criancinhas da casa de
Janusz Korczak passavam repetidamente diante dos meus
olhos. Eu sabia que estavam mortas e ficava pensando por
que elas continuavam a sorrir e a sorrir. Cada vez que eu
dormia, essas crianças apareciam diante de mim. Então,
fui acordada por gritos e risos que vinham da direção do
pátio da prisão. Os funcionários nazistas estavam saudando alegremente a chegada do Ano Novo. De vez em quando, ouvia o som de tiros, seguidos por risadas, e o ruído de
copos quebrados. Daí, vinham vozes bêbadas.

O primeiro dia de 1943 está nublado e com neve. Enquanto escrevo estas linhas, não consigo parar de pensar nas histórias de Dita W. sobre Treblinka. Vejo diante de mim os banheiros de azulejos cheios de gente nua sufocando no vapor quente. Quantos de meus parentes e amigos morreram ali? Quantas vidas jovens, ainda não vividas? Amaldiçoo a chegada do Ano Novo.

17 DE JANEIRO DE 1943

Estamos prestes a partir. Nossas bagagens estão prontas. Sentamos em nossos casacos, esperando.

De manhã cedo, o *Obersturmführer* Fleck veio para nos levar ao quartel-general da Gestapo em Aleja Szucha a fim de dizermos adeus aos nossos amigos no lado ariano. A permissão de nos despedirmos dos nossos amigos gentios foi conseguida por nosso representante, o sr. S., que teve de negociar bastante tempo com o comissário Nikolaus antes de ele concordar.

Às dez da manhã, saímos da Pawiak em caminhões. As ruas do gueto estavam vazias e mortas. Em muitas casas, as janelas estavam escancaradas apesar do frio, e as cortinas tremiam ao vento. Dentro, podia-se ver mobília virada, portas de armários quebradas, roupas e lençóis jogados no chão. Os saqueadores e assassinos deixaram sua marca.

As portas de muitas lojas estavam entreabertas, e mercadorias tomavam caoticamente os balcões. Algumas ruas estavam cheias de móveis e louça quebrada. Na saída do gueto na rua Nalewki, vi um policial judeu colocando carvão em um fogareiro. Um guarda alemão estava esquentando as mãos com ele.

Do lado ariano, via-se poucas pessoas. Aqui e ali, um pedestre corria ao longo de uma passagem deserta. Quando esses pedestres viam nosso caminhão cheio de gente com uma escolta nazista, balançavam tristemente as cabeças. Certamente pensavam que havíamos sido escolhidos para ir aos campos de trabalho na Alemanha.

Em Aleja Szucha, encontramos a sra. Zofia K., nossa amiga gentia que tanto nos ajudou. Ela nos trouxe um pacote de pão, biscoitos e doces e chorou quando nos disse adeus. Os nazistas não permitiram que ficássemos muito tempo e, uma hora mais tarde, fomos levados de novo à Pawiak. Disseram-nos que estivéssemos prontos para partir a qualquer momento. Mas esperamos infinitamente. Passei o tempo relendo meu diário e reescrevendo partes dele, de uma forma resumida. Não devo esquecer nada. Na sua última carta, Romek escreveu: "Lembre-se que ainda há quarenta mil judeus em Varsóvia, e eles esperam ajuda do exterior. Não os esqueça". O sr. D., que foi libertado da Pawiak por alguns dias e se apresentou de volta esta manhã, contou-nos a triste notícia de que o gueto está em pânico porque, segundo informações confiáveis, os alemães vão voltar à sua campanha de deportação em 18 de janeiro.[8]

Enquanto esperamos aqui, podemos ver transportes de pessoas saindo da Pawiak para o campo de Oswiecim. É para onde os nazistas também querem nos mandar?

CAPÍTULO XVI

CAMPO DE INTERNAÇÃO

18 DE JANEIRO DE 1943

Acordei do meu sono há poucos minutos. Não posso acreditar nos meus olhos e ainda não sei se estou sonhando ou acordada. Nosso trem segue na direção de Poznan, não de Oswiecim. Agora, parece que estou viajando há muito tempo. Às duas da manhã, o comissário Nikolaus e seu assistente Fleck chegaram à Pawiak em uma elegante limusine, seguida por uma dúzia de carros da polícia fechados. Ordenaram-nos que fôssemos para o pátio onde demos nossos passeios durante os últimos seis meses. Uma grossa camada de neve cobria o chão. O soldado ucraniano que montava guarda com um casaco de peles comprido e o rifle no ombro disse-nos: "Do Svidania!" (adeus). As funcionárias também vieram nos dizer adeus. Pela expressão triste dos seus rostos, achamos que pensavam que nos mandavam para a morte. Nenhuma delas acreditava que realmente fôssemos mandados para um campo de internação.

O comissário Nikolaus leu os nomes dos internos em ordem alfabética. Soldados armados levaram as pessoas chamadas até os carros da polícia. Às três horas, deixamos para trás os portões da Pawiak e, pela última vez, percorremos as ruas do gueto.

Estava escuro por toda parte, a não ser pelas pequenas chamas dos fogareiros perto dos postos de sentinela. Sufoquei-me com as lágrimas quando passamos pela rua Leszno. Muito sangue judeu havia sido derramado ali. Estávamos silenciosos, e nossos companheiros gentios mostraram compreensão.

Meus sentimentos se misturavam. Claro, eu estava contente por ser resgatada desse vale da morte, mas não podia deixar de me censurar e de pensar se eu realmente tinha o direito de fugir assim, deixando meus amigos e parentes à mercê de seu destino.

Nosso trem não estava na estação, mas em um desvio a certa distância da cidade.[1] Quando finalmente embarcamos, o dia começava a nascer. Caímos exaustos nos assentos duros e dormimos na mesma hora.

Agora nós estamos nos aproximando de Zbaszyn, na antiga fronteira polonesa-alemã. Há novos rostos entre meus companheiros de viagem. O sr. S. conseguiu salvar alguns judeus no último momento. Ele próprio está viajando com uma jovem cuja vida salvou. Seu nome é Mimi K. O sr. B., o cidadão do Haiti, salvou sua sobrinha, Dosia. Entre os novos internos que eu havia visto na Pawiak também está o bebê da sra. L., que nasceu no lado ariano. Ele é tão pequeno que tememos que não sobreviva à viagem. Todas as mulheres ajudam a cuidar dele.

20 DE JANEIRO DE 1943

Viajamos ontem pela Alemanha o dia inteiro. Pegamos um desvio a fim de evitar passar por Berlim. A parte mais bonita da nossa viagem foi ao longo do sinuoso rio Reno, com seus morros verdejantes e ricos vinhedos. À tarde, chegamos a Saarbruecken, onde, pela primeira vez, vimos vestígios de ruína, provavelmente causados por bombas dos Aliados.

Às seis horas, estávamos em Metz. A Cruz Vermelha alemã deu-nos um prato de boa sopa de batatas. Olhei para as enfermeiras alemãs vestidas de aventais cinzentos com a cruz vermelha e tive a estranha sensação de que estive aqui antes, que já vi tudo isto. É verdade, pois estive aqui em imaginação com minha heroína favorita do livro de Adrienne Thomas; ela esteve aqui em 1914. Tudo parecia exatamente como ela descreveu no livro — a grande estação com muitas marcas de estilhaços e balas. Quando o trem saiu da estação, imaginei ver o fantasma de Catherine e ouvi-o dizendo: "Dei minha vida em vão".

Mais tarde da noite chegamos a Neuburg, onde nos deram outra refeição, dessa vez melhor e mais abundante que a anterior. Havia uma toalha branca na mesa e, além de uma sopa gostosa, recebemos pão e linguiça. Aparentemente, os nazistas queriam que nós, norte-americanos, contássemos a todo mundo que nada falta na Alemanha.

Acabamos de passar por Nancy. Em vinte minutos, estaremos em Vittel. A paisagem é totalmente outra. Nenhum sinal da neve que cobria Varsóvia. Aqui tudo está ensolarado e a primavera está no ar.

25 DE JANEIRO DE 1943

Sinto-me como se estivesse em Vittel[2] há muito tempo. Estamos cercados com arame farpado, mas vivemos em um paraíso se comparado com nossos três anos no gueto. Temos um quarto separado no quarto andar de um hotel elegante. É limpo, e cada um tem uma cama. O que se poderia pedir mais?

Familiarizo-me aos poucos com o que me rodeia, com as pessoas e as condições do campo. Nos primeiros três dias, não deixei minha cama. Não conseguia deixar de lado o prazer de deitar nos lençóis limpos. Só ontem saí para meu primeiro passeio no parque. Todos nos olhavam com curiosidade. O que não é de estranhar, pois somos o primeiro transporte de norte-americanos de fora da França.

Certa vez, quando me perdi no parque, aproximei-me de outra interna e lhe pedi em inglês para me mostrar o caminho até o Hotel Central. A mulher respondeu em francês que não entendia inglês. Acontece que muitos dos internos britânicos não entendem sua própria língua — são pessoas que nasceram na Inglaterra, mas que vieram para a França ainda criancinhas.

É muito agradável passear nesse parque. Em uma das alamedas, percebi várias freiras norte-americanas, bonitas e jovens. Elas sorriram para mim com grande gentileza e começaram a me perguntar como vivíamos na Polônia, se estivemos em um campo e como nos tratavam lá, se recebíamos pacotes da Cruz Vermelha e se era verdade que os alemães haviam cometido crimes atrozes contra os judeus. Quando lhes contei que durante seis meses eu havia passado fome na prisão, algumas me deram tabletes de chocolate. Daí, pediram-me para esperar um momento enquanto voltavam a seus quartos. Logo apareceram correndo, com as mãos cheias de comida enlatada e doces. Não ousei morder o tablete de chocolate que segurava na mão. Uma das irmãs, vendo minha confusão, partiu um pedaço e o colocou na minha boca. Foi o primeiro chocolate que comi em quatro anos.

As crianças que vieram comigo praticamente foram cobertas por doces e cercadas de muita bondade. A maioria é madura e inteligente demais para a idade que tem. Krysia W., de 3 anos, e Stefanek K., de 4, andam pelo parque como adultos e cumprimentam todo mundo que encontram com a palavra polonesa *czekolada*, que parece bastante com chocolate para ser entendida por todos. Sempre voltam com os rostos e as mãos lambuzados de chocolate.

Este é um campo grande. No parque, há três hotéis, o Grand Hotel, o Vittel Palace e o Ceres. Dois mil ingleses vivem nos dois últimos — foram internados imediatamente após a rendição da França. Primeiro, foram mantidos nas casernas de Besançon, mas estão em Vittel há um ano. Esses dois hotéis são muito confortáveis, e no Ceres há uma ótima biblioteca com livros em muitas línguas. O Vittel Palace foi transformado em um hospital, e o atendimento médico é excelente. Os médicos são prisioneiros de guerra franceses. No andar térreo do Grand Hotel há muitas lojas. Uma delas, o *Bon Marché*, tem sapatos de madeira (racionados), agulhas, linha, vestidos fora de moda de 1920, colarinhos, flores artificiais e mercadorias semelhantes. Em outra loja, há broches, alfinetes, caixas com as inscrições *Souvenir de Vittel* e *Nous Reviendrons*. Os alfinetes de lapela com a inscrição *Nous Reviendrons* ("nós voltaremos") tornaram-se um distintivo patriótico usado por quase todo francês.[3]

Nos sábados e domingos, há programas de cinema, sobretudo filmes franceses antigos. Durante a semana, a tela é enrolada e o cinema se transforma em teatro. Excelentes peças, revistas e concertos são apresentados aqui.

Os três hotéis são ligados e, juntos, formam um enorme bloco situado em um morro. Do Grand Hotel, escadas levam ao parque em que estão as fontes de água mineral. Mesmo agora, elas continuam funcionando. O parque é contornado por três cercas de arame farpado e, lá fora, guardas armados vão e vêm. No meio do parque, há um pequeno lago com o inevitável cisne.[4] Também há um pequeno pavilhão em que trabalham vários sapateiros. Eles também são internos e cada um de nós pode ter os sapatos consertados por eles uma vez por mês. Atrás do pavilhão há uma igreja e a magnífica *villa* do comandante do campo. À esquerda da propriedade do comandante, há um caminho estreito que leva ao Hotel de Source, que também é habitado por britânicos. Além, fica o Hotel Continental, para pessoas com mais de 60 anos. As freiras inglesas e norte-americanas também moram ali; elas cuidam dos homens idosos.

No outro lado do campo fica o Hotel Central, reservado para os norte-americanos, cujo número não é muito grande. Eles chegaram a Vittel em setembro de 1942. Só há mulheres aqui; seus maridos estão em Compiègne.

3 DE FEVEREIRO DE 1943

Hoje, pela primeira vez, recebemos pacotes da Cruz Vermelha norte-americana — série nº 8. Minha mãe tinha lágrimas nos olhos quando abriu o seu pacote e todas nós admiramos o cuidado com que mãos norte-americanas anônimas embalaram tudo. Cada pequeno item refletia calor humano. Todas nós sentimos que as pessoas que nos mandaram essas coisas pensaram com simpatia nas pessoas famintas da Europa.

Lucia G., a bonita loira de 17 anos que esteve conosco na Pawiak, compartilhou a festa que organizamos depois de abrir esses pacotes. Em cada um, achamos uma lata de leite condensado, margarina, queijo, carne enlatada, açúcar, biscoitos, chocolate, cacau, café, polpa de laranja desidratada, passas, dois pacotes de cigarros, um pacote de fumo e sopa em pó. Colocamos todas as coisas na mesa e dançamos em volta de pura alegria. Depois, nos preparamos para nosso banquete. E pensamos o tempo todo: como poderíamos mandar algumas dessas coisas para Varsóvia?

24 DE FEVEREIRO DE 1943

Não há sensação mais maravilhosa que a liberdade. Em Vittel, tive um gostinho disso pela primeira vez em três anos. Embora eu possa ver o arame farpado e os guardas nazistas a alguns passos de distância, sinto-me sob a proteção da bandeira norte-americana. Minha única tristeza é pensar nos meus parentes e amigos em Varsóvia, dos quais até agora não recebi nenhuma notícia.

A primavera está chegando. Passo horas inteiras no parque, lendo e sonhando. Aspiro o cheiro forte dos pinheiros e me sinto feliz quando estou sozinha. Eu gostaria de estar sempre sozinha. Observo os passantes. Alguns deles usam uniformes do exército francês, que os alemães lhes deram no lugar de casacos.

Os dias passam rápido. A comida que os alemães nos dão é insuficiente e, sem os pacotes da Cruz Vermelha, passaríamos fome. Os internos tentam fazer o tempo passar organizando todo tipo de entretenimento, círculos dramáticos, clubes esportivos, grupos educacionais etc. Mas não participamos de todas essas atividades. Meus pensamentos estão constantemente em Varsóvia. O que está acontecendo lá? Todo dia examino os jornais, mas não acho nada sobre a capital polonesa.

28 DE FEVEREIRO DE 1943

Temos dois importantes hóspedes em nosso campo: o ex-cônsul brasileiro em Katowice, na Polônia, Paulo J., e seu filho Hilmar. Pai e filho se encontraram no trem depois de vários meses de separação, durante os quais os nazistas os mandaram de uma prisão alemã para a outra. Hilmar, de 22 anos, contou-me suas experiências. Os nazistas acusaram-no de todo tipo de crimes que ele nem sonhara cometer e, sob o pretexto de que estava fazendo espionagem para algum país europeu, trancaram-no e o torturaram. Ele ainda tem feridas no corpo que não se curaram e uma costela quebrada que não se restabeleceu. Parece um esqueleto. Antes de ele e seu pai receberem seus primeiros pacotes da Cruz Vermelha, todos os outros internos deram comida a eles. Esses brasileiros estão muito contentes por estarem no campo. Acham que é um verdadeiro paraíso, embora os ingleses e norte-americanos nunca parem de reclamar da comida e das condições do campo. Para apreciar nossa estadia atual é preciso ter passado o que vivemos na Polônia.

Daqui a alguns dias seremos transferidos para o recém-aberto Hotel Nouvel, que será ocupado por famílias. Os homens agora internados em Titmoning logo deverão estar aqui para se juntar às suas esposas e filhos.

15 DE MARÇO DE 1943

Faz duas semanas que estamos no Hotel Nouvel. Os homens de Titmoning e Compiègne ainda não chegaram, mas um grupo de homens chegou de Gleiwitz para se reunir com suas famílias após uma longa separação.

Nossos novos quartos são agradáveis e limpos. Minha mãe recebeu um quarto separado, que irá dividir com meu pai quando ele chegar. Minha irmã, Rosa W. e eu também temos um quarto para nós. Quase todas as ex-internas da Pawiak foram colocadas no segundo andar. Também há norte-americanos e ingleses em nosso hotel. As relações entre eles não são das melhores, pois os ingleses são muito esnobes. Mas ninguém se preocupa realmente com isso, já que temos outros problemas, muito mais graves.

17 DE MARÇO DE 1943

Quanto mais fico em Vittel, mais claros e aflitivos para minha mente são os rostos dos amigos e parentes com quem vivi no gueto. Tenho muitos pesadelos.

Recebemos ontem duas cartas, uma de Romek e outra de tio Abie. Romek escreveu para mim no formulário para internos que lhe mandei. Ele disse isto: "Toda palavra vinda de você me dá grande alegria. Estou feliz por saber que pelo menos você está segura. Não se preocupe comigo, não vale a pena; nunca mais nos veremos".

Tio Abie escreveu que, se pudermos fazer algo por ele, precisa ser feito o quanto antes, pois ele não sabe se conseguirá manter o mesmo endereço por muito tempo. Minha mãe chorou amargamente quando leu essas palavras terríveis. Começou a procurar várias pessoas no campo que têm contatos no exterior, mas não conseguiu acertar nada.

29 DE MARÇO DE 1943

Todos os cidadãos norte-americanos homens e com mais de 16 anos foram mandados de repente daqui para Compiègne. Os nazistas deram a desculpa ridícula de que prisioneiros de guerra alemães estão sendo maltratados nos Estados Unidos. As autoridades do campo isentaram dessa ordem só o sr. D., que foi operado recentemente e ainda está no hospital, o rabino R., como sacerdote, o cônsul e seu filho. Aqui é muito solitário sem os homens. Éramos muito próximos uns dos outros, quase como uma família, durante os meses trágicos na Pawiak.

18 DE ABRIL DE 1943

Agora é tarde da noite. Posso ouvir a respiração regular de Anna e de Rosa. Elas dormem profundamente, mas eu estou inquieta. Lá fora, o vento agita as árvores. Sinto que em algum lugar fatos horríveis acontecem. O clima é estranho — o céu está claro e cheio de estrelas, não há sinal de nuvens, porém sopra um vento forte. Penso em Romek e na triste carta que recebi ontem dele. "Trabalho sem parar", escreveu, "porque o trabalho me faz esquecer todos os meus problemas... O número de nossos amigos fica cada vez menor. Meu pé está muito melhor; não estou mais mancando. Dos nossos antigos conhecidos, só vejo ainda Tadek; ninguém mais sobrou. Dolek está com Janek (o que significa que fugiu para o lado ariano).[5] Recentemente, encontrei Rutka; ela se tornou muito séria. Não pense em mim, querida. Sei que meus dias estão contados. Desejo-lhe tudo de bom. Seu Romek".

Essa carta foi escrita em 21 de março. O vento lá fora fica cada vez mais forte e minha inquietação não passa. Há algo sinistro no ar...

25 DE ABRIL DE 1943

A comédia musical de Lehar, *O país do sorriso,* foi encenada no teatro do nosso campo com enorme sucesso.[6] A famosa atriz inglesa, srta. L., dirigiu o espetáculo, e a YMCA forneceu os materiais para o figurino, confeccionado pelas internas costureiras. Kendall T., um interno inglês, pintou os cenários. Também encenamos um teatro

Mary Berg (extrema direita) em uma apresentação
de *As camponesas russas*, no campo de internação de Vittel,
22 a 23 de março de 1943.

de revista dirigido por Morris S., um jovem músico inglês
que organizou uma orquestra aqui. Niusia W. interpretou
um número polonês especial nessa apresentação, e oito casais dançaram, vestidos com coloridos figurinos regionais
poloneses. Dançamos e cantamos muitos temas poloneses.
O sucesso desse número foi muito grande. Os norte-americanos e ingleses entusiasmaram-se com ele. No dia seguinte à estreia, ouvimos comentários por todo o campo:
"Essas garotas polonesas estavam tão cheias de vida...",
"Ces Polonaises sont admirables...".

Antes do espetáculo, nossa intenção manifesta de fazer um número polonês causou muito desentendimento
por parte dos internos poloneses gentios, que ficaram
ofendidos com a ideia de que garotas judias iriam mostrar
danças polonesas. Quando ouviu falar disso, Niusia W.
declarou durante um dos ensaios que ela não teria nada a

ver com o show. Mas uma polonesa gentia de bom-senso censurou-a para que não fosse instrumento dos intolerantes e continuasse seu trabalho. No fim, a mesma polonesa que havia se levantado contra nós compareceu ao espetáculo e aplaudiu o número polonês, que foi um dos de maior sucesso em toda a apresentação. É triste pensar que, depois de todos os nossos sofrimentos comuns, ainda haja tanto antagonismo racial entre nós.

Estamos muito confortadas pela atitude maravilhosa das freiras, que mostram grande devoção em relação às crianças judias. Elas organizaram uma escola e dão aulas em polonês, inglês e francês. As mães das crianças ajudam nesse trabalho. A alma desse projeto é uma freira da ordem *Les Auxiliatrices*, a quem todos chamam de madre Saint Helen. É uma mulher alta e majestosa, com um rosto magnífico. Ela enfatiza sua simpatia pelos judeus perseguidos em todas as ocasiões.

CAPÍTULO XVII

A BATALHA
DO GUETO

15 DE JUNHO DE 1943

Faz tempo que não escrevo nada. Para que serve escrever? Quem está interessado em meu diário? Muitas vezes pensei em queimá-lo, mas uma voz interior proíbe-me de fazer isso. A mesma voz interior agora está me levando a escrever sobre todas as coisas horríveis que ouvi nos últimos dias.

Nós, que fomos resgatados do gueto, temos vergonha de nos entreolhar. Tínhamos o direito de nos salvar? Por que é tão bela esta parte do mundo? Aqui tudo tem cheiro de sol e flores, e lá só há sangue, o sangue do meu povo. Deus, por que há toda essa crueldade? Estou envergonhada. Aqui estou, respirando ar fresco, e lá está meu povo, sendo sufocado com gás e morrendo em meio a chamas, queimados vivos. Por quê?

Lá pelo fim de maio, um grupo de mulheres e crianças chegou de Liebenau. Quase pulei de alegria quando de repente me deparei com Bola. Não podíamos acreditar que estávamos juntas de verdade; era como uma história das *Mil e uma noites*. Nos primeiros dias nos mantivemos inseparáveis. Contei-lhe sobre nossos amigos no gueto e sobre os fatos que ocorreram ali depois de abril de 1942, quando ela foi internada; ela, por sua vez, me contou sobre sua vida em Liebenau. Bola chegou ao nosso campo com a prima de Rosa W., Erna W., outra garota da nossa idade. Estávamos felizes como crianças e, por um instante, esquecemos inteiramente a terrível realidade ao nosso redor.

De repente, espalharam-se as no nosso campo notícias de que o gueto de Varsóvia havia sido incendiado e que todos os quarenta mil judeus remanescentes foram queimados vivos. A origem desse relato foi uma carta recebida de Varsóvia por uma das freiras norte-americanas internadas. A carta dizia que a rua Nalewki estava em chamas, mas quem escreveu obviamente queria dizer todo o gueto.

Primeiro, houve pânico entre os judeus internados, mas depois simplesmente nos recusamos a acreditar que a história fosse verdadeira. Então, chegou de Varsóvia um novo transporte de internos e eles contaram uma história detalhada dos últimos acontecimentos no gueto.

Os recém-chegados foram colocados no Hotel Providence, que foi imediatamente cercado com arame farpado a fim de evitar que os internos mais antigos pudessem se comunicar com eles. Mas parece que os alemães esqueceram de levar em conta o fato de que as janelas do Hotel Providence davam para os terrenos do Hotel Nouvel. Naquele dia e por vários dias subsequentes, conversas interrompidas por choro aconteceram por meio das janelas dos dois hotéis. Entre os novos internos, vimos muitos rostos conhecidos. Por exemplo, havia o sr. K, que estivera conosco na Pawiak e havia sido libertado pouco antes da nossa partida porque estava doente. Ele nos deu a maioria dos detalhes sobre os últimos e trágicos dias do gueto de Varsóvia.

Soubemos que a campanha de extermínio foi renovada no mesmo dia em que trocamos a Pawiak por Vittel, isto é, em 18 de janeiro de 1943. Decididamente, os judeus esperavam há muito tempo por algo dessa espécie. Deixamos a Pawiak às duas da manhã. Poucas horas depois, fortes destacamentos de guardas da SS, lituanos, ucranianos e um regimento especial de letões entraram no gueto e começaram um pogrom. Mas, para sua surpresa, esses animais se defrontaram com resistência armada. Muitos judeus se barricaram em suas casas e dispararam contra os perseguidores. Acontece que o movimento clandestino no gueto havia reunido grandes reservas de armas e munição.

Judeus capturados durante o levante do gueto
de Varsóvia são levados para o ponto de encontro
a fim de serem deportados, em maio de 1943.

Os nazistas e seus ajudantes retiraram-se do gueto. Cinco dias depois voltaram com tanques e carros blindados. Cada casa que oferecia resistência era incendiada, e as pessoas que tentavam fugir eram lançadas de volta às chamas e morriam. Quase mil pessoas morreram nessa batalha. Então, no espaço de vários dias, enormes transportes humanos foram mandados do gueto para Treblinka.

Depois disso, houve uma pausa de várias semanas para respirar, mas dessa vez os sobreviventes do gueto não tinham mais ilusões. Sabiam que seu destino estava selado, que os nazistas haviam decidido exterminar a população judaica por completo.

A liquidação final do gueto começou em março. Os donos alemães das oficinas do gueto receberam a ordem de informar seus empregados que eles deveriam se apresentar em um centro de registro para serem enviados a Trawniki.[1] Como em ocasiões anteriores, garantiram aos empregados que não deveriam ter receio de nada, que as pessoas que sobravam no gueto eram consideradas um elemento valioso, que lhes seria dado trabalho sob boas condições, que iriam morar nas fábricas e que não seriam separadas de suas famílias.

Só um pequeno grupo de judeus, os mais deprimidos e resignados, os famintos que não podiam mais viver em seus esconderijos clandestinos, apareceu. A maioria não acreditou nas promessas alemãs. Sabiam que os campos de trabalho de Trawniki eram só uma isca lançada para jogá-los em Treblinka.

Os jovens e todos os outros homens e mulheres saudáveis aderiram ao movimento clandestino e buscaram armas com suas últimas reservas. Começaram preparativos frenéticos para a resistência armada. As pequenas células

clandestinas agora formavam uma grande e bem discipli-
nada organização. Os grupos judeus operários se uniram
e, com a ajuda do Partido Socialista Polonês e de outros
grupos esquerdistas poloneses, contrabandearam comida
e munição para o gueto por meio de túneis cavados sob os
muros. Os alemães sabiam muito bem desses preparativos,
mas não precisavam de pretexto para desferir seu ataque
contra o gueto. Como apenas um pequeno grupo de judeus havia se apresentado para ir a Trawniki — menos de
duzentas pessoas — os nazistas decidiram transportar os
outros, cerca de quarenta mil judeus, à força.

Na noite entre 18 e 19 de abril de 1943, na véspera
da Páscoa, que é para os judeus uma festa de libertação,
unidades blindadas de guardas da SS, ucranianos, letões
e lituanos cercaram a área do Grande Gueto, limitada pelas ruas Leszno, Nowolipie, Bonifraterska e Smocza. Ao
nascer do sol de 19 de abril, os guardas alemães entraram no gueto com carros blindados pela rua Zamenhofa
e começaram a bombardear as casas. Os judeus barricados
responderam com granadas de mão e disparos. Depois de
algumas horas, os nazistas se retiraram do gueto.

De cada janela e telhado, de cada parede arruinada, os
nazistas foram recebidos com uma rajada de balas de rifles
automáticos. O sinal para a luta foi dado por um grupo de
jovens, que bombardearam com granadas de mão os tanques alemães que se aproximavam. Os nazistas voltaram depois do almoço com artilharia de campanha e abriram um
fogo de barragem contra as ruas Nowolipie, Bonifraterska e
Franciszkanska. Então a batalha generalizada começou.

As mulheres judias tiveram parte ativa na luta atirando pedras pesadas e água fervente nos agressores alemães.
Essa batalha angustiante e desigual não tem precedentes

na história. Os alemães, por fim, decidiram usar sua artilharia pesada.

O bombardeio foi especialmente pesado nas noites de
23, 24 e 25 de abril, quando todo o gueto transformou-se
em uma enorme conflagração. As casas incendiadas formaram uma muralha de fogo impenetrável que tornava
impossível a fuga; assim, os lutadores heroicos estavam
condenados a morrer nas chamas. Aqueles que, por um
milagre, conseguiram atravessar, foram mortos a tiros pelos guardas nazistas fora dos muros do gueto. Os disparos
também fizeram muitas vítimas na população polonesa do
lado ariano, perto dos muros do gueto.

As ruas do gueto transformaram-se num inferno. Estilhaços voavam pelo ar, e as rajadas de balas eram tão in-
tensas que qualquer um que colocasse a cabeça para fora da
janela era atingido. Os alemães usaram mais poder de fogo
na batalha do gueto do que durante o cerco de Varsóvia.
As ruas Nalewki, Nowolipie, Franciszkanska, Karmelicka,
Smocza, Mila, Nizka e Gesia, além da praça Muranowski,
foram completamente destruídas. Nenhum edifício ficou
em pé nessas ruas. Até as paredes expostas de casas quei-
madas foram derrubadas depois com dinamite. Por muitas
noites, o incêndio do gueto pôde ser visto por quilômetros
ao redor de Varsóvia. "Quando deixamos a Pawiak", contou-nos um dos internos recém-chegados, de uma janela no
Hotel Providence, "vimos uma enorme montanha de fogo,
e as casas na rua Dzielna tremiam com as explosões".

Muitos judeus que se esconderam em porões especialmente construídos morreram com o fogo e a fumaça. Um
judeu que conseguiu escapar durante a batalha disse que
os guardas da SS puxavam mulheres e crianças (que estavam escondidas nos esgotos) pelo cabelo e as fuzilavam.

Varriam os canos mais profundos de esgoto com fogo de metralhadora e, em muitos casos, lançavam gás venenoso.

Sob o gueto havia uma rede de corredores e túneis secretos. Parece que os alemães sabiam desse fato e explodiram todos os porões com dinamite. Milhares de pessoas, homens, mulheres e crianças, rapazes e moças, que se refugiaram ali, lutaram até seu último alento.

Até os alemães se espantaram com a heroica resistência oferecida pelos defensores do gueto. Não conseguiam entender de onde essas pessoas famintas e exaustas tiraram tanta coragem e força na sua luta pela última cidadela dos judeus poloneses.

Os últimos judeus foram retirados à força do antigo Pequeno Gueto, onde ficavam as fábricas Toebens e Schultz, além de várias oficinas menores.

Entre os internos recém-chegados ao Hotel Providence está Esta H., uma boa amiga minha de Lodz. Ela

Soldados da SS passam por edifícios incendiados durante o massacre do levante do gueto de Varsóvia, em maio de 1943.

me contou, da sua janela, as suas trágicas experiências antes de finalmente ser internada na Pawiak. Trabalhava na Toebens e estava na fábrica quando os alemães começaram a transportar os trabalhadores para Trawniki. Nessa época, a batalha do gueto já havia começado.

"Fomos arrebanhados para o pátio", contou. "Eu estava completamente em pânico e pensei que seríamos liquidados imediatamente. Quando cheguei embaixo, alemães armados haviam cercado um grande número de trabalhadores. Os sons de disparos e explosões vinham de todos os lados, e as vidraças da fábrica tremiam. Quando todos nós fomos reunidos no pátio, os nazistas ordenaram-nos que ficássemos contra a parede e levantássemos as mãos. Os homens entre nós repetiam preces, e me censurei amargamente por não saber nenhuma. Mas com minhas próprias palavras rezei por uma morte rápida."

"Mas o destino me poupou. Depois de algum tempo, um alemão de alta patente chegou ao pátio e deu ordens para sermos levados à Umschlagplatz. Pensei que isso significava Treblinka. Eu estava completamente zonza e só voltei a mim no vagão de carga, onde me vi empilhada junto a uma densa massa de pessoas. O tempo todo não percebi nem que meu marido estava ao meu lado. Estava com uma sede terrível. Em uma das estações onde o trem parou por bastante tempo, ele comprou uma garrafa de água de um dos guardas ucranianos que nos escoltavam. Pagou cento e cinquenta zlotych por ela. Esses guardas ucranianos ganharam uma fortuna durante essa viagem. Cobravam seiscentos zlotych por um pãozinho. Aos poucos, percebemos que o trem não ia na direção de Treblinka; depois de uma viagem de doze horas, chegamos a Trawniki."

"Esse campo ocupa uma área bem pequena. Fomos colocados em um antigo celeiro. Não havia água nem latrinas. Só alguns de nós receberam sacos de palha; os outros deitaram no chão nu. No dia seguinte, três dos deportados pegaram tifo, e o número de doentes foi crescendo dia a dia. Não foram separados dos outros. A cada dia, às seis, éramos acordados para ir trabalhar; às seis da tarde voltávamos ao nosso celeiro, completamente exaustos. A comida recebida era apenas suficiente para nos manter vivos. A aldeia mais próxima ficava a uns poucos quilômetros, mas ninguém ousou se esgueirar para fora do campo a fim de conseguir comida ali, pois as baionetas dos guardas lituanos e letões estavam de prontidão ao nosso redor."

"Mas mesmo nesse campo havia contrabandistas. Todo dia, quando íamos trabalhar, encontrávamos camponeses levando frutas e pão que tentavam vender aos trabalhadores. Às vezes conseguíamos alguma comida desse jeito, mas em várias ocasiões os ucranianos atiravam no camponês e também nos judeus que estavam tentando comprar dele. Certa vez, um gentio de uma aldeia próxima jogou um pedaço de pão através do arame farpado para um menino judeu de uns 12 anos. Com o rosto brilhando de alegria, o menino pegou o pão e começou a comê-lo. Nesse momento, o guarda ucraniano do posto mais próximo correu até o menino e, com um soco, arrancou o pão das suas mãos. Daí, começou a bater no pobre garoto com a coronha da sua arma. Continuou a bater até que ele caiu no chão. Bateu nele até a morte."

"Quase fiquei louca. Outras pessoas testemunharam essa cena sem poder fazer absolutamente nada."

"Porém, umas poucas pessoas conseguiram fugir. Certa vez, tarde da noite, um grupo de guerrilheiros atacou nosso campo, desarmou os guardas e libertou algumas dúzias de internos. Alguns dos guardas ucranianos até se uniram aos guerrilheiros e ajudaram a desarmar outros guardas. Houve casos de guardas que fugiram do campo para se juntar aos grupos clandestinos."

"Perto de Trawniki, nos bosques, havia um túmulo coletivo de vários milhares de prisioneiros de guerra que foram internados em nosso campo. Todos os camponeses das aldeias vizinhas sabiam do túmulo coletivo, pois testemunharam a execução dos prisioneiros de guerra russos pelos alemães e foram obrigados a cavar essa cova enorme."

"Não sei por quanto tempo eu conseguiria aguentar isso", concluiu Esta, "mas, felizmente, após algumas semanas, recebemos nossos passaportes estrangeiros, e a partir desse instante tudo correu bem. Fomos mandados para o quartel-general da Gestapo em Varsóvia, daí passamos três dias no Hotel Royal com um grande número de internos de repúblicas sul-americanas. Finalmente, fomos trazidos a Vittel com a última leva de internos da Pawiak. Mas não consigo ficar contente, pois meus pais ainda estão em Trawniki".

"Um grande número de documentos como os nossos chegou recentemente a Varsóvia. Mas a maioria das pessoas a quem foram enviados morreu faz tempo, em Treblinka ou durante a batalha do gueto."

A batalha do gueto durou cinco semanas. Seus defensores famintos e exaustos lutaram heroicamente contra a poderosa máquina de guerra nazista. Não usavam uniformes, não tinham patentes, não receberam medalhas por suas façanhas sobre-humanas. Sua única distinção foi a morte nas chamas. Todos eles eram soldados desconhecidos, heróis sem igual. Que horrível é pensar em tudo isso — tantos parentes e amigos entre eles, tio Abie, Romek, Rutka... Fiquei na minha janela nos últimos dias, conversando com os internos recém-chegados ao Hotel Providence. Absorvi avidamente suas palavras e meus pensamentos me levaram para lá, para as casas incendiadas do gueto, onde morei por três anos com todos esses heróis. De vez em quando me sentia sem forças, como se meu coração tivesse enfraquecido, e fechava a janela para cair na minha cama.

O papel de parede dos nossos quartos é coberto com um complicado desenho vermelho escuro. Certa vez, fiquei olhando esse papel e imaginei que as linhas vermelhas se juntavam em compridos riachos vermelhos de sangue... Assim o sangue *deles* fluiu, mesclando-se com as chamas. Nosso sangue, nossos ossos, queimando até as cinzas. Deus, por que temos de sofrer tudo isso? Tio Abie, Romek e os outros... Será que alguns deles escaparam?

No dia em que falei com Esta W., reuni vários alimentos com os internos do nosso hotel e, às onze da noite, Hilmar J. passou silenciosamente pelo arame farpado até o Hotel Providence. Ele distribuiu a comida entre os novos internos e recebeu saudações pessoais do gueto, bem como diversas cartas que haviam trazido para pessoas do nosso hotel.

Uma dessas cartas era para Felicia K., de um parente dela que havia ficado do lado ariano por bastante tempo com a ajuda de documentos de identidade falsos. A sra. K. havia conseguido documentos suíços para ele e não entendia por que ele não tinha vindo para Vittel. A carta explicava o porquê: "Minha consciência não permite que me salve", escreveu, "agora que vi tantos dos meus próximos morrerem uma morte terrível. Serei melhor do que eles? Não tenho coragem de deixar as ruínas. Não, não sairei de

Varsóvia. Este é meu lugar. Devo ficar aqui. Qual é o valor da minha vida em comparação com a desses heróis que derramaram seu sangue por nosso povo? Enquanto escrevo esta carta para você, ainda posso ouvir explosões no gueto. Os últimos porões estão sendo explodidos com dinamite. Sob as ruínas, os meus e os seus irmãos estão enterrados. Julgue por si, posso fugir deles? Na noite passada, fui até os portões do gueto e ainda pude ouvir disparos. Os últimos judeus ainda resistem. Cartazes nas ruas de Varsóvia anunciam que 'a Polônia finalmente se livrou dos elementos comunistas judeus'. Após tudo que passei nas últimas semanas, não tenho coragem de dar o menor passo para me salvar. A vida perdeu todo o valor para mim".

A sra. Felicia K. e as outras que leram essa carta choraram amargamente.

As histórias sobre as atitudes de alguns poloneses em relação à tragédia judaica também são revoltantes. É verdade que as publicações clandestinas dos partidos operários poloneses apelam para que os poloneses ajudem e deem abrigo aos judeus que fogem do gueto em chamas, mas o número de poloneses que atendem a esse apelo é muito pequeno. Os poloneses corajosos que arriscam suas vidas para esconder judeus foragidos em suas casas são frequentemente denunciados por arruaceiros antissemitas e, assim, outros são impedidos de cumprir seu dever humano em relação ao nosso povo martirizado. Em tais circunstâncias, não há muita esperança de que um grande número de judeus consiga se salvar.

15 DE JULHO DE 1943

Não sei como exprimir minha imensa alegria — não, alegria e tristeza. Hoje, recebi várias cartas de Rutka. Ela está viva e passa bem. Em 17 de abril, seus pais a tiraram do gueto pagando uma grande quantia. Deveriam juntar-se a ela no dia seguinte, mas, em 18 de abril, os esquadrões nazistas de extermínio cercaram todo o gueto, e agora Rutka, de 16 anos, está sozinha do lado ariano.

Sua carta contém muitos indícios sombrios e fico surpresa por ter passado pelo censor. Ela diz que no fim certamente irá se matar. Ela se encontrou com Romek no dia em que deixou o gueto e, no mesmo dia, encontrou-se com nossa amiga gentia, Zofia K., que lhe deu meu endereço. Suas quatro cartas, que chegaram hoje, tinham datas diferentes. Sua segunda carta contém uma mensagem de Dolek. Ele e seus parentes conseguiram passaportes estrangeiros e estão internados. Na carta, Rutka diz: "Os dias que passei com Dolek foram os mais felizes da minha vida. Tive a sensação de que estava sob a proteção de alguém".

Hoje, um certo sr. R. chegou de Varsóvia. Há uma suspeita de que tenha ligação com a Gestapo. Ele veio sozinho, sem nenhuma escolta policial. Diz que quase duas mil pessoas que têm passaportes estrangeiros foram recentemente enviadas para o campo de Bergen-Belsen, perto de Hannover. Segundo ele, os últimos internos da Pawiak e do Hotel Polski estão lá. Há muitos parentes desses internos entre nós; eles estão preocupados com seu destino. Até agora, todos os nossos pedidos de informação sobre esse campo à comissão suíça não tiveram resposta.[2]

18 DE JULHO DE 1943

Nestes tempos bestiais, é um conforto encontrar pessoas cujos corações estão cheios de amor real pelos perseguidos e carentes. Por isso é que gosto de observar nossa maravilhosa madre Saint Helen. Sinto-me menos depri mida quando estou perto dela. Admiro sua paciência, sua dedicação e seu amor pelas criancinhas. Nenhum trabalho é árduo demais para ela. Essa mulher magnífica fica de joelhos para esfregar pisos com suas mãos delicadas. Ela limpa o nariz das crianças e seca as lágrimas delas. Apesar do hábito preto e comprido que veste, ela tem muito bom senso prático para resolver todos os conflitos mundanos que surgem aqui entre pessoas de várias raças e crenças.

Madre Saint Helen dirige a escola e sinto um grande prazer ao ajudá-la. Faço cartazes, pinto brinquedos para as crianças e, também, ilustrei dez exemplares do único livro infantil que pudemos conseguir para toda a classe.

6 DE AGOSTO DE 1943

Meu pai finalmente chegou em um transporte de homens de Titmoning. Finalmente, nos reunimos após uma longa separação. Os encontros das várias famílias foram muito emocionantes; as pessoas choravam de alegria. Mas ainda há muitas mulheres e crianças que não veem seus maridos e pais há mais de dois anos.

Também chegam transportes de Compiègne e de outros campos na Alemanha, como Tost e Kreuzberg.[3] Essa concentração de internos de tantos campos nos dá a esperança de que a troca está próxima.

Recebi outra vez cartas de Rutka com trágicas alusões. Sua última carta descreve como Tadek morreu. Eu tinha certeza de que Tadek sobreviveria a nós todos, pois tinha a melhor chance. Mas ele não está mais vivo. O infeliz rapaz cometeu suicídio. Pude entender pela carta de Rutka que seu pai foi morto por grupos da resistência. Tadek jamais poderia suportar essa desgraça; deve ter sentido que nunca seria capaz de limpar essa mancha do seu nome. Seu pai

foi morto em casa no dia 17 de abril, na véspera da insur-
reição. No dia seguinte, Tadek se matou. Pobre rapaz, ele
me amava tanto.

22 DE AGOSTO DE 1943

As pessoas morrem e nascem em nosso campo. Recentemente, tivemos dois funerais de velhos ingleses do Hotel
Continental. Três novos bebês chegaram ao mundo. As
mães são cercadas de grandes cuidados e recebem pacotes
especiais por meio das freiras. Mulheres grávidas também
recebem pacotes extra e ficam sob a supervisão de médicos
franceses que são prisioneiros de guerra.

Um desses médicos, o dr. L., é um cirurgião famoso.
Sua situação é comovente. A mulher e o filho estão em
um campo perto de Paris, de onde são enviados constantes transportes para a Polônia. Ele sempre nos pergunta
se tudo que se diz de Treblinka é verdade. Recusa-se a
acreditar que pessoas são mortas ali aos milhares com gás
e vapores venenosos.

Nosso campo é um mundinho próprio. Temos até células do movimento clandestino francês. Os internos sabem
que em alguma parte do nosso campo há um rádio secreto.
Todos os dias as últimas notícias são passadas no boca a
boca com a maior velocidade. Parece que os alemães des-
confiam de alguma coisa do tipo, pois ontem revistaram o
hotel, mas não acharam o rádio. Diz-se que, enquanto eles
faziam a revista, alguém andava no parque carregando o
rádio em uma maleta.

Os alemães agora fazem revista em um hotel diferente
por dia, mas o rádio continua a funcionar e nos informa
dos fatos. As notícias são boas. Os russos aproximam-se
da fronteira polonesa, a Alemanha é bombardeada cons-

tantemente pelo ar, os aliados desembarcaram na Itália, e a
campanha africana acabou faz tempo.

Da África, recebi uma carta do meu primo, Henry W.,
que é oficial da força aérea de De Gaulle. Receber cartas é
agora um grande privilégio na Europa e consigo isso graças
à bandeira norte-americana. Correspondo-me constantemente com Rutka, que está no lado ariano de Varsóvia. Os
internos têm permissão de mandar apenas uma folha por
semana, mas uso as folhas de toda minha família e, além
disso, vários amigos no campo me dão as deles. Os censo-
res têm um bocado de trabalho lendo minhas cartas.

O trabalho na escola me dá muita alegria e me oferece
uma oportunidade de praticar meu inglês e meu francês.
Agora, dirijo o trabalho artístico em duas classes. Usamos
o papelão dos pacotes da Cruz Vermelha como material e,
como cola, utilizamos leite em pó dissolvido. A maioria das
crianças é da Polônia; muitas delas chegaram nos últimos
dois transportes, que vieram para cá depois da liquidação
do gueto. Aprendem francês e inglês muito depressa e são
um grande consolo para todos nós.

5 DE SETEMBRO DE 1943

Recebemos hoje uma carta de nosso tio de Toulouse.
Escreve que precisa mudar frequentemente seu endereço, e que a filha dele, minha prima, foi forçada a dar seu
filho de um ano para uma família gentia a fim de escon-
dê-lo dos nazistas. A situação dos judeus franceses piora
a cada dia. Milhares de judeus são mandados para Paris,
ao campo de Drancy, que é apenas uma etapa da viagem
para Treblinka.

Em outros países ocupados pelos nazistas, os judeus
também são reunidos em campos provisórios chamados

Durchgangslager (campo de trânsito) antes de serem enviados para as várias fábricas da morte na Polônia. Esses judeus não sabem que destino terrível os espera. Eles não têm ideia do que aconteceu aos judeus poloneses. Os maiores transportes de judeus são enviados agora do campo holandês de Westerborg.[4] Quem nos disse isso foram alguns cidadãos britânicos que vieram para cá da Holanda, alguns dias atrás. Uma norte-americana que chegou dali recentemente falou-nos da atitude admirável do povo holandês em relação aos seus concidadãos judeus. Não só escondem os judeus em seus lares, como várias vezes grupos da resistência holandesa atacaram trens que carregavam judeus deportados e os libertaram. Em algumas cidades, a população holandesa queimou os registros civis, dificultando assim para os nazistas descobrir quem é judeu. Em outras cidades, a população gentia organizou greves de protesto contra a perseguição aos judeus e, em alguns casos, forçaram os alemães a parar a deportação.

2 DE OUTUBRO DE 1943

Durante os dois dias de Rosh Hashaná, os homens rezaram em um dos nossos quartos. Preparamos uma mesa com velas, como fizemos na Pawiak, e Madame Sh., a esposa do grão-rabino de Varsóvia, ficou de pé perto do altar. Um sentimento triste e solene prevaleceu.

No segundo dia de Rosh Hashaná, recebi uma carta de Rutka informando-me que tio Abie está vivo. Zofia K. disse-lhe que ele está trabalhando no subúrbio de Praga. Meus pais acham que é um bom presságio a carta ter chegado no Rosh Hashaná. Mas Rutka ainda não respondeu minhas perguntas sobre Romek. O que ela disse sobre ele não ficou claro. Receio que ela não queira me dizer a verdade. Ele deve ter morrido com outros milhares de heróis no gueto.

10 DE OUTUBRO DE 1943

Ontem, foi o Dia da Expiação, e hoje é meu aniversário. Sinto-me muito velha, apesar de só ter 19 anos. Minha mãe preparou uma festa-surpresa para mim e convidou todos os jovens do campo. Eles tentaram criar um clima alegre, mas sua alegria artificial só me entristeceu.

15 DE NOVEMBRO DE 1943

Demos hoje um passeio maravilhoso fora do campo até uma aldeia vizinha. Tivemos permissão para isso depois de uma longa e cansativa negociação. Nosso grupo incluía trinta pessoas, e o alemão que nos escoltava mudou seu tom severo assim que lhe demos alguns maços de cigarros norte-americanos e outros artigos valiosos.

Pela primeira vez em onze meses, saímos da área cercada por arame farpado. O caminho seguia entre as montanhas verdes dos Vosges. Em certos pontos, era tão estreito que tínhamos de andar em fila indiana. O sol brilhava forte, e soprava uma brisa leve e fria. Não encontramos uma criatura viva em nosso caminho. Daí, chegamos a uma aldeiazinha. Crianças sujas e magras brincavam na frente das cabanas, e um cavalo amarrado em uma cerca mordia monotonamente a grama.

A aldeia maior, que era para onde íamos, não parecia muito melhor. As casas estavam destruídas, e as pessoas estavam magras e abatidas. Logo, fomos cercados por um bando de crianças que nos suplicava: "Avez-vous quelque chose à manger?". Demos a elas pão e chocolate, que logo colocaram na boca com as mãozinhas tremendo.

No centro da aldeia, havia uma pequena pousada. Algumas mulheres sentadas perto da lareira levantaram-se para nos servir. Garrafas de vinho tinto e *kirsch* apareceram na mesa comprida. O guarda alemão sentou-se para beber e nos permitiu andar livremente, depois de nos recomendar que voltássemos a uma certa hora. Com Erna, Bola, Rosa e Harold, um jovem inglês, fui procurar farinha, que não havia no campo, por nenhum preço. Depois de uma longa busca, descobrimos uma padaria que fazia pão racionado. O pobre padeiro hesitou por muito tempo, mas quando viu nossas comidas enlatadas despejou farinha em nossos sacos. Também compramos as compridas baguetes francesas por sete francos cada, mas era pão preto, bem diferente do pão francês de antes da guerra. Uma camponesa nos deu alguns ovos e nos agradeceu repetidamente pela barra de sabonete e pelo pedaço de queijo norte-americano que lhe demos em troca. Aonde quer que fôssemos, éramos saudados com alegres exclamações: "Les Anglais! Les Américains!".

Na nossa volta à pousada, tivemos uma grande surpresa. Na mesa havia um rádio, que antes estava escondido. O guarda alemão havia bebido muito e estava dormindo num banco do lado de fora. Harold sintonizou uma estação estrangeira e, pela primeira vez em quatro anos, ouvi uma transmissão de rádio.

Aconteceu de sintonizarmos um programa transmitido dos Estados Unidos para a Europa. Era em alemão, seguido por uma tradução inglesa. Ouvimos as últimas notícias. Paris estava sendo fortemente bombardeada, assim como a costa da Normandia. Os russos recuperaram diversas cidades e fizeram milhares de alemães como prisioneiros. A transmissão acabou com uma saudação aos povos oprimidos da Europa. Ouvimos com a respiração contida. De repente, o guarda alemão que nos escoltava entrou. Felizmente, ele estava bêbado demais para perceber o que acontecia. Virei depressa o botão para uma estação de Paris e ouvimos música alegre.

No fim da tarde, voltamos para casa com nossos troféus. Cada um de nós tinha um pequeno saco com alguns quilos de farinha. Havia um furinho no saco de Erna, e a farinha marcou nossa trilha. Uma das garotas inglesas declarou triunfantemente que tinha o melhor troféu de todos — ela tinha um coelho no saco! Como já estava escuro quando regressamos ao campo, todos esses tesouros passaram despercebidos pelo supervisor que nos examinou na entrada.

17 DE NOVEMBRO DE 1943

São dez horas. Uma pequena lâmpada está acesa no meu quarto. Pendurei um cobertor na minha porta para evitar que passasse qualquer luz pelas fendas. Oficialmente, devemos apagar as luzes às dez, mas a noite é o único período em que posso ler ou escrever. Há proteções pretas especiais nas janelas, mas também pendurei uma coberta nelas, e estou sentada em um canto junto à pequena lâmpada.

Gosto de ouvir o ronco dos aviões britânicos e norteamericanos que passam por aqui toda noite à mesma hora. Ouço o ruído dos bombardeiros pesados como se ouvisse a mais pura música. A melodia das hélices é minha melhor canção de ninar e adormeço com uma esperança crescente de que no fim as forças malignas do nazismo serão derrotadas. Na manhã seguinte, leio os boletins de guerra alemães informando-nos de que Paris foi pesadamente bombardeada e que, claro, só foram atingidos hospitais e lares de crianças. Talvez meu primo Henry W. esteja entre os aviadores que passam lá em cima à noite. Como eu gostaria que ele me lançasse uma carta!

21 DE NOVEMBRO DE 1943

Aconteceu a primeira troca de prisioneiros entre ingleses e alemães. Cerca de cem pessoas saíram de Vittel, sobretudo os doentes e aqueles com mais de 60 anos. As despedidas foram emocionantes. Todos os invejamos, e os felizardos sorriam como se vissem as portas do paraíso após um longo martírio.

No sábado passado, vimos em nosso cinema um filme turístico sobre Nova York. Primeiro, a Estátua da Liberdade aparecendo na neblina — uma mulher gigantesca com uma tocha na mão. Daí, apareceram os altos arranha-céus. Vi as ruas de Nova York e gente correndo por elas. Carros rodavam com enorme velocidade. Daí, veio a Broadway com suas luzes de neon. O filme acabou com um navio entrando no porto de Nova York. Nesse ponto, os aplausos dominaram o salão. Aparentemente, todo mundo pensou no momento em que chegaria a Nova York, a bordo de um navio. Minha mãe, sentada a meu lado, mal conseguia se controlar. "Veja", disse-me com entusiasmo, "é o Radio City, é a Quinta Avenida e lá está a Broadway...".

Os aplausos duraram bastante tempo, e o filme despertou as emoções mais profundas em todos que conheciam Nova York. Não consigo entender por que os alemães o exibiram.

27 DE NOVEMBRO DE 1943

O primeiro transporte de prisioneiros de guerra italianos chegou a Vittel. São italianos que apoiaram os Aliados depois da capitulação de Benito Mussolini. Foram colocados no Hotel des Colonies, fora da área do nosso campo.

Recebemos uma carta inesperada de meu primo Henry W. Ele esteve em Londres por dois meses e ainda serve a De Gaulle.

18 DE DEZEMBRO DE 1943

Há um terrível pânico entre os internos judeus. Os alemães, de repente, ordenaram que se registrassem os norte-americanos e britânicos de origem judaica. Não sabemos o que isso quer dizer, mas circulam vários boatos. Alguns dizem que os judeus serão enviados à Palestina em troca de alemães que estão internados ali. Outros afirmam que seremos mandados de volta à Polônia. Os judeus sentam-se em seus quartos, desesperados, sem saber o que fazer. Parece que algo grave está para acontecer, pois uma comissão especial composta de altas autoridades do Ministério das Relações Exteriores alemão chegou ao campo.[5] Os internos gentios encorajam-nos, sobretudo as freiras. Madre Saint Helen declarou que, se formos mandados de volta à Polônia, ela não permitirá a ida das crianças. "Não lhes darei as crianças", disse, resolutamente. "Eu as esconderei na igreja e os desafiarei a ir lá."

26 DE DEZEMBRO DE 1943

Desta vez, escapamos apenas com um susto. A comissão nazista desapareceu, e todo o campo, judeus e não judeus, suspirou de alívio.

Este ano, nossa festa de Chanukah coincidiu com o Natal, e muitos judeus e gentios acharam que o fato era simbólico. Velas de Chanukah acenderam-se em muitos dos quartos ocupados por judeus, enquanto a árvore de

Natal na frente da igreja foi decorada com festões. Será que nosso sofrimento e perseguições comuns finalmente vão acabar com o ódio racial cego?

1º DE JANEIRO DE 1944

Ano Novo outra vez! O que ele nos trará? Ontem à noite, tivemos uma festa. Por algum tempo, deixei de lado minhas reservas e dancei. Mas de repente imaginei que sombras estavam dançando à minha volta. Então senti um forte retinir nos ouvidos, que logo virou uma gargalhada selvagem. Fiquei tonta e pedi ao meu par que me levasse para casa.

12 DE JANEIRO DE 1944

Há novamente uma onda de preocupação no campo. Um boato diz que aqui em Vittel os judeus logo serão isolados numa espécie de gueto. Muitos gentios estão indignados e declaram que não permitirão isso. Mas, por estranho que pareça, mesmo aqui há arianos que gostam dessa perspectiva, que afirmam que os judeus devem ser separados dos gentios, exatamente como no campo de Titmoning. É possível que os próprios antissemitas sejam responsáveis por esses boatos.

30 DE JANEIRO DE 1944

Há poucos dias, a administração do campo ordenou que os norte-americanos se aprontassem para partir de uma hora para a outra. Os ingleses estão céticos e afirmam que a troca não acontecerá por mais um ano, pois esse tempo passou antes da partida do primeiro grupo de ingleses. Aqueles que possuem passaportes verdes norte-americanos emitidos antes da guerra pelo menos terão preferência, segundo os alemães.

Espero com impaciência e estou tão inquieta nos últimos dias que passei quase todo o meu tempo andando no parque.

16 DE FEVEREIRO DE 1944

Recebi uma carta desesperada de Rutka. Ela escreveu que seus documentos de identidade e seu dinheiro foram roubados. Agora ela está sozinha, perdida no meio de um mundo de ódio e perseguições. "Pensar em você é meu único consolo. Vivo na esperança de vê-la outra vez." Pobre Rutka, por quanta coisa ela passou e quanto ainda a espera!

27 DE FEVEREIRO DE 1944

Afinal, foi marcada uma data! A troca acontecerá em Lisboa, no dia 5 de março. Soldados norte-americanos feridos e internos civis estão escalados para a troca. Mas ainda não está clara qual a proporção dessa troca — cinco alemães por um norte-americano ou vice-versa, cinco norte-americanos por um alemão. Diversos boatos correm a respeito. A administração do campo organiza um novo registro a cada hora; novas pessoas são colocadas nas listas, as que já estavam são cortadas. Estamos todos num terrível grau de tensão e nervosismo. Nossa família estava nas duas primeiras listas, mas fomos tirados delas. Minha mãe corre de um escritório a outro. Só cerca de trinta pessoas deverão ir no primeiro grupo, enquanto há cento e cinquenta candidatos para a troca em Vittel.[6] Todos esses boatos e mudanças estraçalharam completamente nossos nervos.

28 DE FEVEREIRO DE 1944

As listas estão definidas. Não iremos. Minha mãe visita sempre o comandante, só para ouvir repetidamente que não podemos ir porque meu pai está em idade militar e porque é contra seus princípios separar famílias. Se isso for verdade, a maioria das famílias não pode ir, pois seus homens têm menos de 55 anos. Enquanto isso, todas as freiras e portadores de passaportes verdes receberam a confirmação de que estarão no primeiro grupo. Mas o comandante diz que poderão acontecer mudanças no último momento. Isso me lembra da tática nazista na Pawiak. Ali, também, eles mudavam de ideia a todo instante, aparentemente com o único objetivo de nos torturar.

29 DE FEVEREIRO DE 1944

A lista de norte-americanos que serão trocados foi confirmada definitivamente. Não iremos. Os felizardos receberam ordens de arrumar a bagagem. Das janelas, vejo malas empilhadas nos seus quartos. Lá fora, neva. Às vezes, imagino que estou de volta à Pawiak.

CAPÍTULO XVIII

VIAGEM À
LIBERDADE

1º DE MARÇO DE 1944

Estamos no trem! Estamos indo, apesar de tudo. Nas últimas doze horas passamos pelas experiências mais perturbadoras. A cada meia hora, havia mudanças. Às seis da tarde, a administração do campo chamou, pelos alto-falantes, os nomes de todos aqueles que não estavam na lista. Como faltavam algumas pessoas para lotar o transporte, esperamos que nós também fôssemos levados. Minha mãe correu até o comandante, mas logo voltou com um rosto decepcionado; era tarde demais. Mas ela não abandonou as esperanças e ficou rezando para que alguma coisa acontecesse no último momento.

E aconteceu. Às dez horas, chegaram transportes de Titmoning e Liebenau, e confirmou-se que haveria espaço para mais alguns internos. A administração convocou os norte-americanos nativos, e minha mãe foi aceita imediatamente. Primeiro, meu pai deveria permanecer em Vittel, e minha mãe concordou, pois estava certa de que no último instante poderia haver outra mudança e que meu pai receberia permissão de ir conosco. Enquanto isso, ela arrumou todas as nossas coisas. Como em Varsóvia, muitas pessoas nos visitaram e nos deram endereços dos seus parentes norte-americanos. Ajudaram-nos a fazer as malas e se ocupavam com tarefas ao nosso redor. Niusia W. preparou nossa comida para a viagem, enquanto Bola chorava deitada no seu quarto.

Às sete da manhã, minha mãe foi à administração do campo e, alguns minutos depois, voltou correndo, gritando: "Todos nós vamos!".

Nunca me esquecerei do momento em que dissemos adeus às pessoas com quem sofremos tanto, suspensos constantemente entre a vida e a morte. Todo mundo disse: "Por favor, não nos esqueçam, todas as nossas esperanças estão depositadas em vocês. Não fiquem calados. Façam com que sejamos resgatados...". Todos, sem exceção, homens, mulheres e crianças, choraram. Centenas de mãos acenavam para nós das janelas além da cerca de arame farpado. A distância, pude ver Erna enxugando os olhos. Ao seu lado, estavam Rosa, Harold e muitos outros, amigos e estranhos.

Nosso compartimento é vizinho ao dos alemães que nos escoltam. Demonstram um estado de nervosismo extremo. Nunca vi alemães tão preocupados. Ficam verificando o número de seus prisioneiros com uma lista que têm nas mãos.

2 DE MARÇO DE 1944

Ficamos em Biarritz por várias horas. O trem parou a uns três quilômetros da estação principal. Havia um temor crescente entre os passageiros. Segundo alguns boatos, vá-

rios internos seriam mandados de volta a Vittel, pois supostamente havia muitos de nós para serem trocados.[1]

3 DE MARÇO DE 1944

Há poucos minutos trocamos todo nosso dinheiro por
dólares. Isso finalmente nos tranquilizou; agora, acredita-
mos mesmo que vamos para os Estados Unidos. Todos
os homens tiveram de assinar uma declaração de que não
lutariam contra a Alemanha, em nenhum exército. Quando deixaram os vagões para assinar essa declaração, vimos
um trem com internos alemães chegar em outros trilhos.
Vieram dos Estados Unidos para serem trocados por nós.
Na verdade, todos nós tivemos pena desses alemães.

4 DE MARÇO DE 1944

Agora, nosso trem está em território espanhol. Nas estações, algumas pessoas nos saúdam com o sinal "V". A
pobreza da Espanha choca imediatamente. Crianças esfar-
rapadas esticam as mãos, pedindo uma moeda. Há muitos soldados, sobretudo oficiais elegantemente vestidos. A
população civil está vestida com trapos, e as pessoas têm
faces cavadas.

Muitos dos alemães que nos escoltaram ficaram do
lado francês da fronteira, e aqueles que ainda nos acompanham agora usam roupas à paisana. Sem seus uniformes,
perderam a insolência.

5 DE MARÇO DE 1944

Acabamos de cruzar a fronteira portuguesa. A polícia
uniformizada espanhola foi substituída pela polícia secreta
portuguesa. Ainda estamos no mesmo trem. Aqui, também, pessoas nos saúdam com o sinal "V".

Nosso trem aproxima-se de Lisboa. Posso ver as velas de vários navios. Alguém no nosso vagão acabou de gritar a palavra "Gripsholm!". Essa palavra sueca desconhecida significa liberdade para nós.[2]

Acordei com o barulho do motor do navio. O Gripsholm está em alto mar. Fui para o convés e respirei no azul infinito. A terra empapada de sangue da Europa estava bem para trás de nós. O sentimento de liberdade quase me fez parar de respirar.

Nos últimos quatro anos, não conheci essa sensação. Quatro anos de suástica negra, arame farpado, muros do gueto, execuções e, acima de tudo, terror — terror de dia e terror à noite. Depois de quatro anos desse pesadelo, achei difícil desfrutar de imediato minha liberdade. Imaginava sempre que era só um sonho, que a qualquer instante eu acordaria na Pawiak e veria novamente os homens idosos

O navio de troca SS Gripsholm
chegando ao porto de Nova York.

com barbas grisalhas, as moças na flor da idade e os rapazes altivos, levados como gado para a morte até a Umschlag-platz, na rua Stawki.

Até imaginava às vezes que ouvia os gritos dos tortura-dos, e o cheiro salgado do mar de repente se transformava no aroma nauseante e adocicado de sangue humano, que tantas vezes entrou pelas nossas janelas na Pawiak.

Embaixo, no salão, alguém começou a tocar piano, o que me lembrou de Romek, que costumava tocar as mes-mas músicas de Schubert. Vi seus longos e delicados de-dos diante de mim. Fui para a minha cabine e me joguei na cama, chorando amargamente.

Pensei que no navio eu esqueceria o pesadelo do gueto. Mas, estranhamente, na infinidade do oceano eu sempre via as ruas sangrentas de Varsóvia.

No convés, fiz amigos entre os soldados e aviadores norte-americanos que foram abatidos em missões sobre a Alemanha e que haviam sido trocados conosco. Alguns deles tinham mangas vazias pendentes. Outros andavam com muletas. Dois jovens oficiais tinham rostos terrivel-mente desfigurados, e outros, queimados. Um deles per-deu as duas pernas, mas estava sempre com um sorriso nos lábios.

Senti-me próxima desses norte-americanos e, quando lhes contei sobre o que os nazistas fizeram no gueto, eles me entenderam.

A bordo do navio, vi o primeiro filme norte-americano em muitos anos. Era *A canção da vitória*. Os soldados e oficiais tinham lágrimas nos olhos quando o viram.

No cair da noite de 14 de março, a silhueta da costa norte-americana começou a surgir na neblina. Os passa-geiros foram para o convés e se enfileiraram nas grades.

Isso me lembrou a história bíblica do dilúvio e da Arca de Noé, quando finalmente chegou à terra.

Durante todo esse dia, me senti completamente exausta, como se tivesse de carregar a carga de muitos, muitos anos. Não tomei parte na diversão daquela noite. Fiquei deitada, num canto do convés, ouvindo o som das ondas que ficavam cada vez mais turbulentas.

Em 15 de março, nosso navio aproximou-se de Nova York.[3] Pessoas que passaram anos de sofrimentos em comum começaram a dizer adeus umas às outras. Um sentimento de afeição fraterna nos dominava. No rosto de cada um havia uma expressão de inquieta expectativa. Vi os arranha-céus de Nova York, mas meus pensamentos estavam em Varsóvia e eu conversava com Rutka. Por um instante, imaginei que estava puxando-a pela mão e fazendo-a subir no navio.

Querida Rutka, sinto muito sua falta. Gostaria de partilhar minha boa sorte com você. Que maravilhoso seria pisar no solo norte-americano com você. Gostaria de lhe dar pelo menos um pouquinho da liberdade e da felicidade que estão reservadas para mim. Estou com você agora. A Estátua da Liberdade, essa mulher altiva com uma tocha na mão que vejo diante de mim, está olhando para você, tanto quanto para mim. Ela saúda você, também, você e todos nossos amigos que ainda estão vivos e também aqueles que nunca mais veremos.

Rutka, veja com meus olhos, deixe seu coração bater com o meu. Estamos nos aproximando da liberdade. Aqui, cada um de nós achará pão, um lar, liberdade. Ninguém jamais apreciará tanto a liberdade como nós, que chegamos a perdê-la.

Minha Rutka, conte a todos que ainda estão vivos que nunca os esquecerei. Farei tudo que puder para salvar aqueles que ainda podem ser salvos, e para vingar aqueles que foram tão amargamente humilhados em seus últimos instantes. Aqueles que viraram cinzas, eu os verei sempre vivos. Eu contarei, contarei tudo sobre nossos sofrimentos, nossas lutas e o massacre de nossos mais queridos, e exigirei punição para os assassinos alemães e suas Gretchens em Berlim, Munique e Nuremberg, que desfrutaram dos frutos do homicídio, e ainda usam as roupas e sapatos de nosso povo martirizado. Tenha paciência, Rutka. Tenha coragem, espere. Um pouco mais de paciência e todos nós conquistaremos a liberdade!

NOTAS

INTRODUÇÃO

[1] "Thousands mourn victims of ghetto", *New York Times*, 20 de abril de 1944, p. 10.

[2] Transcrição de "Woman of tomorrow".

[3] S.P. tem algumas páginas fotocopiadas do manuscrito polonês original, mas o manuscrito polonês completo, bem como o original do diário de Mary Berg aparentemente não existem mais.

[4] S.P. agradece a Fabian Fuerste, da BibliotecaWiener, por verificar as datas e edições exatas em que o diário foi publicado em alemão.

[5] Entre outros, *The extermination of 500,000 Jews in the Warsaw ghetto: the day to day experience of a Polish Gentile* foi publicado pelo American Council of Warsaw Jews e pelo American Friends of Polish Jews em Nova York, em 1942.

[6] Depois da guerra, os arquivos do gueto *Oneg Shabbat*, organizados por Emanuel Ringelblum, foram recuperados em Varsóvia, e os diários e crônicas de Adam Czerniakow, Janusz Korczak, Chaim Kaplan, Abraham Lewis e Emanuel Ringelblum, que morreram no Holocausto, vieram à luz. Vários relatos de memórias apareceram nas quatro décadas seguintes, inclusive os de Alexander Donat, Helena Szereszewska e sobreviventes do levante do gueto de Varsóvia, como Yitzak Zuckerman e Vladka Meed.

As memórias do policial do gueto Stanislaw Adler, que sobreviveu, mas se suicidou em 1946, também foram publicadas em inglês, em 1982, por Yad Vashem. Como apenas 1% dos habitantes do gueto sobreviveu à guerra, mesmo relatos escritos após 1945 são raros.

7 Resenha, *New Yorker*, 1945.

8 Resenha, *Kirkus*, 1945.

9 Young, M. *New York Times Book Review*, 1945.

10 Weiskopf, F. Resenha, *Saturday Review*, 1945.

11 Em 1945, uma tradução do diário para o hebraico foi publicada em Tel-Aviv, e uma edição em espanhol foi lançada em Buenos Aires. Em 1946, uma edição italiana surgiu em Roma e, em 1947, uma tradução francesa, em Paris. Várias décadas depois, Shneiderman editou uma tradução polonesa do original em inglês, que foi lançada na Polônia no 40º aniversário do levante do gueto, em 1983. Uma tradução húngara seguiu-se em 1991, bem como uma nova tradução italiana.

12 Em 1986, *Um buquê de violetas alpinas*, uma peça baseada no diário, foi encenada em Varsóvia. Ver Kaufman, M.T. "Warsaw play dramatizing Ghetto diary", *New York Times*, ProQuest Historical Newspapers, 18 de maio de 1986, p. 13. Mais recentemente, *Tempesta*, uma produção inspirada no diário de Mary Berg, foi apresentada em cinco países como teatro de rua, em uma adaptação dirigida por Cora Herrendorf. A produção era da companhia Teatro Nucleo, que começou em 1974 na Argentina e hoje estabeleceu-se na Itália (ver a página virtual do Teatro Nucleo em http://www.teatronucleo.org). Em 1991, o documentário de Heinz Joest, "A day in the Warsaw Ghetto: a birthday trip to hell", dirigido por Jack Kuper no Canadá, incluiu um texto do diário de Mary Berg.

13 Lucy Dawidowicz (1975); Nora Levin (1973); Israel Gutman (1982); Martin Gilbert (1985).

14 Carta de Eckhardt a Pentlin, datada de 1995.

15 Rosenfeld, A.H. (1980).

16 Elbaum, E. (1945).

17 O pai de Mary Berg nasceu em 19 de julho de 1893, em Pultusk, na Polônia, e morreu nos Estados Unidos em 1970, onde continuou a negociar antiguidades depois da guerra; sua mãe, Lena, morreu nos Estados Unidos em 1989.

18 Gutman, I. *The Jews of Warsaw, 1939–1943, ghetto, underground, revolt* (Bloomington, Ind.: Indiana University Press), 1982, p. 108.

[19] Wiszniewicz, J. *And yet I still have dreams*, trad. R. Grol (Evanston, Il.: Northwestern), 2004.

[20] Ele é identificado em "Minutes of the second plenary session of the Jewish education Council in Warsaw", PH/9-2-7 em Kermish (1986), pp. 464, 466.

[21] [A preliminary study in teaching people during the war.] PH/13-2-4 em Kermish (1986), p. 469.

[22] Lewin, A. *A cup of tears: a diary of the Warsaw Ghetto*. Polonsky, A., ed. (Oxford: Blackwell), 1988, p. 84.

[23] "The profile of the Jewish child", #ARI/47 em Kermish (1986), p. 383.

[24] Mary Berg dá o endereço de rua Sienna, nº 16. Parece provável que seja um erro. O endereço da escola é dado nesse ensaio como rua Sienna, nº 34, o que seria mais perto de sua casa. Ver ARI/341 em Kermish (1986), pp. 515-6.

[25] [Jewish youth in the war years.] ARI/46 em Kermish (1986), pp. 516-9.

[26] Ringelblum, E. (1958).

[27] Ringelblum, E. (1958), p. 329.

[28] Hilberg, R., Staron, S. e Kermisz, J., eds. *The Warsaw diary of Adam Czerniakow: prelude to doom* (Nova York: Stein and Day), 1972, p. 295.

[29] Sternbuch, G. e Kranzler, D. *Gutta, memories of a vanished world, a Bais Yaakov teacher's poignant account of the war years* (Nova York: Feldheim), 2005.

[30] Steinberg, M. (2004), pp. 341-2.

[31] Ringelblum, E. (1974), pp. 249-50.

[32] Ver Wyden, P. (1992), p. 307.

[33] Reich-Reinicki, M. (1999), p. 186.

CAPÍTULO I: VARSÓVIA SITIADA

[1] Mary [Miriam] Wattenberg nasceu em Lodz, em 20 de abril de 1924. É provável que tenha mudado sua data de nascimento durante a ocupação alemã, pois os judeus não podiam ter o mesmo aniversário que o de Adolf Hitler. Talvez ela tenha usado a nova data, 10 de outubro, na edição de seu diário para proteger familiares que estivessem vivos na Polônia em tempos de guerra, assim como usou o pseudônimo Berg em vez do seu nome de família, Wattenberg.

[2] Yom Kippur. Durante a guerra, os alemães muitas vezes escolhiam os feriados judeus para realizar ações no gueto, como pogroms e deportações.

3   Edward Rydz-Smigly (11 de março de 1886 – 2 de dezembro de 1941). Em novembro de 1939, Rydz-Smigly sucedeu a Jozef Pilsudski como marechal da Polônia e comandante principal das forças armadas polonesas. Fugiu com o governo polonês para a Romênia, durante o cerco em que foi internado. Mais tarde, voltou para se unir à resistência, mas pouco depois morreu por causa de uma parada cardíaca, na Polônia.

4   Nicolas Poussin (1594-1665) foi um pintor francês de estilo clássico durante o período barroco. Eugène Delacroix (1798-1863) pintou no estilo romântico francês.

5   O vizinho era um *Volksdeutsche*, uma pessoa que viveu na Polônia pré-guerra e cuja família pode ter vivido na Polônia há gerações. Os *Volksdeutsche* optaram por assinar uma *Volksliste* situando-se como alemães étnicos durante a ocupação. Esse vizinho provavelmente obteve recompensa financeira ou outros privilégios por denunciar os Wattenberg.

6   Jan Matejko (1838-1893), pintor polonês nascido em Cracóvia, foi admirado por seus retratos militares e patrióticos, e sobretudo por quadros que protestavam contra a divisão da Polônia.

7   Oficialmente, Lodz já tinha se tornado parte do Terceiro Reich em 9 de novembro de 1939.

8   O consulado norte-americano mudou-se para o prédio da embaixada em Varsóvia e ficou aberto até a primavera de 1940. É possível que um dos motivos que levaram os Wattenberg a ir para Varsóvia em 1939 tenha sido a intenção de ficar próximo a esse local.

9   A fronteira entre o novo Governo Geral e a União Soviética estava fechada.

10   O nº 41 da rua Sienna ainda existe em Varsóvia.

11   Era conhecida como a área Baluty.

12   Nessa época, os Estados Unidos eram neutros e a Alemanha não queria que entrassem na guerra. Portanto, é provável que essa mulher tenha sido paga por razões diplomáticas.

13   A Galícia é uma área do sudeste da Polônia. Antes de 1918, era parte do Império Austro-Húngaro. O pai de Mary telefonou de uma região que a União Soviética ocupou em 1939.

14   Cerca de duzentos e cinquenta mil a trezentos mil judeus fugiram da Polônia para a União Soviética depois da invasão alemã. Calcula-se que metade deles sobreviveu à guerra.

15   Eram documentos provavelmente falsificados em Varsóvia. Ver Eck (1957), p. 139.

16   A embaixada norte-americana em Berlim, situada na praça Pariser, foi destruída em 1939 e funcionou depois em locais tem-

porários perto do Tiergarten, em Berlim. Roosevelt convocou o embaixador norte-americano, Hugh R. Wilson, em 1938. Um encarregado de negócios permaneceu em Berlim até dezembro de 1941.

17 A rua Sienna era uma das ruas elegantes da Varsóvia pré-guerra. Situadas no Pequeno Gueto, as casas do lado ímpar tinham os fundos voltados para o limite do gueto. A escola de artes gráficas de Mary Berg ficava ali, e na rua havia ainda uma cozinha, um café e o Lar das Crianças de Korczak.

18 Nos primeiros meses da ocupação, escolas secretas começaram a se formar e, no verão de 1940, ficaram mais organizadas. Ver Rosenthal (1979), p. 19.

19 Eles são Adam Mickiewicz (1798-1855), Julisz Slowacki (1809-1849) e Stanislaw Wyspianski (1869-1907). O *Casamento* (*Wesele* em polonês) era um drama primeiramente encenado em Cracóvia, em 1901.

20 A American Joint Distribution Committee, muitas vezes chamada "the Joint", era representada em Varsóvia e desempenhou um importante papel de assistência no gueto. Fornecia fundos através do Jewish Social Self-Help Committee.

CAPÍTULO II: COMEÇA O GUETO

1 Havia cerca de dois mil membros da polícia judaica em 1940. Muitos dos policiais eram advogados ou outros profissionais, e a maioria dos líderes era de refugiados de Lodz. Embora os policiais não recebessem salários, tinham privilégios quanto ao racionamento de comida e à moradia. Nos dias finais do gueto, ajudaram os alemães em "ações", reunindo pessoas e levando-as para a Umschlagplatz a fim de serem deportadas para Treblinka.

2 KSP provavelmente quer dizer Komendy Stolecznej Policji (Departamento da Polícia Municipal).

3 Esses riquixás eram uma invenção do gueto. Um condutor levava uma bicicleta que tinha atrás um carrinho de cesta para dois passageiros. O trabalho era tão árduo para os condutores que eles não sobreviviam por muito tempo.

4 À noite, havia um toque de recolher, de modo que os moradores não podiam andar livremente no gueto. Os comitês residenciais organizavam horas de música e de esquetes, círculos sociais, grupos de leitura e clubes de *bridge*. Clubes e círculos de jovens também eram organizados nos grandes edifícios de apartamentos.

5   "Recomendação" quer dizer conhecer as pessoas certas, mas é
     provável que propinas eram esperadas, ao menos em alguns ca-
     sos. A gíria do gueto para "recomendação" era "tocar o órgão"
     ou "tocar a caixa de música".

CAPÍTULO III: A VIDA CONTINUA

1   Por volta de fevereiro de 1941, a fome era uma realidade coti-
     diana. As refeições oficialmente oferecidas pelo governo para o
     gueto eram de 184 calorias, enquanto para os poloneses eram de
     699 calorias e os alemães podiam receber 2.613 calorias por dia
     (Roland [1992], p. 102). Ter dinheiro para comprar comida no
     mercado negro era o único modo seguro de evitar a fome.

2   Segundo a página virtual oficial da ORT (http://www.ort.org), o
     nome ORT veio das iniciais das palavras russas Obshestvo Remes-
     lenofo zemledelcheskofo Truda (Sociedade de Comércio e Traba-
     lho Agrícola) em 1880. O comitê da ORT deu dinheiro às escolas
     judaicas para treinamento agrícola e de novo artesanato. Também
     concedeu empréstimos para artesãos e comprou pequenos pedaços
     de terra cultivável para as famílias trabalharem. Hoje é uma orga-
     nização sem fins lucrativos com sede mundial em Genebra.

3   Este era o Hospital Infantil Berson e Bauman. A dra. Anna
     Braude-Heller era a médica-chefe do gueto. Ver Roland (1992),
     pp. 94-6; Szwajger (1990), p. 19.

4   O Haggadah contém texto e rituais para a refeição de Seder de
     Pessach.

5   Jozef Polaczek [Polacek ou Polatshek].

6   Opereta sobre o Barão von Kimmel escrita por Walter Kollo
     [Elimar Walter Kollodzieyski].

7   Adam Czerniakow tinha o único automóvel permitido no gueto.
     Um dia antes das deportações começarem, em 22 de julho de
     1942, os alemães tiraram-lhe o automóvel. O que era claramente
     um prenúncio do começo do fim do gueto.

8   ToPoRol deriva das palavras polonesas "Towarzystwo Popiera-
     nia Rolnietwa", que significam Associação para Apoio da Agri-
     cultura. Um dos objetivos da organização era plantar alimentos
     no gueto, esperando não só enfrentar a fome como também con-
     seguir que as pessoas saíssem e renovassem o ânimo.

9   O movimento juvenil sionista no gueto organizava esses traba-
     lhadores rurais com a ajuda da Toporol. Tantos agricultores
     poloneses foram enviados para a Alemanha que as fazendas e
     outras propriedades fora de Varsóvia não tinham mão de obra

suficiente. O trabalho era duro, mas os trabalhadores não passavam fome.

[10] Ainda há duas pequenas partes do muro original em Varsóvia, perto da rua Sienna, entre os n°s 55 e 59.

[11] A tradução alemã é "área epidêmica isolada — só permitido tráfego transitório".

[12] Pierre-Jean de Béranger (1780-1857). A *Aleluia* é do moteto de Mozart, *Exultate, Jubilate*.

CAPÍTULO IV: CLANDESTINIDADE

[1] A *Gazeta Zydowska* foi publicada em Cracóvia, de julho de 1940 ao verão de 1942. Dobroszycki a considera um "instrumento" alemão para enganar os residentes do gueto, e muitos moradores do gueto evitavam o jornal, já que era uma publicação oficial alemã. Quem o editava eram funcionários do Judenrat de vários guetos na Polônia. Houve cinquenta títulos da imprensa clandestina no gueto de Varsóvia, incluindo dezenove em polonês, como o assimilacionista *Zagiew* (Ember), e vinte e oito em iídiche, como o *Bundist Biuletin*, o sionista *Dror* (em hebraico, Geração), e o comunista *Morgn Frayhayt* (em iídiche, Amanhã, a liberdade, 1942). O *Geto-Tsaytung* — em iídiche e publicado em Lodz em 1941 — foi o único jornal judaico, além da *Gazeta Zydowska*, a ser permitido pelos alemães na Polônia.

CAPÍTULO V: BOMBAS RUSSAS

[1] Esse jornal foi proibido no gueto. Era um jornal oficial alemão, o que explica seu ponto de vista.

[2] O Judenrat fez as indicações. Depois que os poloneses foram obrigados a deixar o bairro judeu, as cobiçadas posições foram duramente disputadas pelos judeus. Houve casos em que advogados trabalhavam como zeladores. "Você precisa ter um monte de amigos nos lugares certos para conseguir o emprego" (Szereszewska [1997], p. 21).

[3] A cidadania italiana pode lhe ter dado alguma proteção na época. Embora a Itália fosse aliada da Alemanha, Mussolini não deportou os judeus italianos. Quando a Itália se rendeu aos alemães em 1943, os judeus italianos foram submetidos à deportação (Hilberg [1973], p. 291).

[4] *Träumerei*, Opus 15, Número 7, de Robert Schumann. Como Schumann era um compositor alemão, os habitantes do gueto

eram oficialmente proibidos de tocar suas obras. Em 30 de abril de 1942, outro memorialista assinalou que fora proibido o uso de qualquer obra literária, musical ou artística alemã no gueto por algum tempo, mas os alemães começaram a reforçar isso duramente (Kaplan [1973], pp. 321-2).

CAPÍTULO VI: TIFO

1   *Das Reich* foi editado e publicado por Joseph Goebbels, ministro alemão da Propaganda, entre 1940-45. *Der Völkische Beobachter* era o jornal oficial do Partido Nacional Socialista. Foi publicado de 1920 a 1945.

2   Depois de 7 de dezembro de 1941, jornalistas norte-americanos não tiveram permissão para continuar seu trabalho em Varsóvia, então não fica claro a quem Mary Berg se refere. Ela pode ter visto um artigo de um jornalista que escrevia em inglês, como Otto Koischwitz, que tinha cidadania norte-americana, mas trabalhava em Berlim no ministério do Exterior, ou uma reimpressão, talvez fora de contexto, de uma publicação norte-americana, ou simplesmente uma falsificação nazista.

3   *Polcia* é equivalente ao nome Paula ou Pola em polonês. É um nome de mulher que tem derivação latina e significa "pequena". *Mops* em polonês é um cachorro *pug*, então talvez seja um jeito delicado de brincar com ela ou com seu nome. *Fuchs*, em alemão, quer dizer raposa.

CAPÍTULO VII: "VIOLÊNCIA CONTRA TEU IRMÃO"

1   Isso aconteceu em Bialystok, em 28 de junho de 1941. Entre mil e dois mil judeus morreram no incêndio.

2   Mary Berg estava certa. Esse era provavelmente outro boato entre muitos que assombravam o gueto, estimulados pela atmosfera de medo e desespero entre os moradores, bem como pelo isolamento de notícias de fora. Milejkowski tem a hipótese de que a epidemia foi causada pelo abastecimento de alimentos, que chegava ao gueto contaminado pelos vagões de entrega também usados para eliminar excremento humano (Roland [1992], p. 180).

3   Stefan Zeromski (1864-1926) foi um dos principais escritores poloneses.

4   É o capítulo mais curto do Velho Testamento cristão e tem o nome do profeta Obadias. Vem da tradição oral da fé judaica e é parte das leis do texto de Mishnah do Talmud.

5 As ordens alemãs proibiam o ensino da religião e da adoração pública no gueto. *Lamed* é também a letra hebraica que representa conhecimento e aprendizado.

6 A rua Stawki era perto dos trilhos da estrada de ferro. Menos de um ano antes, a rua Stawki havia se tornado a entrada da Umschlagplatz, lugar de deportação para Treblinka e, depois, para Majdanek.

7 É a canção *Sto lat* em polonês. Sua tradução é: "Por cem anos, por cem anos, Possa ele/ela viver por nós. Por cem anos, por cem anos, Possa ele/ela viver por nós. Mais uma vez, mais uma vez, possa ele/ela viver. Possa ele/ela viver".

8 Trata-se de Jerzy Jurandot, nascido Jerzy Glejgewicht em Varsóvia, na Polônia, em 1911. Ele foi o diretor artístico e literário do Melody Place no gueto. Sobreviveu à guerra e morreu em 1979 (Turkow [1995], pp. 167, 174, 201).

9 Jozef Pilsudski foi o fundador da legião polonesa na Primeira Guerra Mundial e exerceu papel essencial no estabelecimento de uma Polônia independente depois da guerra. Na época de sua morte, em 1935, foi homenageado como herói nacional.

10 Segundo Ringelblum, treze assassinatos de colaboracionistas judeus da Gestapo por grupos clandestinos aconteceram no período de setembro de 1942 a abril de 1943. Entre as vítimas, estava Alfred Nossig (1974, pp. 250-1), Gurman e Milek Tine, além de outros (1958, p. 280). Para detalhes de como a resistência tomava suas decisões antes de emitir suas sentenças de morte, ver Zuckerman (1993), pp. 319-23.

11 Esse era o único lugar em que mercadorias podiam passar legalmente para o gueto, isto é, com supervisão e permissão dos alemães.

CAPÍTULO VIII: O HORROR VARRE AS RUAS

1 A coleta começou na sede do Judenrat em 25 de dezembro, no frio inverno de 1942; foi uma grande perda para as pessoas (Czerniakow [1979], p. 308). Ironicamente, poucas das peles foram usadas no front russo. Em janeiro de 1943, a resistência incendiou os depósitos da SS na rua Nalewki, nº 31, onde foram guardadas algumas das peles.

2 Só no começo de 1942 é que essa alta ponte para pedestres foi construída, cruzando o Pequeno Gueto. Ficava na esquina das ruas Chlodna e Zelazna, perto da casa de Czerniakow na Chlodna, nº 20, para que o tráfego para o lado ariano passasse pela

rua embaixo dela. Segundo Litai (1966), "Os judeus chamavam esse lugar de 'Gibraltar'", pois as patrulhas alemãs podiam apanhar os pedestres (p. 23).

3 Talvez Szajer quisesse acreditar nisso. Porém, muitos eruditos e memorialistas descrevem esse trabalho como uma fraude, uma forma de jovens com boas ligações evitarem o trabalho. O endereço, rua Leszno, nº 13, é em si mesmo uma indicação que remetia a "Os Treze". Ver, por exemplo, Mazor (1993), pp. 184-5; Ringelblum (1958), pp. 200, 332; Adler (1982), p. 234.

CAPÍTULO IX: OUTRO ANO

1 Berg acredita que a ação de Szajer foi bem-intencionada e talvez ele também acreditasse nisso, mas outras fontes indicam que os empregos eram extremamente procurados e que os moinhos eram operados pela resistência do gueto.

2 Os remédios disponíveis eram bem limitados e aqueles que havia nas farmácias dirigidas pelo Judenrat custavam um alto preço.

3 Julian Tuwim (1894-1957) nasceu em Lodz, de pais judeus. Fugiu da Polônia em 1939 e foi para os Estados Unidos em 1942. "Flores polonesas", um poema épico e lírico, que esbanja sua compaixão pela pátria e pela pobreza do seu povo. Tuwim retornou à Polônia em 1946.

4 Muitos diários e memórias do gueto de Varsóvia descrevem "Frankenstein" e sua crueldade. Em 30 de maio de 1942, Ringelblum escreveu: "A semana passada foi sangrenta... especialmente em torno do Pequeno Gueto, onde um policial que foi apelidado de 'Frankenstein' está de serviço. Recebeu esse apelido porque parece e age como o monstro no filme de mesmo nome" ([1958], p. 283). Edelman descreve-o como um "gendarme da Schutzpolizei, de nome Frankenstein, [que] carregava nas costas mais de trezentos assassinatos em um mês, mais da metade de crianças" ([1988], p. 28). Ver também Czerniakow (1979), p. 365; Mazor (1993), p. 117; Szwajger (1990), p. 47; Turkow (1995), p. 108.

CAPÍTULO X: A PRIMAVERA É CRUEL

1 Esse provavelmente foi um truque para reduzir o número de pessoal médico no gueto, e o dr. Miechowski foi morto na chegada ou trabalhou até a morte, pouco depois. Um campo de trabalhos forçados foi estabelecido em Treblinka, em 1941 para

homens judeus. Por volta de 1942, esse campo tornou-se Treblinka I, e o campo de extermínio, que começou a funcionar em julho de 1942, foi chamado de Treblinka II.

2   Zaklikow era um *shtetl* situado nas colinas subcarpatianas. A existência judaica terminou ali em novembro de 1942, quando os residentes judeus foram deportados para o campo de extermínio de Belzec. Entre março e agosto de 1942, mais de sessenta e cinco mil judeus foram deportados do gueto de Lwow e assassinados. A liquidação final do gueto aconteceu no começo de junho de 1943 (United States Holocaust Memorial Museum).

3   Não fica claro por que Mary Berg achou que sua mãe estava "se escondendo" e por que a sra. Berg não se registrou em abril. Talvez ela esperasse correspondência da Suíça. Mary Berg explicou na entrevista de "Woman of Tomorrow" que, sabendo que seria internada, sua mãe escreveu à legação suíça na Suíça, pedindo permissão para levar a família com ela, o que foi aceito.

4   A comunidade recebeu permissão para abrir escolas públicas no outono de 1941, e o ano letivo começou em janeiro de 1942, com seis escolas abertas. Na primavera daquele ano, dezenove escolas estavam abertas, com seis mil e setecentos alunos (Rosenthal [1979], p. 19). Não eram permitidas escolas secundárias. Talvez Mary Berg se refira às novas escolas em língua iídiche, abertas em maio.

CAPÍTULO XI: OS ALEMÃES TIRAM FOTOS

1   Sem dúvida, os alemães tinham objetivos de propaganda com a filmagem de documentários. *Asien in Mitteleuropa* foi filmado por Willi Wist, começado em 2 de maio de 1942 e terminado em 2 de junho de 1942. A maioria dos autores de diários e memorialistas lembram desse fato, e um fragmento do filme original, sem som, está no Bundesarchiv em Coblença, na Alemanha. Ver Fritz Bauer Institut, em http://www.cine-holocaust.de para uma listagem parcial das cenas do filme.

2   As mortes na rua Gesia aconteceram em meados de maio de 1942 (Edelman [1988], p. 30). Cento e dez prisioneiros da chamada Cadeia Central ("Gesiowka") foram executados por atravessarem "ilegalmente" para o lado ariano. Proclamações especiais assinadas por Auerswald foram colocadas no gueto sobre a punição "justa" recebida por esses "criminosos".

3   Cidadãos norte-americanos e da Comunidade Britânica tiveram de se registrar pela primeira vez em 14 de abril de 1942. Isso foi

parte do plano apresentado na Conferência Wannsee para tirar todos os não arianos do Reich alemão (Eck [1957], p. 36).

⁴ Em março de 1943, trabalhadores do gueto foram transferidos para o campo de trabalho de Plaszow. Em 14 de março, os não trabalhadores restantes foram assassinados no gueto (ver Spector, S., vol. 1, p. 280).

CAPÍTULO XII: OS PRIVILEGIADOS VÃO PARA A PRISÃO

¹ Essa mudança de atitude dos alemães em relação aos documentos estrangeiros deve ser assinalada. Os primeiros testemunhos e eruditos sugeriram que os alemães estavam enganando os judeus para que apresentassem os documentos em 1942 (e depois) com um truque e planejavam matá-los o tempo todo. Eruditos mais recentes como Friedman afirmam que os alemães faziam isso sobretudo com o propósito de troca, um meio de trazer alemães do estrangeiro ao Reich.

² O nome polonês do filme é *Dziesieciu z Pawiaka*. Foi dirigido por Ryszard Ordynski e estreou em 1931.

³ O México declarou guerra contra a Alemanha nazista em 22 de maio de 1942; assim, nessa época, era uma nação aliada.

⁴ Esse não era o orfanato conhecido como Korczak, que era no Pequeno Gueto.

CAPÍTULO XIII: AS CRIANÇAS VÃO PASSEAR

¹ É muito provável que Mary Berg tenha se enganado aqui. A rua Dzielna passava ao lado da prisão Pawiak onde a "Sérvia" era localizada. Na Pawiak, Mary Berg deve ter ouvido pessoas dizerem que o nº 39 da rua Dzielna era "o lar de Korczak" e achou que a instituição havia mudado dali para a rua Sienna. Ao ver crianças levadas da rua Dzielna, nº 39, por guardas alemães, achou que estava vendo Korczak ser levado com suas crianças.

CAPÍTULO XIV: O FIM DA POLÍCIA JUDAICA

¹ Historicamente, há pelo menos seis cidades chamadas Sosnowiec na Polônia, todas nas proximidades de Varsóvia. Talvez seja uma referência velada à Sosnowiec perto de Auschwitz na província de Katowice. Se for esse o caso, então Mary Berg foi perspicaz: ela quer dizer que os ingleses e cidadãos neutros foram mortos.

² Oswiecim é o nome polonês para a cidade de Auschwitz e para o campo de concentração estabelecido ali para os poloneses em 1940. As mortes por gás começaram em 1941, e os primeiros transportes de judeus chegaram na primavera de 1942. As pessoas no gueto sabiam dos métodos de matar em Auschwitz, bem como os de Belzec e Chelmno. Um boletim *Oneg Shabbat* do começo de 1942 registrou que testemunhas oculares diziam que os condutores de trens que passavam perto de Belzec precisavam fechar as janelas para evitar o cheiro dos assassinatos ali cometidos (Kermish [1986], AR/I/1382, p. 32). Na primavera de 1943, as quatro câmaras de gás de Birkenau estavam em pleno funcionamento, mas, já no outono de 1941, os alemães haviam começado as mortes por gás no campo principal de Auschwitz.

CAPÍTULO XV: DIAS SANGRENTOS OUTRA VEZ

¹ As vacas provavelmente estavam em um laticínio secreto do gueto. Talvez essas vacas tenham fornecido leite para as crianças de pessoas ricas e para os restaurantes e clubes que funcionavam no gueto e que serviam o submundo e também para aqueles que ainda tinham riquezas dos dias pré-guerra.

² Adrienne Thomas (Bertha Adrienne Strauch) serviu como enfermeira de 1914-1916 no front de Metz, na Primeira Guerra Mundial, depois do que se tornou uma pacifista. Seu primeiro livro, *Catherine vira soldado*, surgiu em 1931. Logo foi traduzido para quinze línguas e tornou-se popular ao redor do mundo. *Catherine, o mundo está em chamas!* foi publicado em 1938. Thomas estava em Viena quando os nazistas anexaram a Áustria. Ela era de família judaica, então fugiu para a França e, em 1940, chegou aos Estados Unidos, onde passou os anos de guerra. Nasceu na Alsácia, em 1897, e morreu em Viena, em 1960.

³ Relatos contemporâneos dos métodos usados em campos nazistas variam, embora muitos falem do uso de "gás". Ver, por exemplo, Ringelblum (1958), p. 321, que, como Mary Berg no seu original manuscrito, refere-se ao centro de extermínio como "Treblinki".

⁴ Várias testemunhas, com conhecimento em primeira mão de Treblinka, voltaram ao gueto em dezembro de 1942. Ver Ringelblum (1958), pp. 320-1; Edelman (1988), p. 32.

⁵ Mary Berg não distingue aqui cidadãos norte-americanos e internos que tinham cidadania ou documentos protetores de países latino e centro-americanos.

6   Calcula-se que cerca de vinte e oito mil judeus estavam escon-
     didos em Varsóvia em alguma época e que cerca de 41% (onze
     mil e quinhentos) deles sobreviveram para ver a libertação
     (Paulsson [2002], pp. 199-248).

7   Iam para a Alemanha para realizar trabalhos forçados ou agrí-
     colas. Uma estimativa é a de que cerca de dois milhões de tra-
     balhadores poloneses foram deportados à força, sobretudo do
     Governo Geral (Davies [2003], p. 106).

8   De manhã cedo em 18 de janeiro de 1943, alemães e ucranianos
     armados entraram no gueto e convocaram os trabalhadores para
     sair dos seus apartamentos a fim de ser enviados à Umschlag-
     platz. Para sua surpresa, as pessoas entraram em trincheiras que
     haviam preparado e combatentes da resistência enfrentaram os
     alemães com oposição armada. Em quatro dias de luta, entre
     quatro e cinco mil judeus foram assassinados no gueto ou depor-
     tados. O número de baixas alemãs é incerto. Gutman acredita
     que foi menos de "várias dúzias" (Gutman [1994], pp. 179-84).

CAPÍTULO XVI: CAMPO DE INTERNAÇÃO

1   O trem partiu no meio da noite e de um desvio fora de Varsóvia
     para que os internos não testemunhassem que os alemães entra-
     ram de novo no gueto para deportar os trinta ou quarenta mil
     judeus restantes.

2   Vittel é uma estância hidromineral na França. O campo de in-
     ternação era oficialmente chamado de Frontstalag 142. O cam-
     po incluía os hotéis do lugar e o parque do spa. Embora toda
     a área fosse cercada de arame farpado, os confinados podiam
     passear no parque durante o dia.

3   As lojas ficavam em um edifício separado, perto do Grand Ho-
     tel. Durante a guerra, a galeria era aberta para os internos, assim
     como algumas lojas e butiques sob a supervisão de pessoas da
     cidade. Em tempos pré-guerra, a Galerie des Curs era aberta
     àqueles que não eram hóspedes do hotel. No fim dela ficava o
     limite do acesso ao terreno em que os internos podiam se exerci-
     tar; também era uma espécie de "alameda dos namorados" para
     os jovens confinados.

4   Às vezes, os guardas passavam de bicicleta ao redor do local. O
     parque tinha dois hectares e meio e dois mil e quinhentos me-
     tros de comprimento, cercados de arame farpado. Era aberto
     para os internos dos hotéis, a não ser das oito da noite às sete da
     manhã.

[5] Como as cartas eram censuradas, os internos escreviam numa espécie de código, usando palavras inglesas com duplo sentido. A correspondência remetida da Polônia tinha de ser em alemão, e, por isso, muitas vezes, os correspondentes escreviam em iídiche germanizado, usando letras romanas.

[6] Uma opereta de Franz Lehar (1870-1948), *Das Land des Lächelns* (O país do sorriso). A opereta foi apresentada pela primeira vez em Vittel, em novembro de 1942, no palco do teatro do edifício do Cassino. Stella Gumuchian, que dirigia a comissão de entretenimento e era uma música destacada, só tinha uma partitura da produção de Lehar, que era para piano. A partir daí, ela produziu as outras partituras para os outros instrumentos da orquestra.

CAPÍTULO XVII: A BATALHA DO GUETO

[1] Trawniki, um campo de trabalho, foi aberto no outono de 1941. Também foi usado para treinar recrutas da SS da União Soviética e dos países bálticos. A partir da primavera de 1942, judeus da Europa Ocidental foram deportados para Trawniki. Em agosto de 1943, tornou-se um subcampo de Majdanek. Em 3 de novembro de 1943, dez mil judeus do campo foram executados e queimados em poços próximos. Também serviu como campo de trânsito para o campo de extermínio de Belzec (Aktion Reinhard, http://www.deathcamps.org).

[2] Das duas mil e quinhentas a três mil pessoas do Hotel Polski mandadas para Bergen-Belsen, só cerca de duzentos e cinquenta que tinham documentos da Palestina sobreviveram (Eck [1957], pp. 142-3).

[3] Esses eram campos de internação de civis. O campo Tost Ilag VIII foi estabelecido em Gleiwitz, na Polônia, de 1941 a 1942.

[4] Mary Berg quer dizer Westerbork, um campo de trânsito fora de Amsterdã, para onde a família de Otto Frank foi enviada depois de ser descoberta no esconderijo de um anexo secreto.

[5] Esse presságio mostrou-se verdadeiro para os judeus poloneses que tinham documentos centro ou sul-americanos. Em agosto de 1943, Alois Brunner, em Paris, pediu a Adolf Eichmann, em Berlim, para mandar uma comissão a Vittel para examinar os documentos dos judeus poloneses no campo que tinham papéis centro e sul-americanos. Quando a comissão chegou, em 8 de setembro, foi um péssimo sinal do que estava por vir (Rutkowski, p. 47). Em 8 de setembro de 1943, os judeus com documentos sul-americanos tiveram de entregá-los (Katzenelson, p. 30).

[6]   O cálculo de Berg de cento e cinquenta pessoas escolhidas para a troca pode ter sido baixo. Logo depois da sua partida, os judeus poloneses em Vittel que tinham documentos sul e centro-americanos foram deportados em dois transportes para o campo de Drancy, na França, e dali para Auschwitz.

CAPÍTULO XVIII: VIAGEM À LIBERDADE

[1]   Felizmente, isso não aconteceu. O trem atrasou em Biarritz para esperar por cerca de trezentos e cinquenta civis norte-americanos que se juntaram ao grupo de Vittel e que foram trocados com eles.

[2]   O SS Gripsholm foi alugado pelo Departamento de Estado dos Estados Unidos da linha sueco-americana e usado para repatriar cidadãos norte-americanos do Extremo Oriente, América do Sul, Belfast e Argélia, bem como da Europa e da África do Sul. No período de 1942 a 1945, fez doze viagens de ida e volta em missões do gênero. Pintado com o azul e o amarelo da bandeira sueca, o navio viajava de luzes acesas para ser identificado como navio diplomático.

[3]   Ver *New York Times*, "128 Still Aboard", 17 de março de 1944. O Gripsholm levava seiscentos e sessenta e dois passageiros.

REFERÊNCIAS
BIBLIOGRÁFICAS

RESENHAS CONTEMPORÂNEAS DO DIÁRIO DE BERG

Resenha, *Kirkus*, **13** (15 de fevereiro de 1945), p. 24.

Library Journal, **70** (15 de fevereiro de 1945), p. 162.

Young, Marguerite. "First Hand Report of a Nightmare", *New York Times Book Review*, 18 de fevereiro de 1945, p. 6.

New Yorker, **21** (24 de fevereiro de 1945), p. 77.

Weiskopf, F. *Saturday Review*, **28** (3 de março de 1945), p. 34.

Horn Book, **21** (maio de 1945), p. 210.

REFERÊNCIAS

Adler, Stanislaw. *In the Warsaw Ghetto, 1940-1943: An Account of a Witness. The Memoirs of Stanislaw Adler*. Jerusalém: Yad Vashem, 1982.

Czerniakow, Adam. *The Warsaw Diary of Adam Czerniakow, Prelude to Doom*. Eds. Raul Hilberg, Stanislaw Staron and Josef Kermisz. Nova York: Stein and Day, 1968, 1979.

Davies, Norman. *Rising '44: The Battle for Warsaw*. Londres: Penguin, 2003.

Dawidowicz, Lucy. *The War Against the Jews, 1933-1945*. Nova York: Bantam, 1975.

Dobroszycki, Lucjan, ed. *Reptile Journalism, The Official Polish-Language Press under the Nazis, 1939-1945*. Trad. Barbara Harshav. New Haven: Yale, 1994.

Eck, Nathan. "The Rescue of Jews with the Aid of Passports and Citizenship Papers of Latin American States." *Yad Vashem Studies on the European Jewish Catastrophe and Resistance* **1** (1957), pp. 36-152.

Edelman, Marek. "The Ghetto Fights." In *The Warsaw Ghetto, the Forty-Fifth Anniversary of the Uprising*. Varsóvia: Interpress, 1988.

Elbaum, Esther. "She Lived in the Warsaw Ghetto, An Interview with Mary Berg." *Hadassah Newsletter*, março a abril de 1945, pp. 420-1.

Gilbert, Martin. *A History of the Jews of Europe during the Second World War*. Nova York: Holt, Rinehart and Winston, 1985.

Gutman, Israel et al. *Encyclopedia of the Holocaust*. 4 vols. Nova York: Macmillan, 1990.

——. *The Jews of Warsaw, 1939-1943: Ghetto, Underground, Revolt*. Bloomington (IN): Indiana, 1982.

——. et al. *Rescue Attempts during the Holocaust: Proceedings of the Second Yad Vashem International Historical Conference, April 1974*. Jerusalém: Yad Vashem, 1977.

——. *Resistance, The Warsaw Ghetto Uprising*. Nova York: Houghton Mifflin, 1994.

Heinemann, Marlene E. *Gender and Destiny: Women Writers and the Holocaust*. Nova York: Greenwood, 1986.

Hilberg, Raul. *The Destruction of the European Jews*. Nova York: New Viewpoints, 1973.

Kaplan, Chaim. *Scroll of Agony, The Warsaw Diary of Chaim A. Kaplan*. Trad. e ed. Abraham I. Katsh. Londres: 1966; *The Warsaw Diary of Chaim A. Kaplan*. Trad e rev. edn Abraham I. Katsh. Nova York: Colliers, 1973.

Katzenelson, Yitzhak. *The Song of the Murdered Jewish People*. Israel: Ghetto Fighters' House, 1980.

——.*Vittel Diary*. Ghetto Fighters' House, n.d.

Kermish, Joseph (Ed.). *To Live with Honor and Die with Honor!... Selected Documents from the Warsaw Ghetto Underground Archives "O.S."* Jerusalém: Vad Yashem, 1986.

Kranzler, David. *Thy Brother's Blood, the Orthodox Jewish response during the Holocaust*. Brooklyn (NY): Mesorah, 1987.

Levin, Nora. *The Holocaust: The Destruction of European Jewry, 1933-1945*. Nova York: Schocken, 1973.

Lewin, Abraham. *A Cup of Tears, A Diary of the Warsaw Ghetto*. Ed. Antony Polonsky. Oxford: Blackwell, 1988.

Litai, Chaim Lazar. *Muranowska 7, The Warsaw Ghetto Rising*. Tel-Aviv: Massada, 1966.

Mazor, Michel. "The House Committees in the Warsaw Ghetto." In *The Holocaust as Historical Experience, Essays and a Discussion*. Eds. Yehuda Bauer and Nathan Rotensteich. Nova York: Homes & Meier, 1981, pp. 95-108.

——. *The Vanished City, Everyday Life in the Warsaw Ghetto*. Trad. David Jacobson. Nova York: Marsilio, 1993.

Paulsson, Gunnar S. *Secret City, The Hidden Jews of Warsaw, 1940-1945*. New Haven (CT): Yale, 2002.

Pentlin, Susan. "Community in a World of Chaos, Life in the Warsaw Ghetto." In *The Century of Genocide*. Eds. Daniel J. Curran, Jr., Richard Libowitz and Marcia Sachs Littell. Westfield (PA): Merion, 2002, pp. 63-75.

———. "Holocaust Victims of Privilege." In *Problems Unique to the Holocaust*. Harry James Cargas. Ed. Lexington: University of Kentucky, 1999, pp. 25-41.

———. "Mary Berg." In *Encyclopedia of Holocaust Literature*. Eds. David Patterson, Alan Berger e Sarita Cargas. Westport (CT): Oryx, 2002, pp. 19-21.

———. "Mary Berg." In *Holocaust Literature, An Encyclopedia of Writers and their Work*. Ed. Lillian Kremer. Nova York: Routledge, 2003, pp. 138-41.

———. "Mary Berg's *Warsaw Ghetto, A Diary*." In *Bearing Witness to the Holocaust 1939-1989*. Ed. Alan L. Berger. Lewiston (NY): Edwin Mellen, 1991, pp. 255-71.

———. "Mary Berg," and "Warsaw Ghetto: A Diary." In *Reference Guide to Holocaust Literature*. Ed. Thomas Riggs. Detroit: St. James Press, 2002, pp. 29-30 e 617-81.

Reich-Reinicki, Marcel. *The Author of Himself*. Trad. Ewald Osers. Princeton (NJ): Princeton, 1999.

Ringelblum, Emanuel. *Notes from the Warsaw Ghetto, The Journal of Emanuel Ringelblum*. Trad. e ed. Jacob Sloan. Nova York: Schoken Books, 1958.

———. *Polish-Jewish Relations during the Second World War*. Eds. Joseph Kermish e Shmuel Krakowski e trad. Dafna Allon, Danuta Dabroska e Dana Keren. Evanston (IL): Northwestern, 1974.

Roland, Charles G. *Courage under Siege, Starvation, Disease, and Death in the Warsaw Ghetto*. Nova York e Oxford: Oxford University Press, 1992.

Rosenfeld, Alvin H. *A Double Dying: Reflections on Holocaust Literature*. Bloomington: Indiana University, 1980.

Rosenthal, David. "The Unvanquished Sector of the Warsaw Ghetto, its School System." *Jewish Frontier* 46 (abril de 1979) 4, pp. 18-21.

Rutkowski, Adam. "Le camp d'internement et d'éxchange pour Juifs de Vittel." *Le Monde Juif*, Paris, 102 (abril a junho de 1981), pp. 35-70.

———. "O Agenturze Gestapowskiez W. Getcie Warszawskim." *Biuletyn Zydowskiego Instytutu Historycznego*. Varsóvia: Jewish History Quarterly, 1956, pp. 38-59.

Spector, Shmuel et al. *The Encyclopedia of Jewish Life Before and During the Holocaust*, 3 vols. NovaYork: Washington Square, 2001.

Steinberg, Madeleine. "Une Internee Civile Britannique Témoin Indirect de la Fin au Ghetto de Varsovie." *Le Monde Juif*, Paris, **180** (janeiro a junho de 2004), pp. 315-60.

Szwajger, Adina Blady. *I Remember Nothing More, The Warsaw Children's Hospital and the Jewish Resistance*. Nova York: Pantheon, 1988, 1990.

Szereszewska, Helena. *Memoirs from Occupied Warsaw 1940-1945*. Londres: Vallentine Mitchell, 1997.

Turkow, Jonas. *C'était ainsi, 1939-1943 la vie dans le ghetto de Varsovie*. Trans. Maurice Pfeffer. Paris: Editions Austral, 1995.

Wiszniewicz, Joanna. *And Yet I Still have Dreams*. Trad. Regina Grol. Evanston (IL): Northwestern, 2004.

"Woman of Tomorrow." Entrevista com Mary Berg por Nancy Craig. WJZ radio, 8:30. 21 de fevereiro de 1945. Trans. S.L. Shneiderman Archives, Diaspora Research Institute, Tel Aviv.

Wyden, Peter. *Stella*. Nova York: Simon & Schuster, 1992.

Zuckerman, Yitzhak. *A Surplus of Memory. Chronicle of the Warsaw Ghetto Uprising*. Trad. e ed. Barbara Harshav. Berkeley: University of California, 1993.

ARTIGOS DE JORNAIS

"96 New Yorkers in List of 524 Americans Returning Home aboard the Gripsholm." *The New York Times*, ProQuest Historical Newspapers. 12 de março de 1944, p. 26.

"128 Still Aboard Liner." *The New York Times*, ProQuest Historical Newspapers. 17 de março de 1944, p. 5.

"312 Repatriates Arrive in Lisbon." *The New York Times*, ProQuest Historical Newspapers. 26 de fevereiro de 1944, p. 3.

"500 Americans Freed from Camp in Germany." *The New York Times*, ProQuest Historical Newspapers. 14 de setembro de 1944, p. 3.

"663 Due Here Today on the Gripsholm." *The New York Times*, ProQuest Historical Newspapers. 15 de março de 1944, p. 1.

"2,000,000 Murders by Nazis Charged." *The New York Times*, ProQuest Historical Newspapers. 8 de agosto de 1943, p. 11.

Adams, Frank S. "35 Soldiers, Ill but Happy, First to Leave Gripsholm." *The New York Times*, ProQuest Historical Newspapers. 16 de março de 1944, p. 11.

Douglas, Francis. "Vittel and the Jews." Trans. James Fox. *L'Arche*, **298** (janeiro de 1982), pp. 77-9.

Gleiser, Edith. "Free Again, Describes 3½ Years' Internment." *Christian Science Monitor*. 15 de agosto de 1944, p. 10.

"Gripsholm Sailing Delayed Few Days." *The New York Times*, Pro-Quest Historical Newspapers. 4 de março de 1944, p. 7.

"Gripsholm Quits U.S. on Exchange Mission." *The New York Times*, ProQuest Historical Newspapers. 16 de fevereiro de 1944, p. 1.

"Internees Gripped by Fury of Battle." *The New York Times*, ProQuest Historical Newspapers. 16 de setembro de 1944, p. 3.

"Last Repatriates leave Gripsholm." *The New York Times*, ProQuest Historical Newspapers. 18 de março de 1944, p. 3.

"More Americans to be Exchanged." *The New York Times*, ProQuest Historical Newspapers. 13 de fevereiro de 1944, p. 9.

"Others to Join Wounded." *The New York Times*, ProQuest Historical Newspapers. 26 de fevereiro de 1944, p. 3.

"Repatriates on Gripsholm Tell of Europe under Nazi Hell." *Christian Science Monitor.* 17 de março de 1944, p. 11.

Spraggs, Melita. "Woman Internee Tells of Days in Germany, 'Prayed for the Men who were Bombing Us.'" *Christian Science Monitor.* 17 de agosto de 1944, pp. 1-2.

"Thousands Mourn Victims of Ghetto." *The New York Times*, Pro-Quest Historical Newspapers. 20 de abril de 1944, p. 11.

"Underground Press gives Details of Battle: Jews Fought for Their Lives in Warsaw." *The New York Times*, ProQuest Historical Newspapers. 25 de setembro de 1943, p. 6.

"US Wounded Taken Aboard Gripsholm." *The New York Times*, Pro-Quest Historical Newspapers. 5 de março de 1944, p. 17.

"War Prisoners being Exchanged. 17 Disabled Americans are on List." *The New York Times*, ProQuest Historical Newspapers. 19 de outubro de 1943, p. 10.

Warren, Lansing. "Freed Americans Dazzled in Lisbon." *The New York Times*, ProQuest Historical Newspapers. 27 de fevereiro de 1944, p. 19.

——. "Nazis' Arrests Hit Red Cross." *The New York Times*, ProQuest Historical Newspapers. 6 de março de 1944, p. 8.

"Warsaw Casualities Include an American." *The New York Times*, Pro-Quest Historical Newspapers. 7 de outubro de 1939, p. 3.

FONTES AUDIOVISUAIS

Joest, Heinz. "A Day in the Warsaw Ghetto, A Birthday Trip to Hell." Diretor Jack Kuper. Canada, 1991. Vídeo de 30 minutos, preto e branco.

Pasatieri, Thomas. "Letter to Warsaw [poemas de Pola Braun]." Music of Remembrance; Mina Miller, diretora artística; Jane Eaglen,

soprano; Gerard Schwarz, piano. Seattle: CD, Naxon, American Classics, 2004.
Polskie Tango 1929-1939. Wiera Gran. "Gdy odejdziesz" ["Quando você foi embora"] Old World Tangos, vol. 3. Oriente Musik, 2005.

SITES DE PESQUISA DA WEB E BANCOS DE DADOS

Aktion Reinhard. http://www.deathcamps.org
Architektura przedwojennej Warszawy. Ryszard Maczewski.
    http://www.warszawa1939.pl/index.php
Central Database of Shoah Victims' Names. Yad Vashem.
    http://www.yadvashem.org
Culture.pl. Directory. http://www.culture.pl/en/culture
Film Polski. Banco de dados de filmes poloneses.
    http://www.filmpolski.pl
Portal Spolecznosci Zydowskiej. http://www.jewish.org.pl
Fritz Bauer Institut. http://www.fritz-bauer-institut.de
JewishGen. Bancos de dados do Holocausto e da Polônia.
    http://www.jewishgen.org
Arquivo das mulheres judias. http://jwa.org
Catálogo online da Biblioteca do Congresso. http://catalog.loc.gov
Memorial de la Shoah. Centre de documentation juive contemporaine,
    Paris. http://www.memorialdelashoah.org
Moses Schorr Center em Varsóvia. http://www.schorr.edu.pl
Biblioteca Nacional da Polônia.
    http://alpha.bn.org.pl/screens/opacmenu.html
ORT World Headquarters. http://www.ort.org
Polishjews.org. http://polishjews.org
ShtetLinks. JewishGen. http://www.shtetlinks.jewishgen.org
Coleção de livros iídiches de S.L. e Eileen Shneiderman nas bibliotecas
    da Universidade de Maryland.
    http://www.lib.umd.edu/ SLSES/index.html
Tributo à linha sueco-americana do SS Gripsholm.
    http://www.salship.se
United States Holocaust Memorial Museum (USHMM). Arquivo fotográfico e biblioteca. http://www.ushmm.org
Banco de dados do Gueto de Varsóvia [Getto Warszawskie.
    Internetowa Baza Danych O Warszawskim Getcie].
    http://warszawa.getto.pl
The Warsaw Voice. Revista polonesa e centro-europeia online.
    http://www.warsawvoice.pl
Yivo Institute. http://www.yivo.org

CRONOLOGIA
DOS FATOS

1933

30 de janeiro	Adolf Hitler é designado chanceler do Reich alemão
20 de março	Começa a funcionar o campo de concentração de Dachau

1935

15 de setembro	As leis de Nuremberg definem "um judeu"; os judeus alemães perdem a cidadania

1938

28 de outubro	Dezessete mil judeus poloneses são expulsos do Reich alemão
9 de novembro	O pogrom da Noite dos Cristais começa contra os judeus no Reich alemão

1939

1º de setembro	Tropas alemãs invadem a Polônia
23 de setembro	O Judenrat (conselho judeu) é formado em Varsóvia
meados de outubro	Hitler ordena o programa T-4 de eutanásia (adiado de 1º de setembro)
28 de outubro	Primeiro gueto fechado estabelecido na Polônia em Piotrokow Trybunalski

1940

30 de abril	É formado o gueto de Lodz
14 de junho	Tropas alemãs entram em Paris
26 de novembro	É formado o gueto de Varsóvia

1941

22 de junho	A Alemanha invade a União Soviética
7 de dezembro	Começa a funcionar o campo de extermínio de Chelmno, na Polônia ocidental

1942

20 de janeiro	A conferência Wannsee em Berlim esboça a Solução Final
17 de julho	São internados os estrangeiros do gueto de Varsóvia na prisão Pawiak
22 de julho	Começa a deportação da população do gueto de Varsóvia para Treblinka
23 de julho	Czerniakow, chefe do gueto de Varsóvia pela Judenrat, comete suicídio
21 de setembro	Terminam as grandes deportações do gueto de Varsóvia para Treblinka

1943

18 de janeiro	Os estrangeiros de Varsóvia são mandados para Vittel; primeira resistência armada no gueto de Varsóvia
19 de abril	Começa o levante do gueto de Varsóvia

1944

25 de fevereiro	Recomeçam as trocas do SS Gripsholm em Lisboa
abril e maio	Trezentos judeus poloneses são deportados de Vittel para Drancy e Auschwitz
1º de agosto	Começa o levante polonês em Varsóvia
12 de setembro	É libertado o campo de internação de Vittel

1945

26 de janeiro	É libertado o campo de extermínio de Auschwitz
19 de fevereiro	Publicada nos Estados Unidos a edição em inglês do diário de Mary Berg
30 de abril	Adolf Hitler se suicida em um refúgio em Berlim
8 de maio	É declarada a vitória na Europa das forças aliadas

ÍNDICE REMISSIVO